Report on Science
and Technology Innovation Development
in China Cities (2023-2024)

中国城市科技创新发展报告（2023—2024）

关成华 赵 峥 刘 杨 等◎著

首都科技发展战略研究院
中国社会科学院城市与竞争力研究中心 联合支持
北京师范大学创新发展研究院

科学技术文献出版社
SCIENTIFIC AND TECHNICAL DOCUMENTATION PRESS

·北京·

图书在版编目（CIP）数据

中国城市科技创新发展报告. 2023—2024 = Report on Science and Technology Innovation Development in China Cities (2023–2024) / 关成华等著.

北京：科学技术文献出版社，2024. 8. -- ISBN 978-7 -5235-1723-9

Ⅰ. F124. 3

中国国家版本馆 CIP 数据核字第 2024D3Z220 号

中国城市科技创新发展报告（2023—2024）

策划编辑：张　闫　　　责任编辑：韩　晶　　　责任校对：王瑞瑞　　　责任出版：张志平

出　版　者	科学技术文献出版社	
地　　　址	北京市复兴路15号　　邮编　100038	
出　版　部	（010）58882952，58882087（传真）	
发　行　部	（010）58882868，58882870（传真）	
官方网址	www.stdp.com.cn	
发　行　者	科学技术文献出版社发行　　全国各地新华书店经销	
印　刷　者	北京虎彩文化传播有限公司	
版　　　次	2024 年 8 月第 1 版　2024 年 8 月第 1 次印刷	
开　　　本	787×1092　1/16	
字　　　数	396千	
印　　　张	18	
书　　　号	ISBN 978-7-5235-1723-9	
定　　　价	69.00元	

版权所有　违法必究

购买本社图书，凡字迹不清、缺页、倒页、脱页者，本社发行部负责调换

课 题 组

课题组组长

关成华

课题组成员（按姓氏拼音排序）

白 英　常含笑　陈 瑾　高海洋　郭 靖　胡 欢

金生学　李 曲　李淑敏　刘 杨　刘彦平　马运超

蒲刚清　邱英杰　施发启　宋 涛　孙祥栋　王 恒

王少国　文艺璇　于 悦　袁祥飞　张亮亮　张艺昕

赵 峥

首都科技发展战略研究院简介

首都科技发展战略研究院成立于 2011 年 8 月，由科技部、中国科学院、中国工程院和北京市人民政府发起，以北京市科学技术委员会为秘书长单位，北京市科学技术委员会、北京师范大学和北京市科学技术研究院共同承建，是立足首都、服务全国的新型智库。

首都科技发展战略研究院秉承"日新为道"的核心价值观，以"有态度的坚持，有温度的洞见，有力度的开拓"为工作理念，采取小核心、大网络的组织方式，凝聚国内外百余位知名专家、学者、企业家，组成高端、高效的研究与运营团队，致力于打造集学术与政策研究、战略与咨询服务、金融与成果转化、园区运营与升级为一体的可持续创新发展平台。

首都科技发展战略研究院旨在突出首都全国政治中心、文化中心、国际交往中心、科技创新中心功能，充分发挥和利用首都科研、人才、产业、金融等资源优势，聚焦创新创业和绿色发展，坚持"国际化、地方化、定量化"，为政府、企业和社会各界提供战略咨询、技术支持、金融服务和专业培训。

目前，首都科技发展战略研究院已连续出版《中国城市科技创新发展报告》《中国创业孵化发展报告》《中国绿色发展指数报告》《首都科技创新发展报告》等品牌研究成果 30 余部；完成国家部委和地方政府委托专项课题 200 余项；为国内外知名企业提供战略咨询服务 100 余项；在北京、广东、湖南、江西、贵州等地开展创业企业投资和产业基金管理等科技金融服务；在湖南等地运营"首科创新园"，为全国多个地区的园区升级进行评估与辅导；拥有专业培训资质，持续开展碳中和企业研修计划、绿色产业、京津冀协同发展、创业孵化等主题培训；举办"中国绿色发展论坛""首科新年论坛""首科创新汇"等品牌论坛与交流活动；共建京津冀国家技术创新中心、中国产学研融合创新体系研究中心、城市绿色发展科技战略研究北京市重点实验室，与联合国工业发展组织、欧盟、哈佛大学、麻省理工学院、亚洲理工学院等国际组织和高校等深入开展合作，产生了积极而广泛的社会影响。

目 录

理论篇

专题篇

海外篇

导 论

党的二十大报告指出，要完善科技创新体系，坚持创新在我国现代化建设全局中的核心地位，健全新型举国体制，强化国家战略科技力量，提升国家创新体系整体效能，形成具有全球竞争力的开放创新生态。城市作为国家创新活动的主阵地，是开放创新生态构建的重要抓手。提高城市创新能力是完善国家创新体系、实施创新驱动发展战略、建设创新型国家的重要途径。

创新型城市是指自主创新能力强、科技支撑引领作用突出、经济社会可持续发展水平高、区域辐射带动作用显著的城市。当前，各创新型城市把科技创新摆在城市发展全局的核心位置，充分发挥科技创新策源地作用，积极探索各具特色的创新发展模式，在引领经济高质量发展、深化科技体制改革、健全科技创新体系、优化创新创业环境、支撑区域协同创新等方面发挥了重要作用。

开展城市科技创新研究是探索城市发展新模式的迫切要求，有利于认识和把握城市创新面临的新形势和新挑战，挖掘科技创新的区域集聚规律，助力实现高水平科技自立自强，推动创新型国家和科技强国建设。

本报告依据"城市科技创新发展理论体系"构建"中国城市科技创新发展指数指标体系"，并对中国 288 个地级及以上城市的科技创新水平进行评估，旨在全景式地揭示中国城市科技创新发展特征和趋势，分析影响城市科技创新发展的主要因素，总结中国城市迈向创新驱动发展过程中的经验和不足，提出城市创新发展关键问题的解决思路和政策建议，为中央和各级地方政府提供决策参考。

一、中国城市科技创新发展理论框架及指数指标体系

城市科技创新发展是城市各类创新主体在特定的支撑条件下运用创新资源开展创新活动、形成创新成果并作用于经济社会发展的复杂过程。具体而言，政府和市场共同为科技创新活动提供环境和服务支撑，企业、科研院所和高等院校等创新主体，通过人力资本和研发经费等资源投入，开展知识创新、技术创新、管理创新、体制创新、商业模式创新和生产组织方式创新，形成知识、技术和产品的产出，进而推动经济发展、结构优化和民生改善，同时通过技术创新溢出，形成辐射、引领效应（图 0-1）。

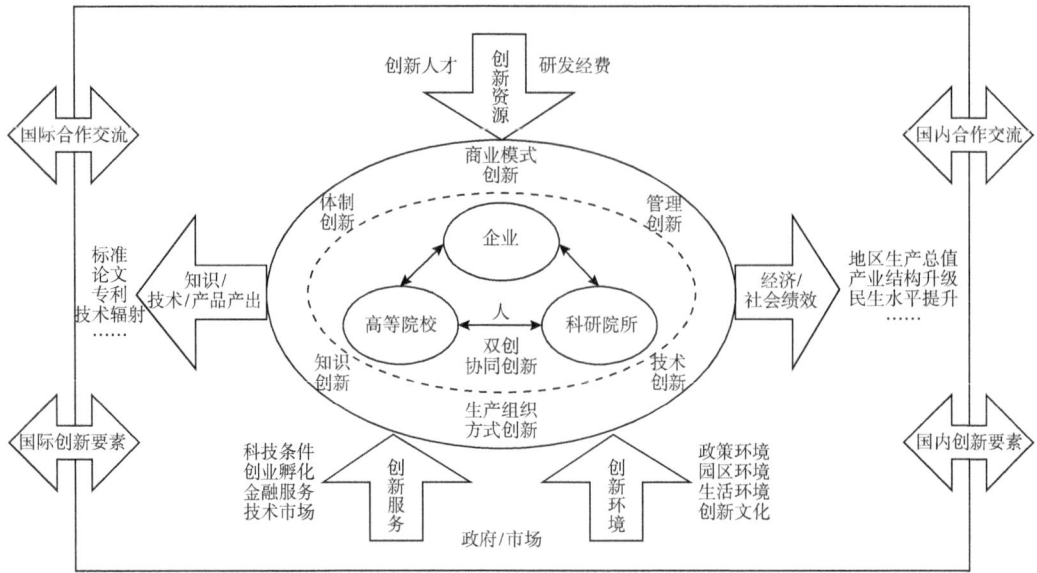

图 0-1　城市科技创新发展理论框架

中国城市科技创新发展指数指标体系基于城市科技创新发展理论框架构建而成，按照逻辑性原则、代表性原则、可比性原则和导向性原则，结合城市科技创新实际情况形成具体指标。2023 年中国城市科技创新发展指数指标体系由 3 个层次指标构成，以综合反映中国城市之间的创新发展差异。其中，一级指标共 4 个，包括创新资源、创新环境、创新服务、创新绩效；二级指标共 10 个，包括创新人才、研发经费、政策环境、信息环境、创业服务、金融服务、科技产出、经济发展、绿色发展、辐射引领；三级指标共 21 个，包括创新资源三级指标 4 个、创新环境三级指标 4 个、创新服务三级指标 4 个、创新绩效三级指标 9 个（表 0-1）。

表 0-1　中国城市科技创新发展指数指标体系

一级指标	二级指标	序号	三级指标	指标属性	权重
创新资源	创新人才	1	居民中大专以上学历人数比重（%）	正	4.76%
		2	万名从业人口中科学技术人员数（人）	正	4.76%
	研发经费	3	地方财政科技投入占地方财政支出比重（%）	正	4.76%
		4	R&D 投入强度（%）	正	4.76%
创新环境	政策环境	5	每万人吸引外商投资额（万美元/万人）	正	4.76%
		6	平均融资披露金额（亿元/件）	正	4.76%
	信息环境	7	人均教育经费（元/人）	正	4.76%
		8	互联网宽带用户数（万户）	正	4.76%

一级指标	二级指标	序号	三级指标	指标属性	权重
创新服务	创业服务	9	孵化器数量（家）	正	4.76%
		10	众创空间数量（个）	正	4.76%
	金融服务	11	创业板上市和新三板、科创板挂牌企业数（个）	正	4.76%
		12	A股上市企业数（个）	正	4.76%
创新绩效	科技产出	13	每万人专利申请量（件）	正	4.76%
		14	每万人发明专利授权量（件）	正	4.76%
	经济发展	15	地均GDP（万元/平方公里）	正	4.76%
		16	城镇居民人均可支配收入（元/人）	正	4.76%
	绿色发展	17	PM2.5年均浓度（微克/立方米）	逆	4.76%
		18	万元地区生产总值能耗（千瓦时/万元）	逆	4.76%
	辐射引领	19	国家技术转移示范机构数（个）	正	4.76%
		20	中国大学ESI高被引论文数（篇）	正	4.76%
		21	科技创新型企业规模（家）	正	4.76%

二、测算城市选择与分类

中国城市科技创新发展评估样本的广泛性和典型性，关系到评估与研究结论的准确性和价值。本报告在考虑城市统计数据的可得性、准确性和标准性的基础上，参考城市研究与创新研究相关领域资深专家意见，在中国大陆选取288个地级及以上城市进行量化研究。具体的城市样本选取标准包括以下两个方面：第一，城市统计数据的可得性、准确性和标准性；第二，城市在所在省份的社会经济地位和代表性。

依据以上标准选择的288个城市（表0-2），从空间分布看，涉及除香港、澳门、台湾以外的31个省、自治区和直辖市。其中，86个城市位于东部地区、80个城市位于中部地区、88个城市位于西部地区，34个城市位于东北地区；从行政等级看，包括36个副省级及以上城市、252个地级市。这288个城市基本体现了中国不同区域、不同行政等级和不同经济发展水平的城市状况，样本涵盖了全国各个城市规模等级的城市，具有很强的代表性。

表0-2 中国城市科技创新发展指数测算城市省域分布

省域分布	城市
北京（1）	北京
天津（1）	天津
河北（11）	石家庄、张家口、承德、唐山、秦皇岛、廊坊、保定、沧州、衡水、邢台、邯郸

续表

省域分布	城市
山西（11）	太原、大同、朔州、忻州、阳泉、晋中、吕梁、长治、临汾、晋城、运城
内蒙古（9）	呼和浩特、包头、乌海、赤峰、通辽、鄂尔多斯、呼伦贝尔、巴彦淖尔、乌兰察布
辽宁（14）	沈阳、铁岭、阜新、抚顺、朝阳、本溪、辽阳、鞍山、盘锦、锦州、葫芦岛、营口、丹东、大连
吉林（8）	长春、白城、松原、吉林、四平、辽源、白山、通化
黑龙江（12）	哈尔滨、黑河、伊春、齐齐哈尔、鹤岗、佳木斯、双鸭山、绥化、大庆、七台河、鸡西、牡丹江
上海（1）	上海
江苏（13）	南京、连云港、徐州、宿迁、淮安、盐城、泰州、扬州、镇江、南通、常州、无锡、苏州
浙江（11）	杭州、湖州、嘉兴、绍兴、舟山、宁波、金华、衢州、台州、丽水、温州
安徽（16）	合肥、淮北、亳州、宿州、蚌埠、阜阳、淮南、滁州、六安、马鞍山、芜湖、宣城、铜陵、池州、安庆、黄山
福建（9）	福州、宁德、南平、三明、莆田、龙岩、泉州、漳州、厦门
江西（11）	南昌、九江、景德镇、上饶、鹰潭、抚州、新余、宜春、萍乡、吉安、赣州
山东（16）	济南、德州、滨州、东营、烟台、威海、淄博、潍坊、聊城、泰安、青岛、日照、济宁、菏泽、临沂、枣庄
河南（17）	郑州、安阳、鹤壁、濮阳、新乡、焦作、三门峡、开封、洛阳、商丘、许昌、平顶山、周口、漯河、南阳、驻马店、信阳
湖北（12）	武汉、十堰、襄阳、随州、荆门、孝感、宜昌、黄冈、鄂州、荆州、黄石、咸宁
湖南（13）	长沙、岳阳、张家界、常德、益阳、湘潭、株洲、娄底、怀化、郴州、邵阳、衡阳、永州
广东（21）	广州、深圳、东莞、珠海、汕头、佛山、韶关、河源、梅州、惠州、汕尾、中山、江门、阳江、湛江、茂名、肇庆、清远、潮州、揭阳、云浮
广西（14）	南宁、桂林、河池、贺州、柳州、百色、来宾、梧州、贵港、玉林、崇左、钦州、防城港、北海
海南（2）	海口、三亚
重庆（1）	重庆
四川（18）	成都、广元、巴中、绵阳、德阳、达州、南充、遂宁、广安、资阳、眉山、雅安、内江、乐山、自贡、泸州、宜宾、攀枝花
贵州（6）	贵阳、遵义、六盘水、安顺、毕节、铜仁
云南（8）	昆明、昭通、丽江、曲靖、保山、玉溪、临沧、普洱
西藏（1）	拉萨
陕西（10）	西安、榆林、延安、铜川、渭南、宝鸡、咸阳、商洛、汉中、安康
甘肃（12）	兰州、嘉峪关、酒泉、张掖、金昌、武威、白银、庆阳、平凉、定西、天水、陇南

省域分布	城市
青海（2）	西宁、海东
宁夏（5）	银川、石嘴山、吴忠、中卫、固原
新疆（2）	乌鲁木齐、克拉玛依

对中国地级及以上城市的科技创新发展进行量化评估，要求各样本城市数据完整，来源权威，因此，本报告数据均来源于公开统计数据，以保证数据的连续性，利于以后年度进行纵向动态比较。本报告相关数据主要来源于《中国城市统计年鉴》，国家、地区、城市政府公布的统计年鉴、统计公报等官方出版物。另外，由于指标可比性及数据可得性限制，港澳台城市不在本报告中体现。各个指标的解释和数据来源详见附录1，评价方法详见附录2。

三、报告的主要内容

本报告由五大部分组成，分别为总报告、分项指数篇、理论篇、专题篇、海外篇。总报告旨在全面评价中国城市科技创新发展总体特征；分项指数篇旨在细化创新评估尺度，从微观的视角把握地区创新状况、能力、潜力；理论篇旨在对城市创新进行理论探索和反思；专题篇旨在讨论不同区域和城市的创新实践；海外篇旨在从国际视角对城市创新经验进行研究。

具体而言，总报告将具体展示288个地级及以上城市科技创新发展指数2023年综合评价结果，并通过指数测算结果，全景式地揭示中国城市科技创新总体态势与特征，同时瞄准国家战略，挖掘和分析重点城市和区域的科技创新进展，最后聚焦中国式现代化的城市创新模式，提出思考与建议。

分项指数篇包括5章。第三至第六章分别对创新资源、创新环境、创新服务和创新绩效四项一级指标进行具体评估与分析，第七章主要对不同省域内城市科技创新发展指数进行比较分析，明晰各城市在所属省域内的地位及其与省内其他城市相比具有的优势和劣势，为城市提升自身科技创新实力提供参考。

理论篇包括3章。第八章为"重构城市创新地理——需求场景拉动的城市创新模式"，尝试给出一套需求场景拉动的城市创新范式，并提出"1+5+10"策略，包括锚定"现代化科技都会"的1个核心定位，践行"远谋战略""优化场景""权衡有道""深耕生态""砺金琢玉"五大发展路径，以及抓好"明道""重行""布面""燃点""抓大""放小""融链""筑圈""强基""固本"10个战略支点。第九章为"巩固创新跨越新优势　努力实现高水平科技自立自强"，依据后发国家科技创新演进的规律，分析了不同阶段采取的"模仿型""赶超型""领先型"创新策略，然后对中国改革开放以来科技创新实践的历程及成效进行总结，并提出在改革开放进程中实现高水平科技自立自强的几点思考。第十章为"城市数字治理的理论逻辑与优化路径"，认为城市数字治理不是简单的数字技术工具的利用及推广复制，而是涉及人与城市、城市与技术、人与技术、政府与社会等各方关系的一项复杂系统工程，通过对其发展和演进的内在逻辑进行梳理，并分析了应当关注和防范的潜在风险，进一步明晰了优化路径和治理策略，以推进城市数字治理体系与治理能力现代化。

专题篇包括8章。第十一章为"新时期、新优势、新跃升，北京国际科技创新中心建设从引领到卓越——首都科技创新发展指数2023解读"，通过对"首都科技创新发展指数2023"进行解读，全面展现了北京国际科技创新中心建设全景，为北京更好地推动率先建成世界主要科学中心和创新高地、有力支撑科技强国和中国式现代化建设提供决策参考。第十二章为"京津冀协同创新现状、案例启示及建议"，分析了京津冀地区协同创新的现状及成效，探讨了国内外协同创新的典型案例和主要经验，最后从5个方面提出了进一步推动京津冀协同创新的建议。第十三章为"如何聚焦新质生产力塑造科技创新共同体新优势——以长三角科技创新共同体为例"，认为未来长三角创新共同体的建设，应紧密结合新质生产力发展要求，始终紧扣一体化和高质量两个关键，持续培育和释放长三角科技创新共同体的自主创新、产业创新、场景创新、组织创新、开放创新五大优势，进一步凝聚"一体化"合力，以"新优势"促进"新发展"。第十四章为"粤港澳大湾区科研管理规则衔接情况、问题及优化建议"，认为粤港澳大湾区国际科技创新中心建设成果斐然，但科研管理规则衔接不畅是粤港澳大湾区建设面临的最大挑战，需要进一步提升三地科研项目合作深度、促进科研管理规则链接衔接、搭建科技创新合作平台载体、激发三地科技成果转化活力。第十五章为"东北老工业基地文旅创新转型范式与路径"，对东北老工业基地城市转型的现状与挑战进行了分析，剖析了国外老工业型城市转型基本范式与案例，提出了特色文旅产业助力东北老工业基地转型发展的路径。第十六章为"如何发展城市低空经济？——从'四缺'到'四有'竞逐发展新赛道"，对低空经济的发展现状及问题进行了系统阐述，同时提出了低空经济的发展建议。第十七章为"打造城市科创品牌助力城市高质量发展"，提出了打造城市科创品牌的一些路径，以及工作机制方面的一些思考。第十八章为"塑造城市人才品牌：实践短板与优化路径"，从品牌建设的角度为更好地推动人才友好型城市建设提供了解决方案。

海外篇包括5章。第十九章为"如何重塑空间创新地理"，从"基础－动力－绩效"三维角度回答了传统意义上的工业区转变为现代意义上的创新区，以及肯德尔广场重塑空间创新地理的原因。第二十章为"'事作于细'：建设高质量城市数字公共服务平台"，针对需求、智能、流程、渠道4个方面进行梳理，对波士顿的数字公共服务平台建设经验进行了系统总结。第二十一章为"大学创新创业系统构建的'123'"，通过对波士顿大都会区的诸多知名大学成功经验进行总结梳理，为全球其他高校创新创业系统的构建提供重要参考范例。第二十二章为"智库开放创新平台建设的3个'一样重要'"，以"开放""创新""平台"这3个关键词为抓手，系统、深刻地分析了美国特色智库的一些建设经验。第二十三章为"产业园区如何为城市创新品牌注入活力？——以瑞士巴塞尔生命科学产业园为例"，以瑞士巴塞尔生命科学产业园为例，总结其品牌建设经验并提出5个方面建议，包括积极巩固品牌基石、激发品牌活力、构建品牌网络、营造品牌环境、塑造品牌形象等。

总报告

第一章 中国城市科技创新发展指数 (2023—2024) 综合评价

一、中国 288 个城市科技创新发展指数及排名

2023 年，中国城市科技创新发展指数排名前 20 位的城市依次是北京市、深圳市、上海市、苏州市、杭州市、南京市、广州市、天津市、武汉市、合肥市、西安市、青岛市、珠海市、成都市、长沙市、无锡市、芜湖市、佛山市、宁波市、厦门市（表1-1）。

从省级区域来看，排名前 20 位的城市中，除北京市、上海市、天津市 3 个直辖市外，广东省的城市最多，广东省包括深圳市、广州市、珠海市、佛山市 4 个；此外，江苏省包括苏州市、南京市和无锡市 3 个，浙江省包括杭州市、宁波市 2 个，安徽省包括合肥市、芜湖市 2 个。湖北省、陕西省、山东省、四川省、湖南省、福建省分别有 1 个城市进入前 20 位。

表 1-1 中国城市科技创新发展指数及排名

城市	指数	排名	城市	指数	排名
北京市	0.7309	1	长沙市	0.3198	15
深圳市	0.6572	2	无锡市	0.3161	16
上海市	0.6099	3	芜湖市	0.3148	17
苏州市	0.5097	4	佛山市	0.3138	18
杭州市	0.4440	5	宁波市	0.3134	19
南京市	0.4362	6	厦门市	0.3118	20
广州市	0.4211	7	东莞市	0.3073	21
天津市	0.3843	8	济南市	0.3004	22
武汉市	0.3740	9	重庆市	0.3003	23
合肥市	0.3733	10	常州市	0.2834	24
西安市	0.3724	11	嘉兴市	0.2824	25
青岛市	0.3536	12	郑州市	0.2797	26
珠海市	0.3446	13	惠州市	0.2692	27
成都市	0.3236	14	温州市	0.2482	28

城市	指数	排名	城市	指数	排名
马鞍山市	0.2478	29	徐州市	0.1901	61
绍兴市	0.2441	30	长春市	0.1890	62
湖州市	0.2433	31	绵阳市	0.1889	63
烟台市	0.2396	32	呼和浩特市	0.1852	64
南昌市	0.2294	33	宁德市	0.1825	65
威海市	0.2280	34	三亚市	0.1802	66
福州市	0.2253	35	滁州市	0.1801	67
株洲市	0.2227	36	萍乡市	0.1788	68
中山市	0.2220	37	蚌埠市	0.1787	69
台州市	0.2199	38	日照市	0.1751	70
沈阳市	0.2189	39	克拉玛依市	0.1738	71
南通市	0.2184	40	保定市	0.1737	72
海口市	0.2170	41	乌鲁木齐市	0.1726	73
铜陵市	0.2137	42	石家庄市	0.1720	74
大连市	0.2082	43	宜昌市	0.1715	75
洛阳市	0.2074	44	鹰潭市	0.1710	76
东营市	0.2073	45	衢州市	0.1686	77
兰州市	0.2068	46	唐山市	0.1665	78
淄博市	0.2063	47	银川市	0.1646	79
泰州市	0.2059	48	大庆市	0.1642	80
太原市	0.2043	49	九江市	0.1633	81
宣城市	0.2039	50	西宁市	0.1618	82
扬州市	0.2029	51	淮北市	0.1616	83
贵阳市	0.2025	52	鄂尔多斯市	0.1609	84
镇江市	0.2007	53	赣州市	0.1609	85
金华市	0.2007	54	南宁市	0.1609	86
潍坊市	0.1983	55	丽水市	0.1603	87
舟山市	0.1965	56	新乡市	0.1602	88
江门市	0.1952	57	盐城市	0.1599	89
昆明市	0.1951	58	嘉峪关市	0.1587	90
哈尔滨市	0.1935	59	包头市	0.1559	91
湘潭市	0.1930	60	郴州市	0.1559	92

城市	指数	排名	城市	指数	排名
吉安市	0.1552	93	聊城市	0.1362	125
连云港市	0.1549	94	鄂州市	0.1361	126
泉州市	0.1546	95	三门峡市	0.1325	127
池州市	0.1545	96	荆州市	0.1323	128
新余市	0.1537	97	铜川市	0.1305	129
韶关市	0.1525	98	永州市	0.1297	130
上饶市	0.1517	99	德阳市	0.1296	131
济宁市	0.1517	100	焦作市	0.1289	132
宜春市	0.1500	101	铜仁市	0.1289	133
临沂市	0.1491	102	安庆市	0.1285	134
淮安市	0.1481	103	常德市	0.1282	135
岳阳市	0.1481	104	通化市	0.1281	136
廊坊市	0.1475	105	秦皇岛市	0.1277	137
荆门市	0.1468	106	抚州市	0.1270	138
黄山市	0.1461	107	益阳市	0.1258	139
拉萨市	0.1453	108	枣庄市	0.1250	140
襄阳市	0.1452	109	普洱市	0.1250	141
泰安市	0.1450	110	许昌市	0.1237	142
盘锦市	0.1441	111	沧州市	0.1225	143
衡阳市	0.1438	112	攀枝花市	0.1186	144
十堰市	0.1437	113	邯郸市	0.1185	145
龙岩市	0.1424	114	石嘴山市	0.1173	146
景德镇市	0.1424	115	德州市	0.1166	147
黄石市	0.1416	116	咸宁市	0.1157	148
金昌市	0.1400	117	莆田市	0.1157	149
肇庆市	0.1399	118	南阳市	0.1149	150
漯河市	0.1391	119	驻马店市	0.1147	151
柳州市	0.1385	120	遂宁市	0.1146	152
汕头市	0.1382	121	安顺市	0.1143	153
宿迁市	0.1381	122	娄底市	0.1140	154
乌海市	0.1378	123	鹤壁市	0.1134	155
六安市	0.1378	124	清远市	0.1133	156

城市	指数	排名	城市	指数	排名
淮南市	0.1131	157	邢台市	0.0992	189
张家口市	0.1131	158	巴彦淖尔市	0.0992	190
三明市	0.1130	159	宿州市	0.0990	191
赤峰市	0.1127	160	安阳市	0.0990	192
湛江市	0.1119	161	阳泉市	0.0986	193
防城港市	0.1116	162	大同市	0.0986	194
酒泉市	0.1115	163	晋中市	0.0983	195
平顶山市	0.1108	164	咸阳市	0.0982	196
延安市	0.1103	165	内江市	0.0980	197
张掖市	0.1102	166	宜宾市	0.0980	198
漳州市	0.1097	167	乐山市	0.0976	199
怀化市	0.1096	168	丽江市	0.0972	200
滨州市	0.1092	169	齐齐哈尔市	0.0971	201
邵阳市	0.1091	170	潮州市	0.0970	202
开封市	0.1081	171	抚顺市	0.0966	203
南平市	0.1079	172	呼伦贝尔市	0.0956	204
长治市	0.1073	173	梅州市	0.0953	205
玉溪市	0.1069	174	信阳市	0.0947	206
北海市	0.1067	175	阜阳市	0.0947	207
天水市	0.1061	176	河源市	0.0946	208
桂林市	0.1053	177	濮阳市	0.0945	209
承德市	0.1053	178	菏泽市	0.0942	210
宝鸡市	0.1042	179	平凉市	0.0941	211
汉中市	0.1034	180	白银市	0.0941	212
遵义市	0.1030	181	阳江市	0.0937	213
吉林市	0.1025	182	辽阳市	0.0935	214
营口市	0.1021	183	本溪市	0.0935	215
榆林市	0.1015	184	亳州市	0.0933	216
吕梁市	0.1015	185	武威市	0.0928	217
孝感市	0.1011	186	商丘市	0.0923	218
晋城市	0.1005	187	雅安市	0.0922	219
曲靖市	0.1001	188	伊春市	0.0919	220

城市	指数	排名	城市	指数	排名
衡水市	0.0915	221	丹东市	0.0811	253
鞍山市	0.0911	222	乌兰察布市	0.0807	254
固原市	0.0904	223	庆阳市	0.0797	255
茂名市	0.0904	224	梧州市	0.0796	256
六盘水市	0.0903	225	辽源市	0.0791	257
黄冈市	0.0901	226	白山市	0.0783	258
七台河市	0.0890	227	黑河市	0.0781	259
自贡市	0.0886	228	四平市	0.0778	260
揭阳市	0.0883	229	定西市	0.0776	261
锦州市	0.0883	230	巴中市	0.0776	262
眉山市	0.0881	231	双鸭山市	0.0771	263
云浮市	0.0878	232	广安市	0.0770	264
阜新市	0.0874	233	贺州市	0.0769	265
吴忠市	0.0873	234	运城市	0.0766	266
随州市	0.0873	235	鹤岗市	0.0765	267
中卫市	0.0867	236	临汾市	0.0762	268
佳木斯市	0.0861	237	朝阳市	0.0761	269
汕尾市	0.0857	238	达州市	0.0756	270
朔州市	0.0856	239	安康市	0.0756	271
广元市	0.0856	240	贵港市	0.0753	272
崇左市	0.0852	241	资阳市	0.0749	273
南充市	0.0849	242	周口市	0.0748	274
钦州市	0.0846	243	商洛市	0.0745	275
泸州市	0.0846	244	松原市	0.0731	276
白城市	0.0842	245	葫芦岛市	0.0715	277
保山市	0.0842	246	来宾市	0.0701	278
张家界市	0.0835	247	忻州市	0.0701	279
牡丹江市	0.0831	248	临沧市	0.0699	280
通辽市	0.0823	249	海东市	0.0692	281
陇南市	0.0820	250	鸡西市	0.0677	282
玉林市	0.0819	251	铁岭市	0.0671	283
渭南市	0.0816	252	河池市	0.0669	284

城市	指数	排名	城市	指数	排名
百色市	0.0658	285	毕节市	0.0621	287
昭通市	0.0648	286	绥化市	0.0584	288

二、中国省会与副省级城市科技创新发展指数及排名

2023 年，中国省会与副省级城市科技创新发展指数排名前 10 位的城市依次是北京市、深圳市、上海市、杭州市、南京市、广州市、天津市、武汉市、合肥市、西安市（表 1-2）。

表 1-2　中国省会与副省级城市科技创新发展指数及排名

城市	指数	全国排名	组内排名	城市	指数	全国排名	组内排名
北京市	0.7309	1	1	南昌市	0.2294	33	19
深圳市	0.6572	2	2	福州市	0.2253	35	20
上海市	0.6099	3	3	沈阳市	0.2189	39	21
杭州市	0.4440	5	4	海口市	0.2170	41	22
南京市	0.4362	6	5	大连市	0.2082	43	23
广州市	0.4211	7	6	兰州市	0.2068	46	24
天津市	0.3843	8	7	太原市	0.2043	49	25
武汉市	0.3740	9	8	贵阳市	0.2025	52	26
合肥市	0.3733	10	9	昆明市	0.1951	58	27
西安市	0.3724	11	10	哈尔滨市	0.1935	59	28
青岛市	0.3536	12	11	长春市	0.1890	62	29
成都市	0.3236	14	12	呼和浩特市	0.1852	64	30
长沙市	0.3198	15	13	乌鲁木齐市	0.1726	73	31
宁波市	0.3134	19	14	石家庄市	0.1720	74	32
厦门市	0.3118	20	15	银川市	0.1646	79	33
济南市	0.3004	22	16	西宁市	0.1618	82	34
重庆市	0.3003	23	17	南宁市	0.1609	86	35
郑州市	0.2797	26	18	拉萨市	0.1453	108	36

三、中国地级市科技创新发展指数及排名

2023 年，中国地级市科技创新发展指数排名前 20 位的城市依次是苏州市、珠海市、常州市、东莞市、无锡市、佛山市、舟山市、嘉兴市、湖州市、芜湖市、南通市、镇江市、丽水市、绍兴市、扬州市、惠州市、温州市、威海市、绵阳市、东营市（表 1–3）。

表 1-3　中国地级市科技创新发展指数及排名

城市	指数	全国排名	组内排名	城市	指数	全国排名	组内排名
苏州市	0.5097	4	1	金华市	0.2007	54	26
珠海市	0.3446	13	2	中山市	0.2220	37	27
常州市	0.2834	24	3	保定市	0.1737	72	28
东莞市	0.3073	21	4	株洲市	0.2227	36	29
无锡市	0.3161	16	5	洛阳市	0.2074	44	30
佛山市	0.3138	18	6	泰州市	0.2059	48	31
舟山市	0.1965	56	7	韶关市	0.1525	98	32
嘉兴市	0.2824	25	8	大庆市	0.1642	80	33
湖州市	0.2433	31	9	盐城市	0.1599	89	34
芜湖市	0.3148	17	10	宿迁市	0.1381	122	35
南通市	0.2184	40	11	台州市	0.2199	38	36
镇江市	0.2007	53	12	新余市	0.1537	97	37
丽水市	0.1603	87	13	淮北市	0.1616	83	38
绍兴市	0.2441	30	14	汕头市	0.1382	121	39
扬州市	0.2029	51	15	廊坊市	0.1475	105	40
惠州市	0.2692	27	16	宜昌市	0.1715	75	41
温州市	0.2482	28	17	包头市	0.1559	91	42
威海市	0.2280	34	18	铜陵市	0.2137	42	43
绵阳市	0.1889	63	19	唐山市	0.1665	78	44
东营市	0.2073	45	20	衢州市	0.1686	77	45
徐州市	0.1901	61	21	鹰潭市	0.1710	76	46
马鞍山市	0.2478	29	22	秦皇岛市	0.1277	137	47
鄂尔多斯市	0.1609	84	23	潍坊市	0.1983	55	48
克拉玛依市	0.1738	71	24	宁德市	0.1825	65	49
烟台市	0.2396	32	25	江门市	0.1952	57	50

城市	指数	全国排名	组内排名	城市	指数	全国排名	组内排名
铜川市	0.1305	129	51	营口市	0.1021	183	83
连云港市	0.1549	94	52	天水市	0.1061	176	84
淄博市	0.2063	47	53	十堰市	0.1437	113	85
德阳市	0.1296	131	54	沧州市	0.1225	143	86
泉州市	0.1546	95	55	通化市	0.1281	136	87
九江市	0.1633	81	56	岳阳市	0.1481	104	88
池州市	0.1545	96	57	长治市	0.1073	173	89
湘潭市	0.1930	60	58	三门峡市	0.1325	127	90
赣州市	0.1609	85	59	北海市	0.1067	175	91
泰安市	0.1450	110	60	普洱市	0.1250	141	92
龙岩市	0.1424	114	61	宜春市	0.1500	101	93
肇庆市	0.1399	118	62	玉溪市	0.1069	174	94
宣城市	0.2039	50	63	临沂市	0.1491	102	95
淮安市	0.1481	103	64	攀枝花市	0.1186	144	96
蚌埠市	0.1787	69	65	承德市	0.1053	178	97
三明市	0.1130	159	66	嘉峪关市	0.1587	90	98
柳州市	0.1385	120	67	铜仁市	0.1289	133	99
吉安市	0.1552	93	68	榆林市	0.1015	184	100
盘锦市	0.1441	111	69	吉林市	0.1025	182	101
黄石市	0.1416	116	70	驻马店市	0.1147	151	102
南平市	0.1079	172	71	淮南市	0.1131	157	103
黄山市	0.1461	107	72	张家口市	0.1131	158	104
延安市	0.1103	165	73	内江市	0.0980	197	105
襄阳市	0.1452	109	74	乌海市	0.1378	123	106
安庆市	0.1285	134	75	吕梁市	0.1015	185	107
上饶市	0.1517	99	76	赤峰市	0.1127	160	108
滁州市	0.1801	67	77	漳州市	0.1097	167	109
日照市	0.1751	70	78	济宁市	0.1517	100	110
萍乡市	0.1788	68	79	张掖市	0.1102	166	111
郴州市	0.1559	92	80	酒泉市	0.1115	163	112
景德镇市	0.1424	115	81	抚州市	0.1270	138	113
三亚市	0.1802	66	82	新乡市	0.1602	88	114

城市	指数	全国排名	组内排名	城市	指数	全国排名	组内排名
金昌市	0.1400	117	115	茂名市	0.0904	224	147
固原市	0.0904	223	116	怀化市	0.1096	168	148
莆田市	0.1157	149	117	伊春市	0.0919	220	149
清远市	0.1133	156	118	晋中市	0.0983	195	150
荆门市	0.1468	106	119	中卫市	0.0867	236	151
常德市	0.1282	135	120	南阳市	0.1149	150	152
鄂州市	0.1361	126	121	河源市	0.0946	208	153
漯河市	0.1391	119	122	湛江市	0.1119	161	154
开封市	0.1081	171	123	咸阳市	0.0982	196	155
许昌市	0.1237	142	124	益阳市	0.1258	139	156
德州市	0.1166	147	125	濮阳市	0.0945	209	157
衡阳市	0.1438	112	126	石嘴山市	0.1173	146	158
防城港市	0.1116	162	127	宜宾市	0.0980	198	159
呼伦贝尔市	0.0956	204	128	雅安市	0.0922	219	160
平凉市	0.0941	211	129	武威市	0.0928	217	161
邯郸市	0.1185	145	130	滨州市	0.1092	169	162
曲靖市	0.1001	188	131	白银市	0.0941	212	163
安顺市	0.1143	153	132	吴忠市	0.0873	234	164
永州市	0.1297	130	133	巴彦淖尔市	0.0992	190	165
丽江市	0.0972	200	134	大同市	0.0986	194	166
荆州市	0.1323	128	135	丹东市	0.0811	253	167
聊城市	0.1362	125	136	白山市	0.0783	258	168
桂林市	0.1053	177	137	鹤壁市	0.1134	155	169
遵义市	0.1030	181	138	孝感市	0.1011	186	170
六安市	0.1378	124	139	晋城市	0.1005	187	171
六盘水市	0.0903	225	140	乌兰察布市	0.0807	254	172
焦作市	0.1289	132	141	阳江市	0.0937	213	173
汉中市	0.1034	180	142	娄底市	0.1140	154	174
白城市	0.0842	245	143	梅州市	0.0953	205	175
乐山市	0.0976	199	144	陇南市	0.0820	250	176
宿州市	0.0990	191	145	枣庄市	0.1250	140	177
宝鸡市	0.1042	179	146	广元市	0.0856	240	178

城市	指数	全国排名	组内排名	城市	指数	全国排名	组内排名
遂宁市	0.1146	152	179	云浮市	0.0878	232	211
平顶山市	0.1108	164	180	南充市	0.0849	242	212
崇左市	0.0852	241	181	保山市	0.0842	246	213
随州市	0.0873	235	182	钦州市	0.0846	243	214
泸州市	0.0846	244	183	临沧市	0.0699	280	215
阳泉市	0.0986	193	184	梧州市	0.0796	256	216
辽源市	0.0791	257	185	佳木斯市	0.0861	237	217
齐齐哈尔市	0.0971	201	186	潮州市	0.0970	202	218
黄冈市	0.0901	226	187	四平市	0.0778	260	219
咸宁市	0.1157	148	188	锦州市	0.0883	230	220
庆阳市	0.0797	255	189	阜新市	0.0874	233	221
松原市	0.0731	276	190	眉山市	0.0881	231	222
衡水市	0.0915	221	191	阜阳市	0.0947	207	223
安阳市	0.0990	192	192	牡丹江市	0.0831	248	224
商洛市	0.0745	275	193	亳州市	0.0933	216	225
渭南市	0.0816	252	194	资阳市	0.0749	273	226
信阳市	0.0947	206	195	运城市	0.0766	266	227
毕节市	0.0621	287	196	达州市	0.0756	270	228
定西市	0.0776	261	197	汕尾市	0.0857	238	229
邢台市	0.0992	189	198	本溪市	0.0935	215	230
安康市	0.0756	271	199	鹤岗市	0.0765	267	231
朝阳市	0.0761	269	200	广安市	0.0770	264	232
自贡市	0.0886	228	201	辽阳市	0.0935	214	233
抚顺市	0.0966	203	202	商丘市	0.0923	218	234
通辽市	0.0823	249	203	忻州市	0.0701	279	235
邵阳市	0.1091	170	204	临汾市	0.0762	268	236
鞍山市	0.0911	222	205	朔州市	0.0856	239	237
海东市	0.0692	281	206	菏泽市	0.0942	210	238
玉林市	0.0819	251	207	黑河市	0.0781	259	239
张家界市	0.0835	247	208	百色市	0.0658	285	240
巴中市	0.0776	262	209	葫芦岛市	0.0715	277	241
昭通市	0.0648	286	210	揭阳市	0.0883	229	242

城市	指数	全国排名	组内排名	城市	指数	全国排名	组内排名
贺州市	0.0769	265	243	贵港市	0.0753	272	248
双鸭山市	0.0771	263	244	鸡西市	0.0677	282	249
七台河市	0.0890	227	245	来宾市	0.0701	278	250
周口市	0.0748	274	246	铁岭市	0.0671	283	251
河池市	0.0669	284	247	绥化市	0.0584	288	252

第二章 中国城市科技创新发展（2023—2024）年度报告

一、中国城市科技创新发展指数排名分析

（一）中国城市科技创新发展指数排名前 20 位

2023 年，中国城市科技创新发展指数排名前 20 位的城市依次为北京市、深圳市、上海市、苏州市、杭州市、南京市、广州市、天津市、武汉市、合肥市、西安市、青岛市、珠海市、成都市、长沙市、无锡市、芜湖市、佛山市、宁波市、厦门市（图 2-1）。

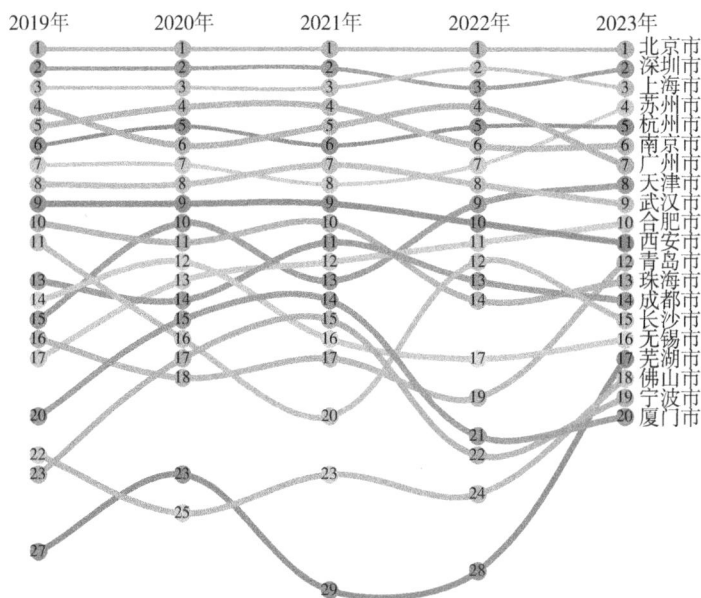

图 2-1 中国城市科技创新发展指数排名前 20 位的城市 5 年位次波动情况（2019—2023 年）

从年度排名波动情况来看，前 3 强城市中，北京市稳居第 1 位，深圳市再次超越上海市排全国第 2 位；前 20 强城市中，芜湖市、青岛市、佛山市、苏州市、宁波市 5 个城市表现亮眼，分别较上年跃升 11 位、7 位、6 位、3 位、3 位；深圳市、天津市、合肥市、珠海市、无锡市、厦门市 6 个城市均较上年上升 1 位；杭州市、南京市排名位次未发生变动；上海市、武汉市、西安市、成都市均较上年下降 1 位；广州市和长沙市均

较上年下降3位。从5年时间跨度来看，芜湖市、天津市、合肥市跃迁明显，分别跃迁10位、7位、7位，青岛市、佛山市、宁波市均跃迁4位，苏州市和杭州市分别跃迁3位、1位。

从省级区域来看，排名前20位的城市中，除北京市、上海市、天津市3个直辖市外，广东省的城市最多，有4个城市，分别为深圳市、广州市、珠海市、佛山市；江苏省次之，有3个城市进入前20位，分别为苏州市、南京市、无锡市。

（二）中国省会与副省级城市科技创新发展指数排名

2023年，中国省会与副省级城市科技创新发展指数排名依次为北京市、深圳市、上海市、杭州市、南京市、广州市、天津市、武汉市、合肥市、西安市、青岛市、成都市、长沙市、宁波市、厦门市、济南市、重庆市、郑州市、南昌市、福州市、沈阳市、海口市、大连市、兰州市、太原市、贵阳市、昆明市、哈尔滨市、长春市、呼和浩特市、乌鲁木齐市、石家庄市、银川市、西宁市、南宁市、拉萨市。

（三）中国地级市科技创新发展指数排名前50位

2023年，中国地级市科技创新发展指数排名前50位依次为苏州市、珠海市、无锡市、芜湖市、佛山市、东莞市、常州市、嘉兴市、惠州市、温州市、马鞍山市、绍兴市、湖州市、烟台市、威海市、株洲市、中山市、台州市、南通市、铜陵市、洛阳市、东营市、淄博市、泰州市、宣城市、扬州市、镇江市、金华市、潍坊市、舟山市、江门市、湘潭市、徐州市、绵阳市、宁德市、三亚市、滁州市、萍乡市、蚌埠市、日照市、克拉玛依市、保定市、宜昌市、鹰潭市、衢州市、唐山市、大庆市、九江市、淮北市、鄂尔多斯市（表2-1）。

表2-1 中国地级市科技创新发展指数排名前50位

序号	城市	指数	全国排名	序号	城市	指数	全国排名
1	苏州市	0.5097	4	11	马鞍山市	0.2478	29
2	珠海市	0.3446	13	12	绍兴市	0.2441	30
3	无锡市	0.3161	16	13	湖州市	0.2433	31
4	芜湖市	0.3148	17	14	烟台市	0.2396	32
5	佛山市	0.3138	18	15	威海市	0.2280	34
6	东莞市	0.3073	21	16	株洲市	0.2227	36
7	常州市	0.2834	24	17	中山市	0.2220	37
8	嘉兴市	0.2824	25	18	台州市	0.2199	38
9	惠州市	0.2692	27	19	南通市	0.2184	40
10	温州市	0.2482	28	20	铜陵市	0.2137	42

序号	城市	指数	全国排名	序号	城市	指数	全国排名
21	洛阳市	0.2074	44	36	三亚市	0.1802	66
22	东营市	0.2073	45	37	滁州市	0.1801	67
23	淄博市	0.2063	47	38	萍乡市	0.1788	68
24	泰州市	0.2059	48	39	蚌埠市	0.1787	69
25	宣城市	0.2039	50	40	日照市	0.1751	70
26	扬州市	0.2029	51	41	克拉玛依市	0.1738	71
27	镇江市	0.2007	53	42	保定市	0.1737	72
28	金华市	0.2007	54	43	宜昌市	0.1715	75
29	潍坊市	0.1983	55	44	鹰潭市	0.1710	76
30	舟山市	0.1965	56	45	衢州市	0.1686	77
31	江门市	0.1952	57	46	唐山市	0.1665	78
32	湘潭市	0.1930	60	47	大庆市	0.1642	80
33	徐州市	0.1901	61	48	九江市	0.1633	81
34	绵阳市	0.1889	63	49	淮北市	0.1616	83
35	宁德市	0.1825	65	50	鄂尔多斯市	0.1609	84

从省级区域来看，排名前 50 位的地级城市中，浙江省和江苏省的城市最多，分别有 8 个，排名浙江省地级市第 1 位的城市是嘉兴市，排名江苏省地级市第 1 位的城市是苏州市；安徽省的城市次之，有 7 个，排名安徽省地级市第 1 位的城市是芜湖市；之后是广东省和山东省的城市，均有 6 个，排名广东省地级市第 1 位的城市是珠海市，排名山东省地级市第 1 位的城市是烟台市。

（四）分项指标排名前 10 位城市

本报告按照创新资源、创新环境、创新服务和创新绩效 4 个维度进行分项指标排名，结果如下（表 2-2）：

创新资源排名前 10 位城市依次为北京市、深圳市、合肥市、苏州市、芜湖市、西安市、长沙市、杭州市、南京市、佛山市。

创新环境排名前 10 位城市依次为上海市、北京市、深圳市、珠海市、重庆市、武汉市、南京市、广州市、天津市、厦门市。

创新服务排名前 10 位城市依次为北京市、上海市、深圳市、苏州市、杭州市、天津市、广州市、南京市、成都市、武汉市。

创新绩效排名前 10 位城市依次为北京市、深圳市、上海市、苏州市、广州市、南京市、佛山市、东莞市、杭州市、武汉市。

表 2-2 分项指标排名前 10 位城市

排名	创新资源排名前 10 位	创新环境排名前 10 位	创新服务排名前 10 位	创新绩效排名前 10 位
1	北京市	上海市	北京市	北京市
2	深圳市	北京市	上海市	深圳市
3	合肥市	深圳市	深圳市	上海市
4	苏州市	珠海市	苏州市	苏州市
5	芜湖市	重庆市	杭州市	广州市
6	西安市	武汉市	天津市	南京市
7	长沙市	南京市	广州市	佛山市
8	杭州市	广州市	南京市	东莞市
9	南京市	天津市	成都市	杭州市
10	佛山市	厦门市	武汉市	武汉市

（五）城市群科技创新发展指数排名

2023 年，中国 19 个城市群科技创新发展指数排名依次为珠三角城市群、长三角城市群、京津冀城市群、山东半岛城市群、天山北坡城市群、粤闽浙沿海城市群、长江中游城市群、滇中城市群、成渝城市群、呼包鄂榆城市群、辽中南城市群、兰州—西宁城市群、关中平原城市群、北部湾城市群、哈长城市群、中原城市群、黔中城市群、山西中部城市群、宁夏沿黄城市群（图 2-2）。

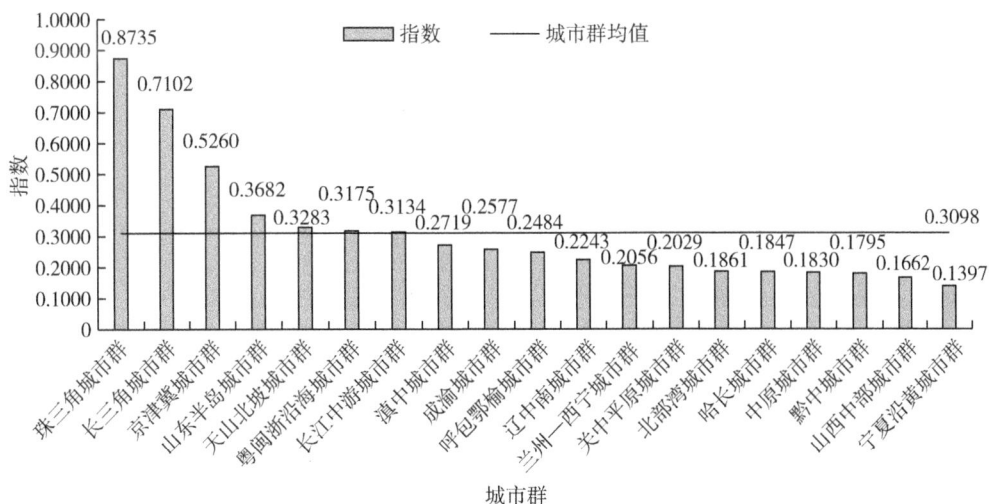

图 2-2 19 个城市群科技创新发展指数排名

从年度排名波动情况来看，2023 年珠三角、长三角、京津冀三大城市群与 2022 年排名保持一致；呼包鄂榆城市群、哈长城市群、黔中城市群分别下降 5 位、4 位、3

位，下降幅度相对较大；兰州—西宁城市群和北部湾城市群排名均上升 3 位；其他城市群排名波动在 2 位及以内，变动不大（表 2-3）。

表 2-3　19 个城市群科技创新发展指数排名对比

城市群	2023 年		2022 年		排名波动
	指数	全国排名	指数	全国排名	
珠三角城市群	0.8735	1	0.8143	1	0
长三角城市群	0.7102	2	0.6599	2	0
京津冀城市群	0.5260	3	0.5453	3	0
山东半岛城市群	0.3682	4	0.3077	6	2
天山北坡城市群	0.3283	5	0.3482	4	−1
粤闽浙沿海城市群	0.3175	6	0.2857	8	2
长江中游城市群	0.3134	7	0.2870	7	0
滇中城市群	0.2719	8	0.2854	9	1
成渝城市群	0.2577	9	0.2488	10	1
呼包鄂榆城市群	0.2484	10	0.3276	5	−5
辽中南城市群	0.2243	11	0.2080	13	2
兰州—西宁城市群	0.2056	12	0.1953	15	3
关中平原城市群	0.2029	13	0.2127	12	−1
北部湾城市群	0.1861	14	0.1857	17	3
哈长城市群	0.1847	15	0.2239	11	−4
中原城市群	0.1830	16	0.1693	18	2
黔中城市群	0.1795	17	0.1993	14	−3
山西中部城市群	0.1662	18	0.1916	16	−2
宁夏沿黄城市群	0.1397	19	0.1266	19	0

从分项指标看，创新资源排名前 10 位城市群依次为珠三角城市群、长三角城市群、山东半岛城市群、长江中游城市群、呼包鄂榆城市群、京津冀城市群、天山北坡城市群、宁夏沿黄城市群、中原城市群、粤闽浙沿海城市群（图 2-3）。

创新环境排名前 10 位城市群依次为珠三角城市群、长三角城市群、京津冀城市群、粤闽浙沿海城市群、天山北坡城市群、山东半岛城市群、长江中游城市群、成渝城市群、黔中城市群、北部湾城市群。

创新服务排名前 10 位城市群依次为珠三角城市群、长三角城市群、京津冀城市群、山东半岛城市群、成渝城市群、天山北坡城市群、滇中城市群、哈长城市群、长江中游城市群、关中平原城市群。

创新绩效排名前 10 位城市群依次为珠三角城市群、长三角城市群、京津冀城市群、粤闽浙沿海城市群、滇中城市群、天山北坡城市群、山东半岛城市群、长江中游城市群、成渝城市群、辽中南城市群。

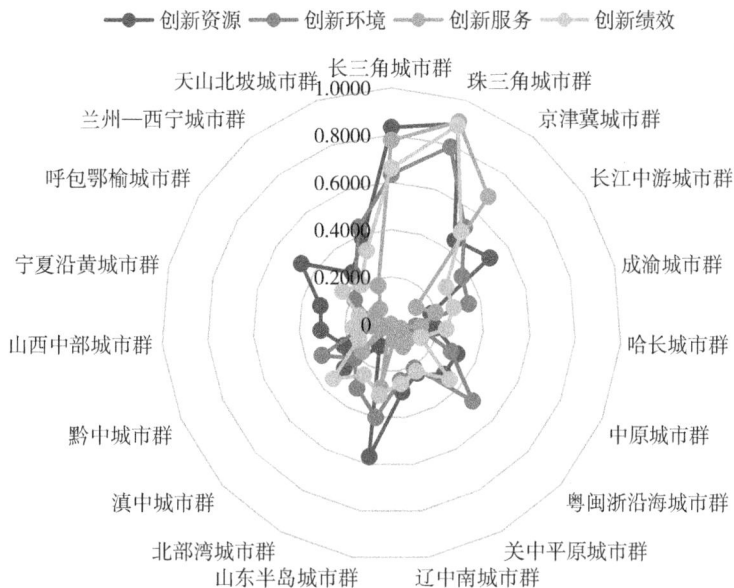

图 2-3　19 个城市群分项指标雷达图

二、中国城市科技创新发展年度观察

本报告利用 288 个城市科技创新发展指数测算结果，进一步分析中国城市科技创新总体态势与特征，瞄准国家战略，挖掘重点城市和区域的科技创新进展。

（一）大国诸城，系统优势

当前，中国在科技创新领域已然具有全球影响力，在城市创新高质量发展方面，中国有着极大的规模优势和集聚优势。总的来看，呈现以下几个方面特点：

一是科技创新中心引领发展，系统创新优势显著。党的十八大以来，创新的地位和作用进一步定调，必须摆在国家发展全局的核心位置。创新驱动发展战略深入实施，不断塑造发展新优势，国家从战略高度先后布局了北京、上海、粤港澳大湾区三大国际科技创新中心。与此同时，各地积极发展，不断打造区域科技创新中心，形成了武汉、南京、成渝等区域创新高地。同时，创新型城市加快建设，23 个国家自主创新示范区和 178 个国家高新区发展速度和质量双提升，形成了多个创新集群，且各有特色，在科技创新方面逐步呈现出系统化优势。根据世界知识产权组织发布的《2023 年全球创新指数报告》，中国在 132 个经济体中排第 12 位，在创新投入指标上排第 25 位，在创新产出指标上排第 8 位（表 2-4）。与此同时，在全球前 100 位的科技集群排名中，中国有 21 个科技集群入选，与美国并列第一。其中，在"最佳科技集群"榜单上，全球有 3 个科技集群进入全球前 5，分别是深圳—香港—广州科技集群（No.2）、北京科技集群（No.4）、上海—苏州科技集群（No.5）。

表 2-4　中国在《2023 年全球创新指数报告》中的排名变化（2020—2023 年）

年份	综合排名	创新投入排名	创新产出排名
2023	12	25	8
2022	11	21	8
2021	12	25	7
2020	14	26	6

二是不同创新群落各有特色，珠三角城市群勇立潮头。中国目前已经形成了 19 个城市群的基本创新群落格局，每个创新群落资源禀赋不一，发展历程差异较大，形成了各自的特色优势。整体来看，以珠三角城市群、长三角城市群为代表的创新群落市场化程度更高，开放水平也更高。2023 年，珠三角城市群科技创新发展指数达到 0.8735，在 19 个城市群中排第 1 位；长三角城市群科技创新发展指数为 0.7102，在 19 个城市群中排第 2 位。此外，长江经济带活力脉动，覆盖的 11 个省级区域科技创新发展指数整体表现良好，尤其是上海、重庆、浙江、江苏，科技创新实力显著，全面领先全国均值（图 2-4）。

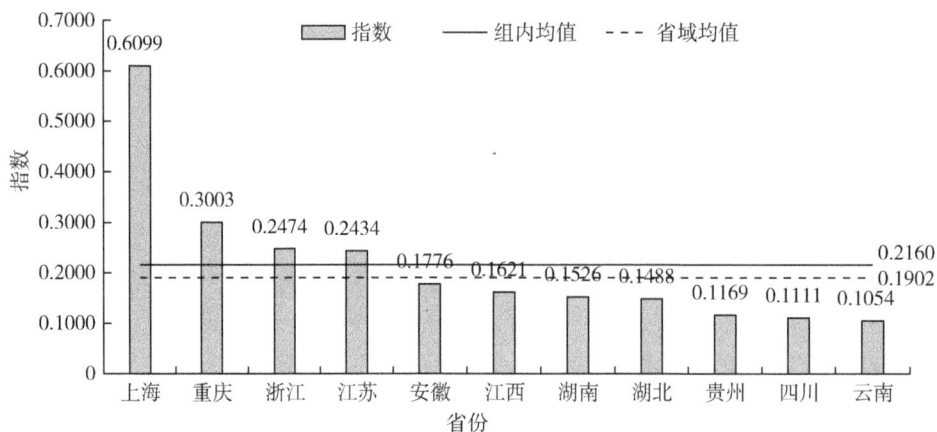

图 2-4　长江经济带各省份科技创新发展指数

三是新型举国体制优势显著，集中力量办大事成效明显。我国已正式开启了建设社会主义现代化国家的新征程，改变经济发展模式、实施双碳战略都需要科技创新给予更大支撑。与此同时，全球科技创新脱钩现象愈加突出，形势愈加严峻，对我国经济社会发展和国家安全带来极大挑战。以新型举国体制推动科技创新，有效集中优势资源，快速实现关键核心技术突破，掌握创新主导权、发展主动权成为必然选择。新型举国体制之"新"，在于推动有为政府和有效市场更好结合，形成"国家统筹、多元参与"的发展格局。近年来，"天眼 FAST"落成、C919 大型客机首飞成功、"墨子号"成功发射、中国光量子计算机诞生、"复兴号"动车组列车顺利运行、天舟一号货运飞船顺利交会对接、001A 型国产航空母舰顺利下水、可燃冰试采成功、中国首台泵后摆火箭发动机首次试车成功等，每一项关键核心技术的突破，每一项重大装备的成功运行，无不彰显着新型举国体制的优势，系列重大科技创新成果的涌现标志着我国科技创新已然进入一个快速发展阶段。整体来看，在科技创新领域，以"集中统一领导"统筹推进、以"国家 + 地方"系统布局、以"政府 + 市场"协同发展的模式已然形成。

（二）空间差异，百舸争流

我国目前共有 34 个省级行政区域、330 多个地级行政区域、近 3000 个县级行政区域。不同区域差异显著，且整体呈现百舸争流态势。

一是不同省域间科技创新差异显著，四大直辖市引领优势明显（图 2-5）。31 个省（自治区、直辖市）科技创新发展指数省域均值为 0.1902，北京市、上海市、天津市、重庆市、浙江省、江苏省、海南省、广东省等 8 个省级行政区域科技创新发展指数水平处于省域均值以上，其他相关省域科技创新发展指数水平均低于省域均值。整体来看，不同省份间创新发展差距较大。

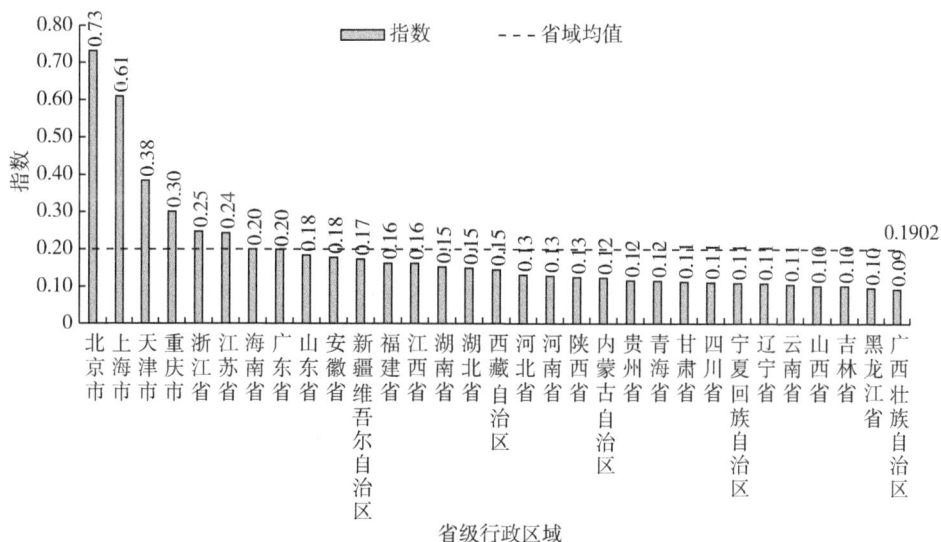

图 2-5 省级行政区域科技创新发展指数

二是不同规模、不同级别城市创新差异显著。按照人口规模，城市可划分为超大城市、特大城市、Ⅰ型大城市、Ⅱ型大城市、中等城市、Ⅰ型小城市和Ⅱ型小城市 7 类。2023 年报告显示，超大城市指数为 0.4896，科技创新发展水平显著领先于其他规模类型城市。超大城市、特大城市、Ⅰ型大城市、Ⅱ型大城市指数高于全国均值 0.1503（图

2-6）。科技创新发展水平与城市人口规模正相关，超大城市科技创新优势显著。

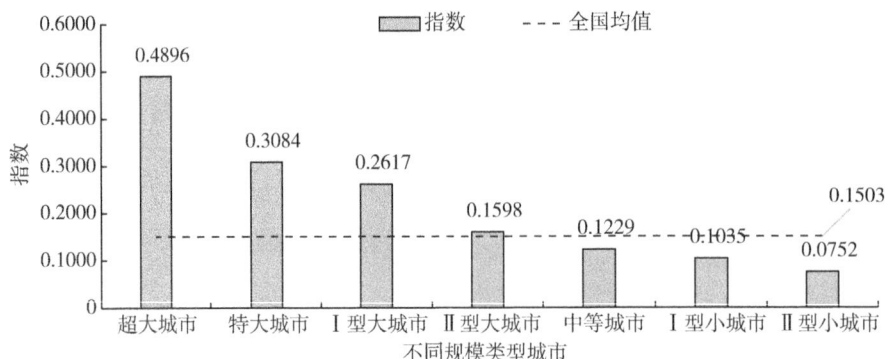

图 2-6　不同规模类型城市科技创新发展指数概况

2023 年，9 个国家中心城市科技创新发展指数排名由高到低依次为北京市、上海市、广州市、天津市、武汉市、西安市、成都市、重庆市、郑州市。其中，组内均值为 0.4218，明显高于全国均值（图 2-7）。总的来看，国家中心城市在科技创新方面具有绝对引领优势。

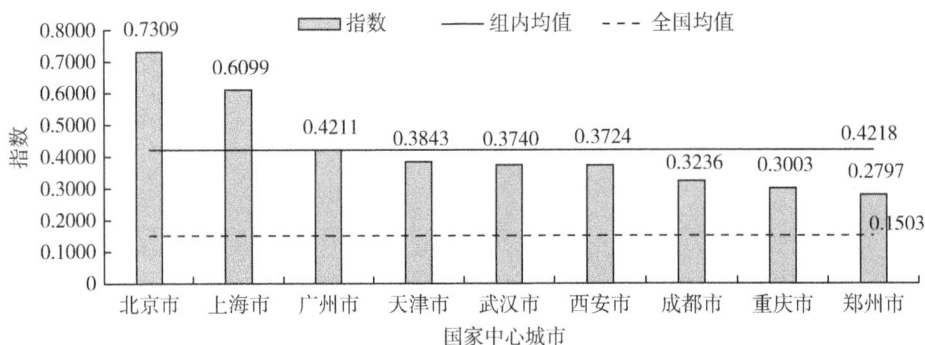

图 2-7　国家中心城市科技创新发展指数概况

三是城市创新短板与优势并存，整体呈现"你追我赶"良性竞争态势。一些综合排名靠后的城市，在单项指标方面却具有显著优势。例如，宁德市虽然科技创新发展指数在全国仅排第 65 位，但"平均融资披露金额"指标在全国排第 1 位。同时，不同城市在资本实力、产业基础等方面的创新资源禀赋各异，伴随差异化、互补性和协同性等特征，整体上呈现出"你追我赶"的良好态势。根据"企查查"提供的原始数据，以及不同省会与副省级城市 2022 年和 2021 年融资数据情况，不同城市融资数量和融资披露金额排名波动明显，其中，昆明市、长春市、太原市年度融资数量排名分别提升 9 位、7 位、4 位；乌鲁木齐市、昆明市、石家庄市年度融资披露金额排名分别提升 14 位、13 位、11 位（表 2-5）。总的来说，正是在这种"你追我赶"的竞争和合作中，各城市得以充分发挥自身优势，共同推动了国家科技创新的不断进步。这种良好的态势不仅促进了各城市自身的发展，也为整个国家的科技创新提供了强大的动力。

表 2-5 省会与副省级城市融资概况（2021—2022 年）

城市	年度融资数量 / 件				年度融资披露金额 / 亿元				
	2022 年	排名	2021 年	排名	波动	2022 年	排名	2021 年	排名	波动
北京市	3851	1	1891	1	0	24670.10	1	6107.6	2	1
上海市	3069	2	1787	2	0	11838.41	2	9939.43	1	−1
深圳市	2600	3	1183	3	0	10061.47	3	2799.67	3	0
杭州市	1568	4	791	4	0	4053.76	5	1441.62	4	−1
广州市	1079	5	423	5	0	4293.23	4	1226.28	5	1
南京市	858	6	309	6	0	3644.48	6	511.75	7	1
成都市	806	7	274	7	0	2449.42	9	353.64	11	2
武汉市	613	8	203	8	0	2496.03	8	425.44	8	0
合肥市	532	9	141	9	0	1259.60	19	189.36	16	−3
宁波市	429	10	129	11	1	2185.15	11	353.75	10	−1
天津市	419	11	120	13	2	2866.80	7	201.39	15	8
长沙市	415	12	137	10	−2	2013.87	13	634.19	6	−7
厦门市	383	13	121	12	−1	1128.85	21	66.73	22	1
重庆市	355	14	100	16	2	2324.26	10	202.2	14	4
济南市	311	15	75	17	2	1052.57	22	182.59	17	−5
西安市	311	16	120	14	−2	1615.01	16	246.84	13	−3
青岛市	289	17	102	15	−2	893.00	24	274.69	12	−12
郑州市	275	18	62	18	0	783.81	26	58	24	−2
福州市	242	19	50	19	0	1687.59	14	62.02	23	9
昆明市	167	20	15	29	9	1681.71	15	29.84	28	13
石家庄市	157	21	26	23	2	1427.53	18	28.15	29	11
大连市	153	22	39	20	−2	1554.18	17	70.82	21	4
长春市	149	23	15	30	7	794.68	25	3.2	35	10
太原市	133	24	17	28	4	775.38	27	23.74	30	3
南昌市	129	25	30	22	−3	606.95	28	45.34	25	−3
沈阳市	128	26	22	25	−1	594.88	29	100.37	19	−10
贵阳市	123	27	32	21	−6	543.68	30	133.09	18	−12
哈尔滨市	111	28	21	26	−2	984.12	23	37.49	27	4
海口市	96	29	25	24	−5	1135.16	20	407.33	9	−11

城市	年度融资数量 / 件					年度融资披露金额 / 亿元				
	2022 年	排名	2021 年	排名	波动	2022 年	排名	2021 年	排名	波动
乌鲁木齐市	96	30	11	32	2	2121.89	12	43.9	26	14
银川市	67	31	15	31	0	143.56	36	3	36	0
南宁市	66	32	21	27	−5	357.37	32	13.3	31	−1
兰州市	49	33	6	35	2	423.53	31	6.85	33	2
呼和浩特市	42	34	9	33	−1	275.98	33	96.93	20	−13
拉萨市	33	35	9	34	−1	265.67	34	10.46	32	−2
西宁市	24	36	3	36	0	247.68	35	6.1	34	−1

（三）任重道远，筚路蓝缕

目前，我国已成为全球具有重要影响力的科技大国，多个城市和创新集群的科技实力和创新能力显著增强。与此同时，新的挑战也接踵而至，在科技自立自强道路上依然任重道远。

一是面临原始创新能力提升的挑战。基础研究处于从研究到应用再到生产的科研链条起始端，是整个科学体系的源头，也是所有技术问题的总机关，原始创新在很大程度上决定着核心竞争力。1901—2022 年，仅有 11 位华人获得过诺贝尔奖（包含 2 位获得诺贝尔文学奖的华人），具有世界影响力的原始创新偏少。2018—2022 年，我国自然科学基金共资助 2138 个依托单位各类项目 23.67 万项，一定程度上发挥了杰出人才"孵化器"的作用，但原始创新能力提升依然面临着挑战。一方面，需要进一步明确主要国家战略科技力量的差异化定位，在全国主要创新高地统筹布局各类平台和基地，避免重复建设，促进资源共享；另一方面，要形成"国家 + 地方 + 市场"协同支持原始创新的机制，引导地方参与、社会支持，放大中央财政资金的带动效应，加快将原始创新成果带到各城市真实应用场景，真正打造重大基础研究成果产业化的系统能力。

二是面临科技体制机制改革的挑战。近年来，国家相继修订《中华人民共和国促进科技成果转化法》《国家科学技术奖励条例》《中华人民共和国科学技术进步法》等，科技体制机制改革不断深化，科研环境不断改善，然而与支撑和引领经济社会发展的需求相比，仍需要持续加强改革，最大限度解放和激发各类创新主体的活力。一方面，如何更好地推动科技创新领域的放权松绑成为难题，如何将"简政放权 + 有效监管""综合授权 + 负面清单""分类考核 + 标准评价"等有效落实，真正将科技作为第一生产力所蕴藏的巨大潜能释放出来，是新时期科技体制机制改革的重点，而从特定城市开始进行试点成为关键；另一方面，如何通过体制机制创新突破科技经济"两张皮"现象仍需探索。当前高校院所与产业界之间相互脱节的现象依然存在，科技产出与产业发展尚未形成良性互动，目前还缺乏整体有效的组织方式。虽然个别城市形成了有效探索，但如何梳理经验，形成普遍有效的协同攻关机制，将有组织科研与自由探索有机融合，让各种创新力量在创新活动中找准定位，支撑和服务城市总体创新目标，仍然未形成普遍适用的模式。

三是面临科技人才队伍供给的挑战。人才是创新的第一资源，是影响科技创新发展的决定性因素。超大城市和特大城市是人才的主要集聚地，创新人才指数分别达到0.5591、0.5468，远超过全国均值0.2694及组内均值0.3420（图2-8）。当前，外部环境日趋复杂，创新需求日益紧迫，科技人才队伍面临着外部持续限制和内部供给结构失衡的双重挑战。一方面，随着大国博弈和全球科技竞争加剧，海外引才受到明显冲击，科研人员的国际合作与交流都受到一定程度的限制，甚至在一些重点领域形成了人才流动封锁；另一方面，走好人才自主培养之路，提高人才供给自主可控能力成为必然选择，但当前仍面临科技创新人才队伍的培养与产业实际需求不匹配、前沿科技领域的交叉型学科创新人才缺乏等难题。如何形成更有效的人才引育留用方式和政策，需要不断探索创新。

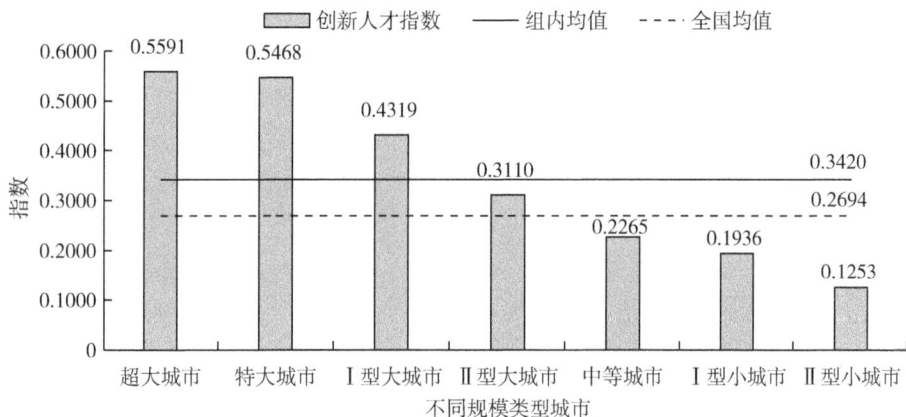

图2-8 不同规模类型城市创新人才指数概况

三、启示与思考

城市创新发展范式不一而足，既可以走科学驱动范式之路，也可以走需求拉动范式之路，具体需要结合自身资源禀赋特质来选择。面向未来，城市发展要进一步依靠科技创新塑造发展新动能，特别需要紧密结合国家战略部署及科技创新与产业发展规律，同时，要平衡好增量与存量、供给与需求、政府与市场、短期与长期、内部与外部"五组关系"，以均衡促创新，重塑城市高质量发展新动能。

（一）平衡增量与存量的关系

纵观世界经济增长演变历程，国家或地区的经济发展从来不是"碎片化"和"割裂化"的，而是具有鲜明的整体性特征。特别是对于大规模经济体而言，既需要充分培育增量优势，又要注重激发存量潜能，通过二者互动互补更好地提升综合竞争力。就我国而言，在推动经济发展模式从要素驱动向创新驱动转变过程中，无论是"新动能"还是"旧动能"，本身并无"高端"和"低端"之分，关键在于自身与科技创新的黏合度。依靠科技创新塑造发展新动能，需要平衡增量提升和存量优化的关系，在增量培育上着眼，紧密结合原始创新成果、颠覆性技术和前沿技术，加快发展新一代信息技术、新能源、新材料、高端装备、绿色环保等战略性新兴产业和未来产业，加快形成新质生产力。同时，依托我国体系全、品种多、规模大的传统制造业系统性优势，在存量提升上入手，通过数字化、智慧化、绿色化等手段，改造传统动能、优化产业结构、提升产业层次。

（二）平衡供给与需求的关系

从资源禀赋和动力机制看，通过科技创新塑造发展新动能存在供给驱动型和需求拉动型两种主要模式。这两种模式在实践中并没有优劣之分，往往需要结合实际形成合力才能更有效地实现科技创新促进高质量发展的宏观目标。我国地域广阔，区域间资源禀赋和发展阶段也存在较大差异性，这可以为科技成果转化提供不同的应用场景，并形成更多的物质激励和更广阔的试验场域，刺激科技产品换代和研发活动升级。因此，依靠科技创新塑造发展新动能，需求侧同样重要。需要鼓励和支持不同地区，特别是创新资源相对匮乏的后发地区，在主动夯实创新基础的同时，依托自身优势，将消费市场、产业发展与科技研发结合起来，以"用"带"研"，以"需"拉"供"，在培育发展新动能上实现追赶和超越。

（三）平衡政府与市场的关系

正确处理政府与市场关系，是依靠科技创新塑造发展新动能的重中之重。大量实践案例表明，在通过科技创新催生发展新动能的过程中，以政府力量弥补市场失灵，对基础性研究和公共科研活动提供多元支持，已成为全球各国普遍采取的战略措施。同时，我们也应看到，创新的关键还在于有效而充分的市场竞争，市场主体基于追求超额利润而展开的竞争是科技创新和产业发展的微观基础。现实中跨国公司、行业领军企业为提高创新效率自发进行有组织的科研工作，设立实验室或联合研究平台就是具体体现。在新型举国体制框架下，依靠科技创新塑造发展新动能，应进一步发挥有为政府作用，在顶层设计、战略规划、政策供给等方面积极作为，扮演好关键核心技术攻关和产业转化的组织者、协调者角色。同时，还要充分发挥市场在科技创新塑造发展新动能过程中的资源配置优势，调动各类市场主体的参与积极性，激发不同所有制类型企业持续投入研发和实现产业化的内生动力。

（四）平衡短期与长期的关系

以科技创新开辟发展新领域新赛道、塑造发展新动能新优势，是应对百年未有之大变局、推动我国高质量发展和中国式现代化进程的迫切要求。短期来看，在一些关键技术和产业领域，集中攻关、重点突破，充分展现我国依靠科技创新塑造发展新动能的能力和信心十分必要。同时，无论是科技创新还是经济发展都是动态、连续的过程。科技创新塑造发展新动能本身也因时制宜、循序推进，立足长远从创新资源、创新环境与产业绩效等方面凝聚合力、久久为功。另外，创新资源并不必然转化为产业绩效，其有赖于良好的创新环境支持。因此，依靠科技创新塑造发展新动能，不仅需要短期有成果、有项目，更要坚持长期主义，重视培育有助于科技创新和产业发展的生态环境，进一步优化科技和产业发展体制机制，持续激发各类创新资源的活力和潜力。

（五）平衡内部与外部的关系

科技创新有其内在规律，我国的科技创新发展历程及经验符合后发国家科技创新演进的基本逻辑和特征。跟跑阶段，我国因自身技术、资源、知识等匮乏，主要以模仿型创新为主，对市场上现有产品、技术进行引进、模仿和学习，以期实现"人有我用"的目的。并跑阶段，我国已然具备了一定的技术、资源、知识储备，经过前期积累在特定领域或赛道已经拥有了一定竞争能力，侧重于"二次创新"能力的强化和提升，以期实现从"人有我用"到"人有我优"的过渡。领跑阶段，我国在部分领域已经有了体系化的优势，侧重于"原始创新"能力的培育和强化，开始步入创新无人区，以期实现从"人有我优"到"人无我有"的过渡。整体来看，科技创新是一个复杂的过程，需要综合考虑多种因素，妥善处理好各种矛盾，平衡好内部与外部的关系，才能在新一轮科技革命中抢占先机，实现跨越。

分项指数篇

第三章 创新资源

一、创新资源指数构成

创新资源反映的是一个城市对创新活动的投入力度、创新人才资源的储备状况和创新资源的配置结构。创新人才和研发经费，即人的投入和财的投入，是创新资源中最为核心的部分。人才是创新的核心要素，而研发经费是推进科技创新的基本物质保障。因此，创新资源分指数采用创新人才和研发经费两项二级指标。创新资源占总指数的权重为 19.05%。二级指标中，创新人才和研发经费的权重均为 9.52%。

创新人才二级指标下设 2 个三级指标，分别是居民中大专以上学历人数比重和万名从业人口中科学技术人员数，均为正向指标。

研发经费二级指标下设 2 个三级指标，分别是地方财政科技投入占地方财政支出比重、R&D 投入强度，两个指标分别反映城市政府对科技创新活动的直接经费支持和对创新人才储备的经费支持，均为正向指标。

三级指标权重均为 4.76%。创新资源指标构成如表 3-1 所示。

表 3-1 创新资源指标构成

一级指标	权重	二级指标	权重	三级指标	指标属性	权重
创新资源	19.05%	创新人才	9.52%	居民中大专以上学历人数比重（%）	正	4.76%
				万名从业人口中科学技术人员数（人）	正	4.76%
		研发经费	9.52%	地方财政科技投入占地方财政支出比重（%）	正	4.76%
				R&D 投入强度（%）	正	4.76%

二、创新资源指数排名

在创新资源指数方面，排名前 20 位的城市依次是北京市、深圳市、合肥市、苏州市、芜湖市、西安市、长沙市、杭州市、南京市、佛山市、天津市、湘潭市、青岛市、宁波市、郑州市、上海市、株洲市、铜陵市、嘉兴市、珠海市（表 3-2）。

表 3-2　创新资源指数排名

城市	创新资源	排名	城市	创新资源	排名
北京市	0.7578	1	太原市	0.4051	33
深圳市	0.7255	2	绵阳市	0.4039	34
合肥市	0.7072	3	成都市	0.4026	35
苏州市	0.6647	4	沈阳市	0.3989	36
芜湖市	0.6528	5	兰州市	0.3979	37
西安市	0.5892	6	萍乡市	0.3968	38
长沙市	0.5589	7	东营市	0.3827	39
杭州市	0.5507	8	绍兴市	0.3810	40
南京市	0.5234	9	马鞍山市	0.3807	41
佛山市	0.5169	10	威海市	0.3783	42
天津市	0.5104	11	厦门市	0.3739	43
湘潭市	0.4976	12	江门市	0.3735	44
青岛市	0.4936	13	金华市	0.3718	45
宁波市	0.4907	14	日照市	0.3678	46
郑州市	0.4857	15	无锡市	0.3659	47
上海市	0.4809	16	宜昌市	0.3634	48
株洲市	0.4765	17	潍坊市	0.3623	49
铜陵市	0.4701	18	福州市	0.3577	50
嘉兴市	0.4676	19	滁州市	0.3573	51
珠海市	0.4625	20	泰州市	0.3561	52
广州市	0.4622	21	嘉峪关市	0.3549	53
济南市	0.4622	22	大庆市	0.3548	54
东莞市	0.4348	23	韶关市	0.3522	55
洛阳市	0.4309	24	淮北市	0.3509	56
武汉市	0.4270	25	蚌埠市	0.3485	57
温州市	0.4244	26	新乡市	0.3448	58
烟台市	0.4201	27	南昌市	0.3446	59
惠州市	0.4195	28	荆门市	0.3417	60
淄博市	0.4193	29	台州市	0.3395	61
宣城市	0.4182	30	银川市	0.3326	62
呼和浩特市	0.4160	31	保定市	0.3278	63
湖州市	0.4084	32	贵阳市	0.3196	64

续表

城市	创新资源	排名	城市	创新资源	排名
大连市	0.3187	65	南通市	0.2517	97
衢州市	0.3182	66	三亚市	0.2516	98
常州市	0.3039	67	乌鲁木齐市	0.2513	99
长春市	0.3008	68	九江市	0.2497	100
鹰潭市	0.3008	69	连云港市	0.2485	101
丽水市	0.2997	70	焦作市	0.2484	102
岳阳市	0.2932	71	鹤壁市	0.2478	103
重庆市	0.2928	72	益阳市	0.2476	104
聊城市	0.2883	73	漯河市	0.2472	105
镇江市	0.2882	74	扬州市	0.2472	106
泰安市	0.2824	75	盘锦市	0.2395	107
包头市	0.2801	76	景德镇市	0.2395	108
吉安市	0.2769	77	宿迁市	0.2351	109
鄂州市	0.2762	78	赣州市	0.2285	110
中山市	0.2750	79	三门峡市	0.2280	111
宜春市	0.2749	80	铜川市	0.2279	112
哈尔滨市	0.2745	81	石家庄市	0.2279	113
海口市	0.2738	82	永州市	0.2268	114
昆明市	0.2727	83	安庆市	0.2267	115
黄石市	0.2700	84	许昌市	0.2230	116
襄阳市	0.2689	85	平顶山市	0.2219	117
舟山市	0.2648	86	荆州市	0.2206	118
黄山市	0.2611	87	枣庄市	0.2204	119
衡阳市	0.2610	88	乌海市	0.2173	120
郴州市	0.2608	89	咸宁市	0.2170	121
池州市	0.2599	90	德阳市	0.2150	122
济宁市	0.2595	91	秦皇岛市	0.2145	123
南宁市	0.2591	92	常德市	0.2130	124
西宁市	0.2587	93	廊坊市	0.2108	125
十堰市	0.2559	94	六安市	0.2106	126
唐山市	0.2536	95	龙岩市	0.2071	127
临沂市	0.2523	96	新余市	0.2057	128

城市	创新资源	排名	城市	创新资源	排名
娄底市	0.2046	129	攀枝花市	0.1606	161
邵阳市	0.2042	130	防城港市	0.1598	162
鄂尔多斯市	0.2038	131	晋中市	0.1582	163
南阳市	0.2022	132	玉溪市	0.1581	164
开封市	0.2021	133	邯郸市	0.1580	165
石嘴山市	0.2001	134	汉中市	0.1576	166
金昌市	0.1983	135	阳泉市	0.1566	167
肇庆市	0.1965	136	濮阳市	0.1563	168
徐州市	0.1956	137	延安市	0.1546	169
盐城市	0.1945	138	孝感市	0.1500	170
抚州市	0.1944	139	清远市	0.1498	171
淮安市	0.1943	140	长治市	0.1481	172
上饶市	0.1942	141	商丘市	0.1441	173
克拉玛依市	0.1934	142	菏泽市	0.1440	174
淮南市	0.1902	143	汕头市	0.1437	175
拉萨市	0.1894	144	晋城市	0.1433	176
沧州市	0.1872	145	泉州市	0.1404	177
滨州市	0.1869	146	吉林市	0.1401	178
张掖市	0.1853	147	信阳市	0.1391	179
怀化市	0.1838	148	宝鸡市	0.1386	180
德州市	0.1827	149	营口市	0.1365	181
安顺市	0.1782	150	巴彦淖尔市	0.1358	182
安阳市	0.1754	151	咸阳市	0.1351	183
承德市	0.1746	152	随州市	0.1351	184
普洱市	0.1744	153	临汾市	0.1350	185
柳州市	0.1735	154	中卫市	0.1347	186
宁德市	0.1729	155	丽江市	0.1345	187
抚顺市	0.1711	156	呼伦贝尔市	0.1331	188
天水市	0.1662	157	三明市	0.1331	189
酒泉市	0.1652	158	榆林市	0.1327	190
驻马店市	0.1651	159	伊春市	0.1326	191
通化市	0.1640	160	雅安市	0.1312	192

城市	创新资源	排名	城市	创新资源	排名
锦州市	0.1310	193	衡水市	0.1114	225
乌兰察布市	0.1299	194	四平市	0.1112	226
阜阳市	0.1297	195	乐山市	0.1105	227
南平市	0.1285	196	赤峰市	0.1102	228
张家口市	0.1278	197	北海市	0.1087	229
通辽市	0.1244	198	漳州市	0.1084	230
本溪市	0.1236	199	辽源市	0.1062	231
固原市	0.1234	200	吕梁市	0.1058	232
辽阳市	0.1233	201	牡丹江市	0.1050	233
白银市	0.1226	202	揭阳市	0.1033	234
宿州市	0.1223	203	云浮市	0.1027	235
遵义市	0.1221	204	六盘水市	0.1021	236
桂林市	0.1215	205	佳木斯市	0.1021	237
武威市	0.1211	206	丹东市	0.1018	238
黄冈市	0.1209	207	潮州市	0.0990	239
崇左市	0.1195	208	朝阳市	0.0980	240
运城市	0.1194	209	保山市	0.0971	241
大同市	0.1193	210	朔州市	0.0961	242
齐齐哈尔市	0.1182	211	白山市	0.0957	243
七台河市	0.1181	212	庆阳市	0.0943	244
自贡市	0.1180	213	双鸭山市	0.0942	245
曲靖市	0.1180	214	邢台市	0.0928	246
吴忠市	0.1179	215	铜仁市	0.0916	247
亳州市	0.1177	216	鞍山市	0.0907	248
阜新市	0.1176	217	定西市	0.0907	249
宜宾市	0.1172	218	张家界市	0.0875	250
白城市	0.1163	219	葫芦岛市	0.0874	251
平凉市	0.1146	220	松原市	0.0853	252
忻州市	0.1142	221	眉山市	0.0842	253
河源市	0.1133	222	泸州市	0.0840	254
渭南市	0.1119	223	南充市	0.0838	255
莆田市	0.1118	224	广元市	0.0835	256

城市	创新资源	排名	城市	创新资源	排名
海东市	0.0825	257	临沧市	0.0683	273
鹤岗市	0.0803	258	达州市	0.0667	274
梧州市	0.0799	259	遂宁市	0.0653	275
铁岭市	0.0799	260	昭通市	0.0647	276
茂名市	0.0797	261	湛江市	0.0621	277
阳江市	0.0779	262	巴中市	0.0604	278
汕尾市	0.0778	263	陇南市	0.0580	279
商洛市	0.0774	264	贵港市	0.0572	280
黑河市	0.0761	265	毕节市	0.0552	281
玉林市	0.0745	266	钦州市	0.0543	282
鸡西市	0.0731	267	资阳市	0.0506	283
梅州市	0.0722	268	贺州市	0.0486	284
内江市	0.0719	269	来宾市	0.0485	285
周口市	0.0702	270	河池市	0.0445	286
百色市	0.0692	271	绥化市	0.0441	287
安康市	0.0687	272	广安市	0.0405	288

三、创新资源核心指标分析

（一）创新人才

创新驱动的实质是人才驱动。城市经济实现持续发展的动力是科技创新，而要建设创新型城市，更要广泛吸引各类创新人才，尤其要集聚一批站在行业科技前沿、具有国际视野和竞争力的领军人才。因此，必须要实施更加积极的创新人才政策，用好人才、吸引人才、培养人才，形成一支规模宏大、勇于创新的创新型人才队伍。创新人才是衡量一个城市的科技创新资源首先要重点测度的要素。在城市科技创新发展指标体系中，创新人才指标所占权重为9.52%，反映了一个城市的科技和教育智力资源情况。

在创新人才指数方面，排名前10位的城市依次是北京市、深圳市、长沙市、苏州市、青岛市、呼和浩特市、西安市、合肥市、天津市、济南市；排名后10位的城市依次是贵港市、内江市、周口市、泸州市、河池市、毕节市、汕尾市、遂宁市、广安市、资阳市（图3-1、表3-3）。可以看到，城市间的科技和教育智力资源差异非常明显。

城市行政等级越高，经济越发达，越能集中科技和教育智力资源，而这种差异又将进一步导致创新人才呈现出向区域中心城市一侧的偏态分布。

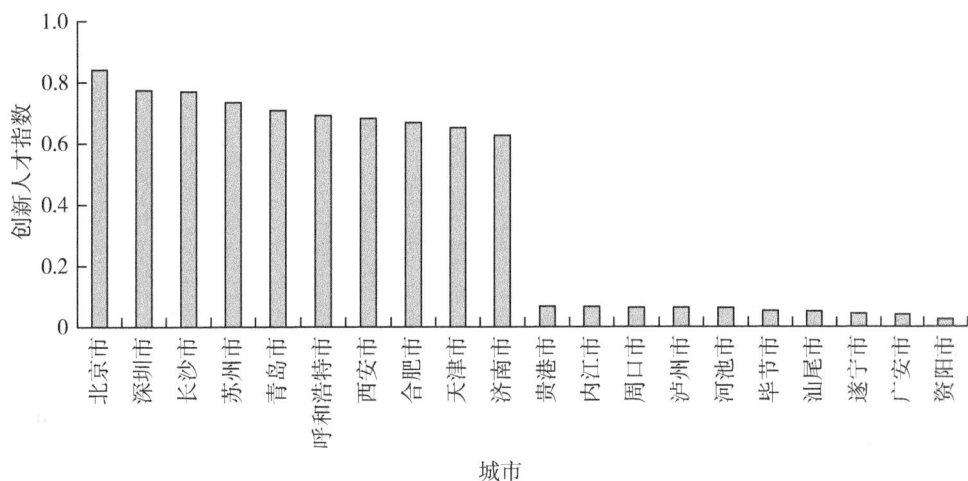

图 3-1　创新人才指数排名前 10 位和后 10 位的城市

表 3-3　创新人才指数排名

城市	创新人才	排名	城市	创新人才	排名
北京市	0.8415	1	萍乡市	0.6010	15
深圳市	0.7746	2	南京市	0.5918	16
长沙市	0.7697	3	芜湖市	0.5821	17
苏州市	0.7347	4	杭州市	0.5812	18
青岛市	0.7085	5	温州市	0.5754	19
呼和浩特市	0.6914	6	淄博市	0.5717	20
西安市	0.6818	7	烟台市	0.5670	21
合肥市	0.6683	8	宁波市	0.5528	22
天津市	0.6514	9	武汉市	0.5475	23
济南市	0.6272	10	宣城市	0.5386	24
大庆市	0.6238	11	东营市	0.5360	25
湘潭市	0.6223	12	嘉兴市	0.5338	26
郑州市	0.6203	13	威海市	0.5231	27
兰州市	0.6034	14	马鞍山市	0.5225	28

续表

城市	创新人才	排名	城市	创新人才	排名
株洲市	0.5164	29	西宁市	0.3969	61
沈阳市	0.5127	30	重庆市	0.3888	62
佛山市	0.5045	31	绍兴市	0.3883	63
珠海市	0.5008	32	衢州市	0.3820	64
上海市	0.4931	33	南宁市	0.3809	65
洛阳市	0.4852	34	丽水市	0.3757	66
潍坊市	0.4851	35	济宁市	0.3734	67
铜陵市	0.4851	36	南昌市	0.3712	68
金华市	0.4816	37	泰安市	0.3677	69
惠州市	0.4787	38	包头市	0.3629	70
滁州市	0.4776	39	池州市	0.3626	71
荆门市	0.4749	40	厦门市	0.3623	72
保定市	0.4745	41	中山市	0.3596	73
广州市	0.4735	42	襄阳市	0.3545	74
长春市	0.4651	43	昆明市	0.3534	75
嘉峪关市	0.4636	44	大连市	0.3529	76
太原市	0.4633	45	拉萨市	0.3529	77
东莞市	0.4614	46	聊城市	0.3526	78
宜昌市	0.4577	47	无锡市	0.3446	79
湖州市	0.4499	48	哈尔滨市	0.3421	80
泰州市	0.4457	49	吉安市	0.3405	81
新乡市	0.4369	50	蚌埠市	0.3362	82
江门市	0.4355	51	鹰潭市	0.3316	83
淮北市	0.4341	52	岳阳市	0.3286	84
银川市	0.4332	53	鄂州市	0.3256	85
海口市	0.4235	54	黄山市	0.3251	86
日照市	0.4229	55	黄石市	0.3236	87
铜川市	0.4203	56	临沂市	0.3229	88
福州市	0.4089	57	镇江市	0.3191	89
台州市	0.4071	58	衡阳市	0.3172	90
乌鲁木齐市	0.4027	59	焦作市	0.3157	91
贵阳市	0.3998	60	普洱市	0.3150	92

城市	创新人才	排名	城市	创新人才	排名
鄂尔多斯市	0.3139	93	平顶山市	0.2491	125
六安市	0.3122	94	吉林市	0.2458	126
克拉玛依市	0.3118	95	延安市	0.2451	127
九江市	0.3108	96	三门峡市	0.2440	128
十堰市	0.3089	97	锦州市	0.2423	129
乌海市	0.3083	98	邵阳市	0.2413	130
益阳市	0.3035	99	永州市	0.2387	131
枣庄市	0.3031	100	宿迁市	0.2382	132
唐山市	0.3010	101	承德市	0.2381	133
舟山市	0.2936	102	娄底市	0.2352	134
成都市	0.2905	103	许昌市	0.2343	135
宜春市	0.2882	104	巴彦淖尔市	0.2341	136
郴州市	0.2835	105	天水市	0.2322	137
秦皇岛市	0.2823	106	阳泉市	0.2316	138
荆州市	0.2797	107	榆林市	0.2291	139
连云港市	0.2781	108	赣州市	0.2275	140
常德市	0.2744	109	开封市	0.2274	141
景德镇市	0.2731	110	南阳市	0.2267	142
鹤壁市	0.2727	111	三亚市	0.2257	143
咸宁市	0.2705	112	常州市	0.2253	144
安庆市	0.2699	113	抚顺市	0.2246	145
石家庄市	0.2667	114	金昌市	0.2230	146
廊坊市	0.2665	115	菏泽市	0.2229	147
新余市	0.2650	116	通化市	0.2216	148
扬州市	0.2631	117	肇庆市	0.2207	149
淮南市	0.2607	118	晋中市	0.2199	150
漯河市	0.2607	119	长治市	0.2165	151
张掖市	0.2595	120	乌兰察布市	0.2160	152
沧州市	0.2571	121	崇左市	0.2126	153
酒泉市	0.2525	122	四平市	0.2107	154
盘锦市	0.2520	123	通辽市	0.2071	155
呼伦贝尔市	0.2519	124	怀化市	0.2062	156

城市	创新人才	排名	城市	创新人才	排名
丽江市	0.2047	157	临汾市	0.1746	189
辽源市	0.2038	158	遵义市	0.1680	190
晋城市	0.2023	159	宝鸡市	0.1672	191
张家口市	0.2021	160	濮阳市	0.1668	192
大同市	0.2021	161	南通市	0.1665	193
上饶市	0.1986	162	汉中市	0.1661	194
攀枝花市	0.1979	163	牡丹江市	0.1656	195
淮安市	0.1973	164	佳木斯市	0.1641	196
北海市	0.1957	165	固原市	0.1627	197
韶关市	0.1955	166	朔州市	0.1605	198
清远市	0.1948	167	汕头市	0.1604	199
安顺市	0.1937	168	松原市	0.1589	200
平凉市	0.1930	169	德阳市	0.1588	201
赤峰市	0.1927	170	中卫市	0.1579	202
武威市	0.1904	171	三明市	0.1561	203
玉溪市	0.1897	172	随州市	0.1556	204
忻州市	0.1862	173	营口市	0.1555	205
咸阳市	0.1862	174	宿州市	0.1539	206
阜新市	0.1854	175	运城市	0.1536	207
本溪市	0.1850	176	伊春市	0.1534	208
白山市	0.1843	177	庆阳市	0.1524	209
柳州市	0.1831	178	盐城市	0.1523	210
白城市	0.1826	179	辽阳市	0.1511	211
安阳市	0.1825	180	河源市	0.1508	212
抚州市	0.1822	181	海东市	0.1505	213
桂林市	0.1802	182	阜阳市	0.1500	214
徐州市	0.1799	183	绵阳市	0.1500	215
白银市	0.1785	184	吕梁市	0.1498	216
七台河市	0.1772	185	渭南市	0.1485	217
石嘴山市	0.1769	186	乐山市	0.1460	218
鞍山市	0.1765	187	齐齐哈尔市	0.1453	219
丹东市	0.1748	188	南平市	0.1444	220

城市	创新人才	排名	城市	创新人才	排名
信阳市	0.1419	221	铜仁市	0.1036	253
黄冈市	0.1417	222	梧州市	0.1023	254
朝阳市	0.1412	223	邢台市	0.1019	255
亳州市	0.1405	224	昭通市	0.0999	256
商丘市	0.1391	225	衡水市	0.0991	257
商洛市	0.1389	226	德州市	0.0983	258
定西市	0.1389	227	孝感市	0.0972	259
潮州市	0.1381	228	百色市	0.0958	260
鹤岗市	0.1355	229	宁德市	0.0952	261
吴忠市	0.1355	230	南充市	0.0945	262
云浮市	0.1347	231	安康市	0.0907	263
曲靖市	0.1339	232	漳州市	0.0899	264
黑河市	0.1312	233	钦州市	0.0882	265
龙岩市	0.1307	234	梅州市	0.0872	266
葫芦岛市	0.1302	235	巴中市	0.0868	267
防城港市	0.1286	236	泉州市	0.0867	268
鸡西市	0.1242	237	来宾市	0.0862	269
阳江市	0.1241	238	眉山市	0.0845	270
滨州市	0.1225	239	陇南市	0.0841	271
铁岭市	0.1215	240	宜宾市	0.0798	272
自贡市	0.1210	241	湛江市	0.0798	273
张家界市	0.1202	242	六盘水市	0.0790	274
揭阳市	0.1187	243	莆田市	0.0789	275
驻马店市	0.1180	244	绥化市	0.0775	276
雅安市	0.1177	245	达州市	0.0719	277
双鸭山市	0.1176	246	贺州市	0.0700	278
广元市	0.1119	247	贵港市	0.0668	279
保山市	0.1104	248	内江市	0.0655	280
临沧市	0.1081	249	周口市	0.0623	281
玉林市	0.1067	250	泸州市	0.0621	282
邯郸市	0.1059	251	河池市	0.0617	283
茂名市	0.1055	252	毕节市	0.0526	284

城市	创新人才	排名	城市	创新人才	排名
汕尾市	0.0500	285	广安市	0.0392	287
遂宁市	0.0425	286	资阳市	0.0234	288

（二）研发经费

城市科技创新发展需要有坚实的物质基础，研发经费是推进科技创新的基本保障。由于创新成果具有公共物品特征，所以创新投入的私人回报率低于社会回报率，同时，创新的高风险特征也构成创新活动的障碍，市场经济中创新主体的创新投入将可能低于社会最优水平。与税收、明晰产权等公共政策相比，政府财政支出能够更有效地弥补因上述问题而产生的创新投入不足。因此，研发经费指数将着眼于财政支出对城市科技创新的影响，以地方财政科技投入占地方财政支出比重衡量城市政府对科技创新活动的物质资本投入强度，同时，鉴于人力资本是技术创新的核心要素，财政教育支出可以通过作用于人力资本积累而间接影响科技创新，以地方财政教育投入占地方财政支出比重度量对创新的人力资本投入强度。

在研发经费指数方面，排名前 10 位的城市依次是合肥市、芜湖市、深圳市、北京市、绵阳市、苏州市、佛山市、杭州市、成都市、韶关市；排名后 10 位的城市依次是商洛市、海东市、呼伦贝尔市、四平市、松原市、来宾市、绥化市、辽源市、白山市、鞍山市（图 3-2、表 3-4）。

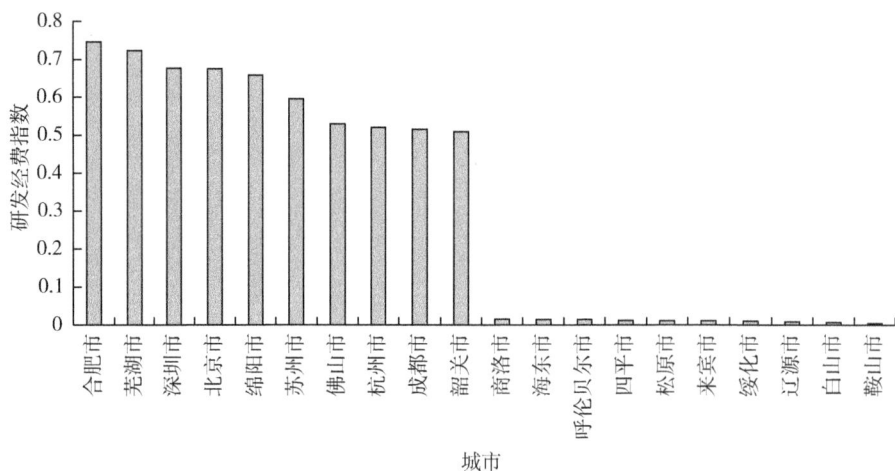

图 3-2　研发经费指数排名前 10 位和后 10 位的城市

表 3-4 研发经费指数排名

城市	研发经费	排名	城市	研发经费	排名
合肥市	0.7462	1	太原市	0.3469	33
芜湖市	0.7234	2	南通市	0.3370	34
深圳市	0.6763	3	南昌市	0.3180	35
北京市	0.6741	4	日照市	0.3128	36
绵阳市	0.6578	5	江门市	0.3114	37
苏州市	0.5947	6	福州市	0.3066	38
佛山市	0.5292	7	武汉市	0.3066	39
杭州市	0.5201	8	宣城市	0.2979	40
成都市	0.5148	9	济南市	0.2971	41
韶关市	0.5089	10	沈阳市	0.2850	42
西安市	0.4967	11	大连市	0.2846	43
上海市	0.4687	12	龙岩市	0.2834	44
铜陵市	0.4551	13	青岛市	0.2787	45
南京市	0.4550	14	三亚市	0.2774	46
广州市	0.4509	15	温州市	0.2735	47
株洲市	0.4366	16	烟台市	0.2733	48
宁波市	0.4285	17	台州市	0.2719	49
珠海市	0.4243	18	德阳市	0.2712	50
东莞市	0.4083	19	鹰潭市	0.2700	51
嘉兴市	0.4014	20	宜昌市	0.2691	52
无锡市	0.3872	21	淮北市	0.2677	53
厦门市	0.3856	22	德州市	0.2671	54
常州市	0.3825	23	淄博市	0.2669	55
洛阳市	0.3765	24	泰州市	0.2664	56
绍兴市	0.3737	25	金华市	0.2620	57
湘潭市	0.3730	26	宜春市	0.2616	58
天津市	0.3694	27	岳阳市	0.2578	59
湖州市	0.3669	28	镇江市	0.2572	60
蚌埠市	0.3609	29	衢州市	0.2545	61
惠州市	0.3603	30	新乡市	0.2528	62
郑州市	0.3510	31	滨州市	0.2514	63
长沙市	0.3481	32	宁德市	0.2507	64

续表

城市	研发经费	排名	城市	研发经费	排名
嘉峪关市	0.2461	65	抚州市	0.2065	97
贵阳市	0.2395	66	唐山市	0.2063	98
潍坊市	0.2394	67	景德镇市	0.2058	99
马鞍山市	0.2389	68	衡阳市	0.2049	100
郴州市	0.2380	69	十堰市	0.2030	101
滁州市	0.2370	70	孝感市	0.2028	102
盐城市	0.2366	71	包头市	0.1973	103
舟山市	0.2361	72	黄山市	0.1971	104
漯河市	0.2338	73	泰安市	0.1970	105
威海市	0.2335	74	重庆市	0.1967	106
银川市	0.2320	75	平顶山市	0.1948	107
宿迁市	0.2319	76	泉州市	0.1941	108
扬州市	0.2313	77	萍乡市	0.1927	109
赣州市	0.2295	78	兰州市	0.1923	110
东营市	0.2293	79	昆明市	0.1920	111
盘锦市	0.2271	80	益阳市	0.1917	112
鄂州市	0.2267	81	淮安市	0.1913	113
聊城市	0.2240	82	防城港市	0.1911	114
丽水市	0.2237	83	中山市	0.1905	115
石嘴山市	0.2232	84	上饶市	0.1897	116
鹤壁市	0.2230	85	石家庄市	0.1892	117
连云港市	0.2188	86	九江市	0.1885	118
黄石市	0.2163	87	安庆市	0.1834	119
永州市	0.2148	88	襄阳市	0.1833	120
吉安市	0.2133	89	临沂市	0.1817	121
驻马店市	0.2121	90	焦作市	0.1811	122
三门峡市	0.2121	91	保定市	0.1811	123
许昌市	0.2118	92	南阳市	0.1777	124
徐州市	0.2113	93	开封市	0.1769	125
邯郸市	0.2101	94	娄底市	0.1741	126
荆门市	0.2086	95	金昌市	0.1736	127
哈尔滨市	0.2070	96	肇庆市	0.1722	128

续表

城市	研发经费	排名	城市	研发经费	排名
安阳市	0.1684	129	西宁市	0.1206	161
邵阳市	0.1672	130	淮南市	0.1197	162
柳州市	0.1639	131	抚顺市	0.1177	163
咸宁市	0.1635	132	营口市	0.1175	164
安顺市	0.1626	133	沧州市	0.1172	165
荆州市	0.1615	134	自贡市	0.1149	166
怀化市	0.1614	135	随州市	0.1146	167
池州市	0.1571	136	南平市	0.1125	168
廊坊市	0.1550	137	伊春市	0.1118	169
宜宾市	0.1546	138	中卫市	0.1114	170
常德市	0.1516	139	承德市	0.1111	171
商丘市	0.1492	140	张掖市	0.1110	172
汉中市	0.1491	141	三明市	0.1101	173
秦皇岛市	0.1466	142	宝鸡市	0.1100	174
新余市	0.1464	143	阜阳市	0.1093	175
濮阳市	0.1458	144	六安市	0.1090	176
济宁市	0.1455	145	通化市	0.1064	177
雅安市	0.1447	146	泸州市	0.1059	178
莆田市	0.1446	147	汕尾市	0.1056	179
呼和浩特市	0.1406	148	清远市	0.1048	180
枣庄市	0.1377	149	曲靖市	0.1020	181
南宁市	0.1374	150	吴忠市	0.1003	182
长春市	0.1365	151	天水市	0.1002	183
信阳市	0.1363	152	黄冈市	0.1001	184
汕头市	0.1271	153	乌鲁木齐市	0.0999	185
漳州市	0.1270	154	晋中市	0.0964	186
玉溪市	0.1265	155	辽阳市	0.0955	187
乌海市	0.1263	156	临汾市	0.0954	188
六盘水市	0.1251	157	亳州市	0.0950	189
海口市	0.1240	158	鄂尔多斯市	0.0938	190
衡水市	0.1238	159	齐齐哈尔市	0.0912	191
攀枝花市	0.1233	160	宿州市	0.0908	192

城市	研发经费	排名	城市	研发经费	排名
遂宁市	0.0881	193	达州市	0.0615	225
揭阳市	0.0878	194	潮州市	0.0599	226
大庆市	0.0859	195	七台河市	0.0589	227
运城市	0.0852	196	毕节市	0.0579	228
晋城市	0.0843	197	梧州市	0.0575	229
咸阳市	0.0841	198	梅州市	0.0572	230
固原市	0.0841	199	广元市	0.0551	231
眉山市	0.0839	200	张家界市	0.0549	232
保山市	0.0838	201	朝阳市	0.0548	233
邢台市	0.0836	202	茂名市	0.0539	234
阳泉市	0.0817	203	张家口市	0.0534	235
铜仁市	0.0796	204	武威市	0.0519	236
长治市	0.0796	205	白城市	0.0500	237
内江市	0.0782	206	阜新市	0.0497	238
周口市	0.0782	207	贵港市	0.0475	239
资阳市	0.0778	208	安康市	0.0467	240
酒泉市	0.0778	209	葫芦岛市	0.0445	241
遵义市	0.0761	210	湛江市	0.0443	242
河源市	0.0758	211	牡丹江市	0.0443	243
渭南市	0.0753	212	乌兰察布市	0.0438	244
乐山市	0.0750	213	百色市	0.0426	245
克拉玛依市	0.0749	214	定西市	0.0424	246
南充市	0.0731	215	玉林市	0.0422	247
双鸭山市	0.0707	216	忻州市	0.0421	248
云浮市	0.0707	217	广安市	0.0417	249
白银市	0.0667	218	通辽市	0.0417	250
菏泽市	0.0651	219	佳木斯市	0.0400	251
丽江市	0.0642	220	铁岭市	0.0383	252
延安市	0.0641	221	巴彦淖尔市	0.0375	253
桂林市	0.0628	222	大同市	0.0364	254
本溪市	0.0622	223	榆林市	0.0363	255
吕梁市	0.0618	224	平凉市	0.0361	256

城市	研发经费	排名	城市	研发经费	排名
庆阳市	0.0361	257	鹤岗市	0.0251	273
铜川市	0.0356	258	鸡西市	0.0221	274
吉林市	0.0344	259	北海市	0.0216	275
巴中市	0.0340	260	黑河市	0.0211	276
普洱市	0.0339	261	钦州市	0.0205	277
陇南市	0.0318	262	锦州市	0.0197	278
朔州市	0.0318	263	商洛市	0.0158	279
阳江市	0.0316	264	海东市	0.0144	280
昭通市	0.0294	265	呼伦贝尔市	0.0144	281
丹东市	0.0288	266	四平市	0.0117	282
临沧市	0.0285	267	松原市	0.0116	283
赤峰市	0.0277	268	来宾市	0.0109	284
贺州市	0.0273	269	绥化市	0.0107	285
河池市	0.0273	270	辽源市	0.0087	286
崇左市	0.0263	271	白山市	0.0070	287
拉萨市	0.0260	272	鞍山市	0.0049	288

第四章 创新环境

一、创新环境指数构成

创新环境主要反映培育创新活动和创新企业所面临的硬环境和软环境，是提升城市创新能力的重要基础与保障。创新环境占总指数的权重为 19.05%。创新环境下又分设政策环境、信息环境 2 个二级指标。

政策环境二级指标下设 2 个三级指标，分别是每万人吸引外商投资额和平均融资披露金额，两者均为正向指标。

信息环境二级指标下设 2 个三级指标，分别是人均教育经费和互联网宽带用户数，两者均为正向指标。

三级指标权重均为 4.76%。创新环境指标构成如表 4-1 所示。

表 4-1 创新环境指标构成

一级指标	权重	二级指标	权重	三级指标	指标属性	权重
创新环境	19.05%	政策环境	9.52%	每万人吸引外商投资额（万美元/万人）	正	4.76%
				平均融资披露金额（亿元/件）	正	4.76%
		信息环境	9.52%	人均教育经费（元/人）	正	4.76%
				互联网宽带用户数（万户）	正	4.76%

二、创新环境指数排名

在创新环境指数方面，排名前 20 位的城市依次是上海市、北京市、深圳市、珠海市、重庆市、武汉市、南京市、广州市、天津市、厦门市、西安市、惠州市、苏州市、宁德市、马鞍山市、青岛市、杭州市、海口市、芜湖市、常州市（表 4-2）。

表 4-2 创新环境指数排名

城市	创新环境	排名	城市	创新环境	排名
上海市	0.5287	1	重庆市	0.3923	5
北京市	0.5095	2	武汉市	0.3639	6
深圳市	0.4724	3	南京市	0.3566	7
珠海市	0.4553	4	广州市	0.3458	8

城市	创新环境	排名	城市	创新环境	排名
天津市	0.3329	9	扬州市	0.1777	40
厦门市	0.3127	10	湖州市	0.1763	41
西安市	0.3121	11	新余市	0.1761	42
惠州市	0.3101	12	石家庄市	0.1733	43
苏州市	0.3051	13	唐山市	0.1710	44
宁德市	0.3026	14	威海市	0.1709	45
马鞍山市	0.3012	15	贵阳市	0.1694	46
青岛市	0.2921	16	鄂尔多斯市	0.1691	47
杭州市	0.2842	17	洛阳市	0.1610	48
海口市	0.2724	18	西宁市	0.1596	49
芜湖市	0.2622	19	佛山市	0.1586	50
常州市	0.2610	20	株洲市	0.1573	51
成都市	0.2605	21	东营市	0.1569	52
无锡市	0.2544	22	泰州市	0.1553	53
克拉玛依市	0.2498	23	湛江市	0.1544	54
南昌市	0.2468	24	淄博市	0.1536	55
济南市	0.2294	25	福州市	0.1510	56
徐州市	0.2271	26	绍兴市	0.1498	57
宁波市	0.2166	27	淮安市	0.1488	58
合肥市	0.2115	28	通化市	0.1488	59
铜仁市	0.2109	29	铜陵市	0.1485	60
长沙市	0.2026	30	大连市	0.1465	61
舟山市	0.1971	31	中山市	0.1449	62
三亚市	0.1959	32	乌鲁木齐市	0.1440	63
南通市	0.1945	33	赣州市	0.1427	64
东莞市	0.1884	34	郴州市	0.1422	65
郑州市	0.1870	35	漯河市	0.1413	66
上饶市	0.1797	36	三门峡市	0.1411	67
嘉兴市	0.1796	37	宣城市	0.1407	68
九江市	0.1790	38	鹰潭市	0.1385	69
烟台市	0.1784	39	连云港市	0.1363	70

城市	创新环境	排名	城市	创新环境	排名
池州市	0.1363	71	金昌市	0.1077	102
柳州市	0.1354	72	龙岩市	0.1072	103
蚌埠市	0.1350	73	兰州市	0.1069	104
汕头市	0.1336	74	廊坊市	0.1059	105
温州市	0.1331	75	宿迁市	0.1036	106
昆明市	0.1330	76	济宁市	0.1036	107
滁州市	0.1322	77	常德市	0.1029	108
盘锦市	0.1313	78	肇庆市	0.1023	109
驻马店市	0.1287	79	拉萨市	0.1018	110
镇江市	0.1248	80	莆田市	0.1017	111
赤峰市	0.1244	81	衡阳市	0.0999	112
盐城市	0.1232	82	宜春市	0.0998	113
六安市	0.1205	83	新乡市	0.0991	114
遂宁市	0.1178	84	荆州市	0.0984	115
邢台市	0.1175	85	日照市	0.0983	116
临沂市	0.1174	86	吉安市	0.0982	117
沈阳市	0.1163	87	梅州市	0.0979	118
潍坊市	0.1156	88	张家口市	0.0972	119
乌海市	0.1156	89	包头市	0.0950	120
普洱市	0.1147	90	枣庄市	0.0943	121
台州市	0.1146	91	聊城市	0.0935	122
吕梁市	0.1146	92	宿州市	0.0929	123
哈尔滨市	0.1143	93	江门市	0.0927	124
内江市	0.1138	94	沧州市	0.0924	125
铜川市	0.1125	95	乐山市	0.0900	126
泉州市	0.1120	96	永州市	0.0899	127
保定市	0.1103	97	淮北市	0.0897	128
南宁市	0.1097	98	太原市	0.0896	129
萍乡市	0.1089	99	攀枝花市	0.0896	130
邯郸市	0.1082	100	长治市	0.0896	131
襄阳市	0.1082	101	岳阳市	0.0895	132

城市	创新环境	排名	城市	创新环境	排名
北海市	0.0890	133	南阳市	0.0715	164
毕节市	0.0875	134	亳州市	0.0708	165
十堰市	0.0870	135	营口市	0.0704	166
泰安市	0.0827	136	安顺市	0.0702	167
长春市	0.0816	137	晋城市	0.0702	168
焦作市	0.0814	138	鄂州市	0.0697	169
黄山市	0.0808	139	桂林市	0.0696	170
宜宾市	0.0806	140	漳州市	0.0695	171
景德镇市	0.0800	141	菏泽市	0.0694	172
滨州市	0.0796	142	潮州市	0.0690	173
抚州市	0.0795	143	黄石市	0.0687	174
秦皇岛市	0.0794	144	茂名市	0.0683	175
衢州市	0.0793	145	开封市	0.0681	176
嘉峪关市	0.0784	146	银川市	0.0680	177
阜阳市	0.0779	147	德阳市	0.0672	178
绵阳市	0.0777	148	武威市	0.0670	179
辽阳市	0.0773	149	大庆市	0.0666	180
清远市	0.0766	150	天水市	0.0661	181
淮南市	0.0761	151	金华市	0.0659	182
石嘴山市	0.0760	152	周口市	0.0651	183
宝鸡市	0.0758	153	宜昌市	0.0651	184
防城港市	0.0752	154	丽水市	0.0648	185
吉林市	0.0751	155	阳江市	0.0648	186
六盘水市	0.0751	156	三明市	0.0646	187
许昌市	0.0750	157	濮阳市	0.0639	188
广安市	0.0745	158	信阳市	0.0632	189
钦州市	0.0745	159	南充市	0.0630	190
延安市	0.0738	160	益阳市	0.0625	191
陇南市	0.0729	161	遵义市	0.0609	192
娄底市	0.0724	162	安庆市	0.0608	193
大同市	0.0718	163	德州市	0.0607	194

城市	创新环境	排名	城市	创新环境	排名
巴彦淖尔市	0.0606	195	鞍山市	0.0483	226
衡水市	0.0603	196	玉林市	0.0483	227
呼和浩特市	0.0602	197	阜新市	0.0478	228
商丘市	0.0602	198	安康市	0.0460	229
安阳市	0.0601	199	齐齐哈尔市	0.0459	230
阳泉市	0.0595	200	巴中市	0.0459	231
怀化市	0.0591	201	鹤壁市	0.0454	232
邵阳市	0.0588	202	伊春市	0.0452	233
张家界市	0.0585	203	汉中市	0.0449	234
贺州市	0.0584	204	晋中市	0.0447	235
南平市	0.0577	205	孝感市	0.0440	236
朔州市	0.0573	206	百色市	0.0437	237
咸阳市	0.0572	207	云浮市	0.0433	238
榆林市	0.0563	208	河源市	0.0432	239
承德市	0.0561	209	资阳市	0.0431	240
湘潭市	0.0558	210	鹤岗市	0.0429	241
来宾市	0.0550	211	韶关市	0.0421	242
七台河市	0.0549	212	汕尾市	0.0419	243
眉山市	0.0549	213	张掖市	0.0412	244
自贡市	0.0544	214	渭南市	0.0412	245
本溪市	0.0541	215	固原市	0.0393	246
中卫市	0.0533	216	荆门市	0.0386	247
酒泉市	0.0531	217	达州市	0.0383	248
平顶山市	0.0526	218	锦州市	0.0375	249
平凉市	0.0523	219	运城市	0.0366	250
白银市	0.0508	220	佳木斯市	0.0354	251
泸州市	0.0494	221	崇左市	0.0349	252
贵港市	0.0489	222	河池市	0.0346	253
广元市	0.0487	223	葫芦岛市	0.0346	254
曲靖市	0.0487	224	朝阳市	0.0338	255
揭阳市	0.0485	225	黄冈市	0.0333	256

城市	创新环境	排名	城市	创新环境	排名
保山市	0.0321	257	定西市	0.0278	273
雅安市	0.0320	258	玉溪市	0.0245	274
吴忠市	0.0320	259	通辽市	0.0240	275
白山市	0.0319	260	庆阳市	0.0235	276
丹东市	0.0315	261	牡丹江市	0.0234	277
商洛市	0.0314	262	忻州市	0.0229	278
白城市	0.0310	263	乌兰察布市	0.0229	279
临汾市	0.0308	264	呼伦贝尔市	0.0226	280
梧州市	0.0307	265	鸡西市	0.0214	281
随州市	0.0304	266	丽江市	0.0196	282
咸宁市	0.0291	267	临沧市	0.0194	283
昭通市	0.0289	268	四平市	0.0191	284
辽源市	0.0288	269	铁岭市	0.0167	285
抚顺市	0.0288	270	松原市	0.0153	286
海东市	0.0287	271	绥化市	0.0145	287
双鸭山市	0.0283	272	黑河市	0.0138	288

三、创新环境核心指标分析

（一）政策环境

政策环境指标主要反映并度量城市为促进科技进步、激励创业创新而实施的相关政策支持力度。政府可以通过制定和完善公共科技政策来降低企业成本和创新风险，同时为企业创办及发展提供更多便利，以此来激励企业提高创新产出；外商投资额是国外资本对一个地区未来创新发展潜力做出的评价，也为当地创新发展提供了重要的资金来源。

在政策环境指数方面，排名前10位的城市依次是宁德市、马鞍山市、珠海市、惠州市、武汉市、海口市、上海市、芜湖市、北京市、南昌市；排名后10位的城市依次是克拉玛依市、白城市、定西市、昭通市、固原市、七台河市、庆阳市、海东市、四平市、辽源市（图4-1、表4-3）。

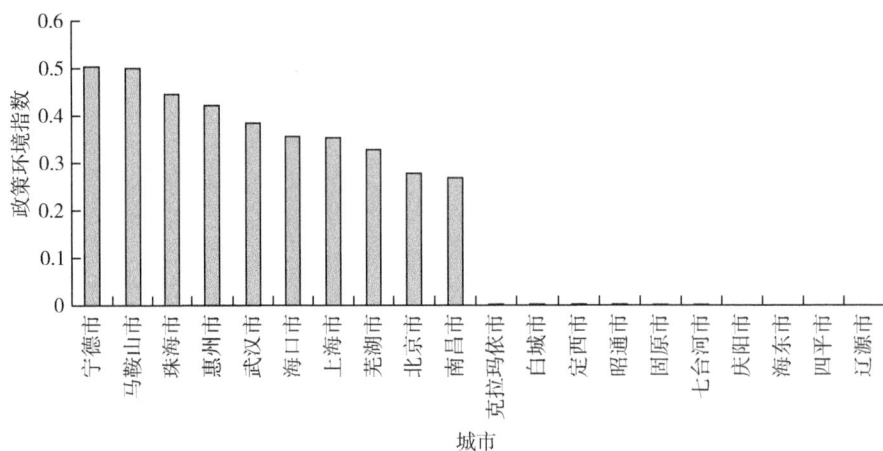

图 4-1　政策环境指数排名前 10 位和后 10 位的城市

表 4-3　政策环境指数排名

城市	政策环境	排名	城市	政策环境	排名
宁德市	0.5033	1	苏州市	0.2138	21
马鞍山市	0.5001	2	漯河市	0.2120	22
珠海市	0.4454	3	宣城市	0.2108	23
惠州市	0.4215	4	南京市	0.2068	24
武汉市	0.3841	5	无锡市	0.2008	25
海口市	0.3558	6	郴州市	0.1940	26
上海市	0.3530	7	湛江市	0.1924	27
芜湖市	0.3276	8	洛阳市	0.1885	28
北京市	0.2777	9	威海市	0.1869	29
南昌市	0.2682	10	株洲市	0.1809	30
西安市	0.2627	11	广州市	0.1804	31
深圳市	0.2401	12	新余市	0.1799	32
九江市	0.2353	13	池州市	0.1776	33
常州市	0.2338	14	滁州市	0.1700	34
徐州市	0.2296	15	蚌埠市	0.1681	35
青岛市	0.2292	16	盘锦市	0.1675	36
上饶市	0.2280	17	泰州市	0.1662	37
嘉兴市	0.2269	18	鄂尔多斯市	0.1634	38
厦门市	0.2256	19	烟台市	0.1620	39
三门峡市	0.2230	20	天津市	0.1616	40

城市	政策环境	排名	城市	政策环境	排名
贵阳市	0.1611	41	焦作市	0.1032	73
三亚市	0.1604	42	淮安市	0.1014	74
南通市	0.1597	43	镇江市	0.1013	75
舟山市	0.1586	44	淄博市	0.1007	76
铜陵市	0.1550	45	柳州市	0.1006	77
合肥市	0.1528	46	萍乡市	0.0997	78
遂宁市	0.1520	47	毕节市	0.0970	79
成都市	0.1512	48	陇南市	0.0956	80
重庆市	0.1486	49	吉林市	0.0953	81
郑州市	0.1458	50	石家庄市	0.0951	82
金昌市	0.1451	51	梅州市	0.0944	83
赣州市	0.1442	52	长沙市	0.0939	84
西宁市	0.1442	53	宜春市	0.0932	85
湖州市	0.1441	54	十堰市	0.0925	86
扬州市	0.1431	55	连云港市	0.0909	87
鹰潭市	0.1279	56	大连市	0.0892	88
唐山市	0.1261	57	肇庆市	0.0887	89
吉安市	0.1255	58	六盘水市	0.0872	90
荆州市	0.1218	59	廊坊市	0.0859	91
新乡市	0.1212	60	岳阳市	0.0853	92
常德市	0.1191	61	许昌市	0.0843	93
襄阳市	0.1147	62	濮阳市	0.0809	94
济南市	0.1140	63	黄石市	0.0803	95
景德镇市	0.1123	64	盐城市	0.0781	96
永州市	0.1118	65	宿州市	0.0758	97
辽阳市	0.1118	66	黄山市	0.0756	98
邢台市	0.1114	67	福州市	0.0745	99
东营市	0.1113	68	东莞市	0.0737	100
铜仁市	0.1100	69	宿迁市	0.0705	101
宁波市	0.1084	70	绍兴市	0.0699	102
六安市	0.1075	71	娄底市	0.0697	103
衡阳市	0.1032	72	潍坊市	0.0683	104

城市	政策环境	排名	城市	政策环境	排名
昆明市	0.0678	105	温州市	0.0439	137
淮北市	0.0650	106	铜川市	0.0437	138
晋城市	0.0645	107	张家界市	0.0432	139
日照市	0.0644	108	平顶山市	0.0430	140
巴彦淖尔市	0.0633	109	益阳市	0.0426	141
怀化市	0.0630	110	泉州市	0.0424	142
开封市	0.0624	111	安阳市	0.0418	143
聊城市	0.0621	112	鹤壁市	0.0418	144
张家口市	0.0621	113	南阳市	0.0397	145
台州市	0.0618	114	安庆市	0.0390	146
哈尔滨市	0.0594	115	信阳市	0.0389	147
中山市	0.0592	116	天水市	0.0383	148
邯郸市	0.0587	117	亳州市	0.0381	149
乌鲁木齐市	0.0580	118	漳州市	0.0373	150
济宁市	0.0580	119	江门市	0.0369	151
沈阳市	0.0575	120	北海市	0.0356	152
长治市	0.0564	121	驻马店市	0.0341	153
湘潭市	0.0559	122	咸阳市	0.0339	154
杭州市	0.0556	123	德州市	0.0337	155
龙岩市	0.0553	124	孝感市	0.0332	156
营口市	0.0551	125	延安市	0.0326	157
钦州市	0.0548	126	晋中市	0.0312	158
泰安市	0.0531	127	南宁市	0.0311	159
临沂市	0.0528	128	酒泉市	0.0308	160
保定市	0.0522	129	清远市	0.0306	161
滨州市	0.0514	130	金华市	0.0296	162
汕头市	0.0497	131	长春市	0.0294	163
沧州市	0.0493	132	阜阳市	0.0293	164
淮南市	0.0491	133	眉山市	0.0289	165
抚州市	0.0490	134	商丘市	0.0286	166
枣庄市	0.0463	135	佛山市	0.0279	167
邵阳市	0.0449	136	周口市	0.0277	168

续表

城市	政策环境	排名	城市	政策环境	排名
呼和浩特市	0.0276	169	商洛市	0.0161	201
宜昌市	0.0264	170	中卫市	0.0148	202
阜新市	0.0260	171	宝鸡市	0.0147	203
桂林市	0.0250	172	太原市	0.0144	204
广安市	0.0239	173	广元市	0.0143	205
阳江市	0.0238	174	潮州市	0.0136	206
衡水市	0.0228	175	承德市	0.0133	207
防城港市	0.0227	176	锦州市	0.0132	208
白银市	0.0226	177	三明市	0.0130	209
荆门市	0.0223	178	大同市	0.0126	210
资阳市	0.0222	179	随州市	0.0124	211
攀枝花市	0.0221	180	齐齐哈尔市	0.0123	212
绵阳市	0.0219	181	葫芦岛市	0.0121	213
阳泉市	0.0219	182	榆林市	0.0119	214
银川市	0.0215	183	本溪市	0.0113	215
河源市	0.0213	184	宜宾市	0.0112	216
兰州市	0.0212	185	通化市	0.0111	217
菏泽市	0.0211	186	佳木斯市	0.0108	218
莆田市	0.0210	187	乐山市	0.0107	219
普洱市	0.0204	188	黄冈市	0.0106	220
安康市	0.0200	189	乌兰察布市	0.0096	221
吴忠市	0.0196	190	乌海市	0.0096	222
安顺市	0.0187	191	运城市	0.0094	223
德阳市	0.0183	192	汉中市	0.0092	224
衢州市	0.0181	193	曲靖市	0.0088	225
韶关市	0.0178	194	赤峰市	0.0082	226
朔州市	0.0176	195	梧州市	0.0082	227
白山市	0.0170	196	玉林市	0.0079	228
南平市	0.0169	197	包头市	0.0079	229
丽水市	0.0167	198	秦皇岛市	0.0078	230
石嘴山市	0.0165	199	达州市	0.0075	231
鄂州市	0.0161	200	南充市	0.0073	232

城市	政策环境	排名	城市	政策环境	排名
咸宁市	0.0071	233	遵义市	0.0019	261
大庆市	0.0070	234	泸州市	0.0018	262
巴中市	0.0068	235	嘉峪关市	0.0018	263
汕尾市	0.0067	236	武威市	0.0017	264
拉萨市	0.0067	237	黑河市	0.0014	265
吕梁市	0.0065	238	鸡西市	0.0014	266
忻州市	0.0061	239	丽江市	0.0013	267
崇左市	0.0060	240	丹东市	0.0013	268
贵港市	0.0057	241	自贡市	0.0013	269
云浮市	0.0056	242	玉溪市	0.0011	270
鞍山市	0.0054	243	绥化市	0.0008	271
铁岭市	0.0052	244	临沧市	0.0007	272
朝阳市	0.0051	245	牡丹江市	0.0007	273
来宾市	0.0046	246	双鸭山市	0.0006	274
抚顺市	0.0046	247	渭南市	0.0006	275
呼伦贝尔市	0.0046	248	伊春市	0.0004	276
内江市	0.0045	249	鹤岗市	0.0004	277
雅安市	0.0045	250	张掖市	0.0003	278
茂名市	0.0042	251	克拉玛依市	0.0003	279
松原市	0.0042	252	白城市	0.0002	280
百色市	0.0041	253	定西市	0.0002	281
通辽市	0.0038	254	昭通市	0.0001	282
临汾市	0.0034	255	固原市	0.0000	283
揭阳市	0.0028	256	七台河市	0.0000	284
河池市	0.0025	257	庆阳市	0	285
贺州市	0.0025	258	海东市	0	285
平凉市	0.0023	259	四平市	0	285
保山市	0.0020	260	辽源市	0	285

（二）信息环境

信息环境是一个社会中由个人或群体接触可能的信息及其传播活动的总体构成的环境。这些信息不仅是知识，而且包含着特定的观念和价值。信息环境具有社会控制的功能，是制约人的行为的重要因素。现代社会越来越巨大化和复杂化，人们由于实际活动的范围、精力和注意力有限，不可能同与他们有关的整个外部环境和众多的事情都保持经验性接触，对超出自己亲身感知以外的事物，人们只能通过各种媒介去了解认知。教育事业的发展也促进了信息的传播，与此同时，互联网基础设施为人类认知世界和获取信息提供了重要的媒介。

在信息环境指数方面，排名前 10 位的城市依次是北京市、深圳市、上海市、重庆市、杭州市、广州市、南京市、天津市、克拉玛依市、珠海市；排名后 10 位的城市依次是呼伦贝尔市、忻州市、四平市、临沧市、丽江市、乌兰察布市、绥化市、铁岭市、松原市、黑河市（图 4-2、表 4-4）。

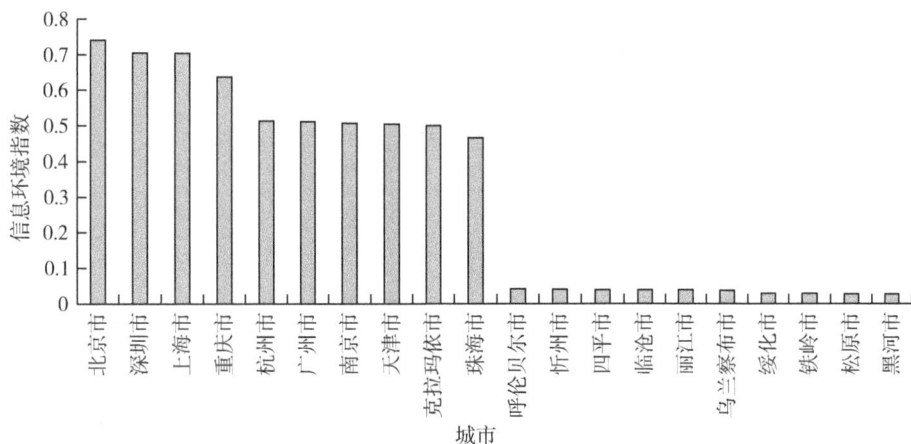

图 4-2 信息环境指数排名前 10 位和后 10 位的城市

表 4-4 信息环境指数排名

城市	信息环境	排名	城市	信息环境	排名
北京市	0.7414	1	天津市	0.5042	8
深圳市	0.7048	2	克拉玛依市	0.4992	9
上海市	0.7045	3	珠海市	0.4652	10
重庆市	0.6361	4	厦门市	0.3998	11
杭州市	0.5129	5	苏州市	0.3963	12
广州市	0.5113	6	成都市	0.3698	13
南京市	0.5065	7	西安市	0.3615	14

城市	信息环境	排名	城市	信息环境	排名
青岛市	0.3549	15	普洱市	0.2091	47
济南市	0.3448	16	湖州市	0.2084	48
武汉市	0.3436	17	淄博市	0.2064	49
宁波市	0.3249	18	大连市	0.2038	50
铜仁市	0.3118	19	东营市	0.2025	51
长沙市	0.3112	20	惠州市	0.1987	52
无锡市	0.3080	21	昆明市	0.1982	53
东莞市	0.3031	22	拉萨市	0.1969	54
佛山市	0.2894	23	芜湖市	0.1968	55
常州市	0.2881	24	淮安市	0.1962	56
通化市	0.2865	25	烟台市	0.1947	57
合肥市	0.2701	26	兰州市	0.1926	58
石家庄市	0.2514	27	海口市	0.1890	59
赤峰市	0.2406	28	南宁市	0.1883	60
舟山市	0.2355	29	莆田市	0.1824	61
三亚市	0.2314	30	包头市	0.1822	62
中山市	0.2306	31	临沂市	0.1820	63
乌鲁木齐市	0.2299	32	连云港市	0.1817	64
绍兴市	0.2297	33	泉州市	0.1816	65
南通市	0.2294	34	铜川市	0.1812	66
郑州市	0.2282	35	贵阳市	0.1777	67
福州市	0.2276	36	西宁市	0.1751	68
南昌市	0.2254	37	沈阳市	0.1750	69
徐州市	0.2247	38	鄂尔多斯市	0.1747	70
驻马店市	0.2233	39	新余市	0.1724	71
内江市	0.2231	40	柳州市	0.1701	72
吕梁市	0.2226	41	乐山市	0.1694	73
温州市	0.2223	42	哈尔滨市	0.1691	74
乌海市	0.2215	43	保定市	0.1685	75
汕头市	0.2174	44	盐城市	0.1683	76
唐山市	0.2159	45	台州市	0.1674	77
扬州市	0.2122	46	太原市	0.1648	78

城市	信息环境	排名	城市	信息环境	排名
潍坊市	0.1629	79	上饶市	0.1314	111
龙岩市	0.1591	80	大同市	0.1310	112
邯郸市	0.1577	81	防城港市	0.1278	113
攀枝花市	0.1570	82	阜阳市	0.1265	114
威海市	0.1550	83	大庆市	0.1263	115
嘉峪关市	0.1549	84	廊坊市	0.1258	116
秦皇岛市	0.1510	85	广安市	0.1251	117
宜宾市	0.1500	86	聊城市	0.1250	118
济宁市	0.1491	87	潮州市	0.1245	119
鹰潭市	0.1490	88	邢台市	0.1237	120
江门市	0.1486	89	鄂州市	0.1233	121
镇江市	0.1484	90	九江市	0.1228	122
泰州市	0.1444	91	长治市	0.1228	123
北海市	0.1424	92	清远市	0.1226	124
枣庄市	0.1423	93	安顺市	0.1217	125
铜陵市	0.1421	94	遵义市	0.1199	126
赣州市	0.1412	95	南充市	0.1187	127
衢州市	0.1406	96	萍乡市	0.1180	128
宝鸡市	0.1370	97	菏泽市	0.1177	129
宿迁市	0.1367	98	湛江市	0.1163	130
沧州市	0.1355	99	三明市	0.1162	131
石嘴山市	0.1354	100	德阳市	0.1161	132
长春市	0.1338	101	肇庆市	0.1159	133
株洲市	0.1337	102	延安市	0.1150	134
洛阳市	0.1336	103	银川市	0.1144	135
绵阳市	0.1335	104	淮北市	0.1144	136
六安市	0.1334	105	贺州市	0.1143	137
嘉兴市	0.1324	106	桂林市	0.1141	138
武威市	0.1324	107	丽水市	0.1129	139
茂名市	0.1324	108	泰安市	0.1123	140
张家口市	0.1323	109	宿州市	0.1099	141
日照市	0.1321	110	抚州市	0.1099	142

城市	信息环境	排名	城市	信息环境	排名
七台河市	0.1098	143	揭阳市	0.0942	175
滨州市	0.1078	144	天水市	0.0938	176
自贡市	0.1075	145	岳阳市	0.0937	177
宜春市	0.1064	146	呼和浩特市	0.0929	178
阳江市	0.1057	147	贵港市	0.0920	179
来宾市	0.1054	148	中卫市	0.0918	180
宜昌市	0.1038	149	商丘市	0.0917	181
亳州市	0.1035	150	鞍山市	0.0912	182
南阳市	0.1034	151	郴州市	0.0903	183
淮南市	0.1031	152	伊春市	0.0900	184
周口市	0.1026	153	玉林市	0.0887	185
马鞍山市	0.1022	154	曲靖市	0.0885	186
金华市	0.1022	155	德州市	0.0877	187
平凉市	0.1022	156	信阳市	0.0876	188
蚌埠市	0.1020	157	常德市	0.0868	189
宁德市	0.1019	158	黄山市	0.0860	190
漳州市	0.1018	159	营口市	0.0857	191
襄阳市	0.1017	160	鹤岗市	0.0855	192
梅州市	0.1013	161	巴中市	0.0849	193
榆林市	0.1007	162	遂宁市	0.0835	194
承德市	0.0989	163	百色市	0.0833	195
南平市	0.0985	164	广元市	0.0830	196
衡水市	0.0978	165	安庆市	0.0825	197
阳泉市	0.0971	166	益阳市	0.0824	198
朔州市	0.0971	167	张掖市	0.0821	199
本溪市	0.0969	168	渭南市	0.0818	200
泸州市	0.0969	169	十堰市	0.0814	201
衡阳市	0.0965	170	云浮市	0.0810	202
盘锦市	0.0952	171	眉山市	0.0809	203
池州市	0.0950	172	汉中市	0.0806	204
滁州市	0.0944	173	咸阳市	0.0805	205
钦州市	0.0942	174	齐齐哈尔市	0.0796	206

城市	信息环境	排名	城市	信息环境	排名
白银市	0.0789	207	锦州市	0.0618	239
固原市	0.0786	208	白城市	0.0617	240
安阳市	0.0784	209	丹东市	0.0616	241
毕节市	0.0779	210	佳木斯市	0.0600	242
汕尾市	0.0770	211	雅安市	0.0596	243
新乡市	0.0770	212	焦作市	0.0595	244
晋城市	0.0758	213	三门峡市	0.0592	245
酒泉市	0.0754	214	晋中市	0.0582	246
娄底市	0.0751	215	临汾市	0.0581	247
荆州市	0.0749	216	昭通市	0.0578	248
张家界市	0.0739	217	巴彦淖尔市	0.0578	249
开封市	0.0738	218	辽源市	0.0577	250
邵阳市	0.0726	219	海东市	0.0574	251
安康市	0.0721	220	葫芦岛市	0.0570	252
吉安市	0.0710	221	黄石市	0.0570	253
漯河市	0.0706	222	黄冈市	0.0560	254
宣城市	0.0705	223	双鸭山市	0.0560	255
金昌市	0.0703	224	湘潭市	0.0557	256
阜新市	0.0696	225	定西市	0.0554	257
达州市	0.0690	226	怀化市	0.0552	258
永州市	0.0680	227	吉林市	0.0550	259
河池市	0.0667	228	荆门市	0.0549	260
韶关市	0.0664	229	孝感市	0.0548	261
许昌市	0.0658	230	梧州市	0.0532	262
河源市	0.0651	231	抚顺市	0.0529	263
资阳市	0.0640	232	咸宁市	0.0511	264
运城市	0.0639	233	陇南市	0.0501	265
崇左市	0.0638	234	鹤壁市	0.0491	266
六盘水市	0.0630	235	随州市	0.0484	267
朝阳市	0.0625	236	玉溪市	0.0479	268
保山市	0.0623	237	景德镇市	0.0476	269
平顶山市	0.0622	238	庆阳市	0.0471	270

城市	信息环境	排名	城市	信息环境	排名
濮阳市	0.0469	271	忻州市	0.0398	280
白山市	0.0467	272	四平市	0.0381	281
商洛市	0.0467	273	临沧市	0.0381	282
牡丹江市	0.0461	274	丽江市	0.0379	283
吴忠市	0.0444	275	乌兰察布市	0.0361	284
通辽市	0.0441	276	绥化市	0.0282	285
辽阳市	0.0428	277	铁岭市	0.0282	286
鸡西市	0.0415	278	松原市	0.0264	287
呼伦贝尔市	0.0407	279	黑河市	0.0262	288

第五章 创新服务

一、创新服务指数构成

创新服务是提升城市创新能力的重要保证，是城市创新体系的核心组成部分。一个城市的科技创新服务水平，既决定了其整合、集聚创新资源的能力和对创新资源的利用效率，又在相当程度上影响到科技创新主体的创新产出及创新成果的辐射效应。创新服务一级指标着重体现城市促进科技创新的服务职能，强调政府通过提供科技条件及金融等服务发挥对创新的引导作用。创新服务占总指数的权重为19.05%。创新服务下设创业服务和金融服务2个二级指标，分别从城市的企业孵化和融资能力考察城市的创新服务状况。

创业服务二级指标下设2个三级指标，分别为孵化器数量和众创空间数量，均为正向指标。

金融服务二级指标下设2个三级指标，分别为创业板上市和新三板、科创板挂牌企业数和A股上市企业数，均为正向指标。

三级指标权重均为4.76%。创新服务指标构成如表5-1所示。

表5-1 创新服务指标构成

一级指标	权重	二级指标	权重	三级指标	指标属性	权重
创新服务	19.05%	创业服务	9.52%	孵化器数量（家）	正	4.76%
				众创空间数量（个）	正	4.76%
		金融服务	9.52%	创业板上市和新三板、科创板挂牌企业数（个）	正	4.76%
				A股上市企业数（个）	正	4.76%

二、创新服务指数排名

在创新服务指数方面，排名前20位的城市依次是北京市、上海市、深圳市、苏州市、杭州市、天津市、广州市、南京市、成都市、武汉市、重庆市、西安市、无锡市、青岛市、合肥市、长沙市、宁波市、常州市、郑州市、东莞市（表5-2）。

表5-2 创新服务指数排名

城市	创新服务	排名	城市	创新服务	排名
北京市	0.8963	1	沈阳市	0.0847	33
上海市	0.8046	2	烟台市	0.0841	34
深圳市	0.6927	3	福州市	0.0821	35
苏州市	0.5336	4	绍兴市	0.0812	36
杭州市	0.4929	5	扬州市	0.0796	37
天津市	0.3757	6	潍坊市	0.0796	38
广州市	0.3438	7	南昌市	0.0767	39
南京市	0.3363	8	珠海市	0.0759	40
成都市	0.2721	9	台州市	0.0744	41
武汉市	0.2680	10	湖州市	0.0733	42
重庆市	0.2570	11	乌鲁木齐市	0.0732	43
西安市	0.2354	12	保定市	0.0718	44
无锡市	0.2090	13	兰州市	0.0700	45
青岛市	0.2079	14	温州市	0.0682	46
合肥市	0.2021	15	镇江市	0.0668	47
长沙市	0.1768	16	盐城市	0.0663	48
宁波市	0.1701	17	济宁市	0.0650	49
常州市	0.1689	18	芜湖市	0.0626	50
郑州市	0.1581	19	泰州市	0.0621	51
东莞市	0.1541	20	威海市	0.0604	52
济南市	0.1463	21	贵阳市	0.0598	53
哈尔滨市	0.1403	22	金华市	0.0562	54
厦门市	0.1376	23	淄博市	0.0521	55
南通市	0.1361	24	绵阳市	0.0514	56
佛山市	0.1200	25	洛阳市	0.0503	57
嘉兴市	0.1036	26	中山市	0.0491	58
长春市	0.1014	27	惠州市	0.0463	59
昆明市	0.0986	28	宜昌市	0.0428	60
徐州市	0.0946	29	德州市	0.0425	61
太原市	0.0903	30	廊坊市	0.0395	62
大连市	0.0893	31	海口市	0.0392	63
石家庄市	0.0889	32	泉州市	0.0385	64

城市	创新服务	排名	城市	创新服务	排名
邯郸市	0.0383	65	淮安市	0.0208	97
南宁市	0.0382	66	菏泽市	0.0206	98
汕头市	0.0373	67	荆州市	0.0199	99
唐山市	0.0368	68	衡水市	0.0199	100
银川市	0.0355	69	宜宾市	0.0198	101
西宁市	0.0352	70	邢台市	0.0195	102
临沂市	0.0339	71	德阳市	0.0193	103
赣州市	0.0334	72	黄冈市	0.0193	104
呼和浩特市	0.0326	73	吉林市	0.0192	105
连云港市	0.0318	74	许昌市	0.0192	105
江门市	0.0308	75	泸州市	0.0191	107
泰安市	0.0306	76	鄂尔多斯市	0.0190	108
襄阳市	0.0304	77	张家口市	0.0189	109
沧州市	0.0300	78	吉安市	0.0188	110
包头市	0.0299	79	新乡市	0.0187	111
宿迁市	0.0295	80	大庆市	0.0184	112
株洲市	0.0286	81	枣庄市	0.0182	113
东营市	0.0277	82	常德市	0.0180	114
铜陵市	0.0270	83	漳州市	0.0180	115
十堰市	0.0261	84	上饶市	0.0179	116
马鞍山市	0.0258	85	日照市	0.0179	117
滁州市	0.0257	86	宝鸡市	0.0178	118
拉萨市	0.0256	87	齐齐哈尔市	0.0175	119
柳州市	0.0253	88	秦皇岛市	0.0173	120
肇庆市	0.0253	89	九江市	0.0173	120
衢州市	0.0244	90	宣城市	0.0170	122
南阳市	0.0242	91	长治市	0.0169	123
咸阳市	0.0239	92	荆门市	0.0169	124
聊城市	0.0223	93	蚌埠市	0.0168	125
黄石市	0.0219	94	六安市	0.0167	126
岳阳市	0.0213	95	安庆市	0.0164	127
湘潭市	0.0209	96	桂林市	0.0163	128

城市	创新服务	排名	城市	创新服务	排名
渭南市	0.0162	129	大同市	0.0111	161
锦州市	0.0160	130	宿州市	0.0111	162
孝感市	0.0158	131	黄山市	0.0110	163
眉山市	0.0157	132	丽水市	0.0109	164
牡丹江市	0.0156	133	龙岩市	0.0109	164
遂宁市	0.0154	134	濮阳市	0.0107	166
宜春市	0.0151	135	黑河市	0.0106	167
佳木斯市	0.0147	136	潮州市	0.0105	168
益阳市	0.0147	137	赤峰市	0.0104	169
北海市	0.0147	138	酒泉市	0.0101	170
抚州市	0.0146	139	揭阳市	0.0101	171
阳泉市	0.0145	140	南平市	0.0101	172
梅州市	0.0141	141	延安市	0.0100	173
湛江市	0.0140	142	池州市	0.0098	174
榆林市	0.0135	143	景德镇市	0.0095	175
周口市	0.0130	144	安康市	0.0093	176
商丘市	0.0126	145	运城市	0.0090	177
清远市	0.0124	146	营口市	0.0090	178
张掖市	0.0124	147	开封市	0.0090	179
衡阳市	0.0124	148	三亚市	0.0089	180
焦作市	0.0123	149	七台河市	0.0088	181
遵义市	0.0122	150	亳州市	0.0088	181
安阳市	0.0120	151	双鸭山市	0.0087	183
曲靖市	0.0120	152	呼伦贝尔市	0.0085	184
汉中市	0.0118	153	咸宁市	0.0085	185
郴州市	0.0117	154	新余市	0.0084	186
内江市	0.0115	155	南充市	0.0084	187
达州市	0.0115	156	防城港市	0.0082	188
滨州市	0.0114	157	乌兰察布市	0.0082	189
晋中市	0.0112	158	阜阳市	0.0082	190
白银市	0.0111	159	通化市	0.0081	191
河源市	0.0111	160	茂名市	0.0080	192

续表

城市	创新服务	排名	城市	创新服务	排名
淮北市	0.0080	193	自贡市	0.0056	225
鸡西市	0.0077	194	信阳市	0.0056	226
玉溪市	0.0077	194	玉林市	0.0056	226
莆田市	0.0076	196	娄底市	0.0055	228
萍乡市	0.0076	196	晋城市	0.0053	229
淮南市	0.0075	198	丹东市	0.0053	229
三明市	0.0074	199	盘锦市	0.0053	229
石嘴山市	0.0074	199	张家界市	0.0053	229
平顶山市	0.0074	201	辽阳市	0.0053	233
广元市	0.0073	202	绥化市	0.0052	234
鞍山市	0.0072	203	临汾市	0.0050	235
梧州市	0.0071	204	攀枝花市	0.0050	235
贺州市	0.0071	204	临沧市	0.0050	237
钦州市	0.0071	206	韶关市	0.0047	238
宁德市	0.0070	207	广安市	0.0047	239
克拉玛依市	0.0069	208	商洛市	0.0047	239
辽源市	0.0069	209	云浮市	0.0046	241
永州市	0.0069	209	白城市	0.0045	242
鄂州市	0.0068	211	铁岭市	0.0043	243
承德市	0.0067	212	忻州市	0.0040	244
巴彦淖尔市	0.0067	212	驻马店市	0.0040	244
天水市	0.0066	214	陇南市	0.0037	246
邵阳市	0.0066	215	铜川市	0.0037	247
安顺市	0.0064	216	漯河市	0.0035	248
乐山市	0.0064	217	朔州市	0.0034	249
巴中市	0.0063	218	汕尾市	0.0034	249
铜仁市	0.0063	219	乌海市	0.0032	251
阜新市	0.0062	220	葫芦岛市	0.0032	252
嘉峪关市	0.0061	221	鹤岗市	0.0031	253
舟山市	0.0059	222	崇左市	0.0031	253
鹰潭市	0.0057	223	金昌市	0.0031	253
怀化市	0.0057	223	固原市	0.0031	253

城市	创新服务	排名	城市	创新服务	排名
吕梁市	0.0029	257	松原市	0.0024	272
通辽市	0.0029	257	伊春市	0.0024	272
阳江市	0.0029	257	百色市	0.0024	272
保山市	0.0029	257	来宾市	0.0024	272
普洱市	0.0029	257	吴忠市	0.0021	277
海东市	0.0029	257	毕节市	0.0021	278
鹤壁市	0.0028	263	定西市	0.0021	278
抚顺市	0.0026	264	丽江市	0.0019	280
白山市	0.0026	264	本溪市	0.0016	281
三门峡市	0.0026	264	河池市	0.0016	281
随州市	0.0026	264	武威市	0.0016	281
贵港市	0.0026	264	资阳市	0.0010	284
雅安市	0.0026	264	平凉市	0.0010	284
六盘水市	0.0026	264	庆阳市	0.0010	284
中卫市	0.0026	264	朝阳市	0.0005	287
四平市	0.0024	272	昭通市	0.0000	288

三、创新服务核心指标分析

（一）创业服务

创业服务主要是指为创业者提供创业指导、咨询、帮助的服务模式，具体的服务内容包括提供资金、人才、咨询等。它旨在减少创业者的创业风险，为企业寻求外部支持，帮助初创企业走向市场。当前，我国的创业中心即企业孵化器，其作为服务型企业，不仅为在孵企业提供了物理空间场所，还为其整合了信息、人才、中介组织和风险资本的社会资源，促进科技成果的转化和企业的成熟壮大。可见，孵化器在创新企业减少失败风险、走向市场的过程中起着保驾护航的作用，在创新服务中有着举足轻重的地位。

在创业服务指数方面，排名前10位的城市依次是北京市、上海市、天津市、苏州市、杭州市、深圳市、南京市、重庆市、武汉市、广州市；排名后10位的城市依次是本溪市、云浮市、河池市、资阳市、鹤壁市、庆阳市、吴忠市、朝阳市、昭通市、辽阳市（图5-1、表5-3）。

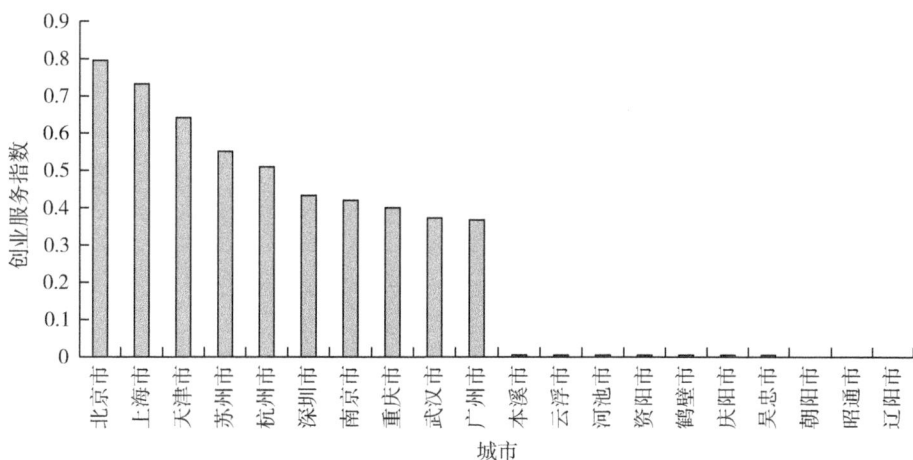

图 5-1　创业服务指数排名前 10 位和后 10 位的城市

表 5-3　创业服务指数排名

城市	创业服务	排名	城市	创业服务	排名
北京市	0.7950	1	长沙市	0.1669	21
上海市	0.7324	2	东莞市	0.1600	22
天津市	0.6418	3	太原市	0.1579	23
苏州市	0.5513	4	徐州市	0.1538	24
杭州市	0.5099	5	昆明市	0.1516	25
深圳市	0.4326	6	长春市	0.1509	26
南京市	0.4203	7	厦门市	0.1479	27
重庆市	0.4006	8	石家庄市	0.1384	28
武汉市	0.3727	9	佛山市	0.1351	29
广州市	0.3675	10	大连市	0.1316	30
西安市	0.3404	11	扬州市	0.1288	31
青岛市	0.2935	12	宁波市	0.1287	32
成都市	0.2846	13	盐城市	0.1227	33
郑州市	0.2448	14	保定市	0.1220	34
哈尔滨市	0.2291	15	沈阳市	0.1173	35
合肥市	0.2278	16	济宁市	0.1168	36
济南市	0.2014	17	兰州市	0.1136	37
常州市	0.1972	18	潍坊市	0.1134	38
南通市	0.1769	19	南昌市	0.1058	39
无锡市	0.1749	20	嘉兴市	0.1043	40

城市	创业服务	排名	城市	创业服务	排名
乌鲁木齐市	0.1013	41	海口市	0.0429	73
威海市	0.0952	42	马鞍山市	0.0416	74
芜湖市	0.0940	43	连云港市	0.0410	75
镇江市	0.0880	44	台州市	0.0390	76
绵阳市	0.0871	45	赣州市	0.0380	77
贵阳市	0.0815	46	宿迁市	0.0374	78
烟台市	0.0805	47	淄博市	0.0369	79
泰州市	0.0792	48	菏泽市	0.0365	80
洛阳市	0.0758	49	衡水市	0.0365	80
湖州市	0.0749	50	咸阳市	0.0365	80
廊坊市	0.0701	51	十堰市	0.0359	83
宜昌市	0.0668	52	张家口市	0.0357	84
温州市	0.0648	53	大庆市	0.0357	84
福州市	0.0644	54	泸州市	0.0350	86
德州市	0.0635	55	鄂尔多斯市	0.0348	87
珠海市	0.0632	56	黄冈市	0.0341	88
西宁市	0.0629	57	淮安市	0.0338	89
临沂市	0.0614	58	黄石市	0.0338	89
邯郸市	0.0614	58	绍兴市	0.0336	91
南宁市	0.0554	60	日照市	0.0336	91
呼和浩特市	0.0552	61	邢台市	0.0336	91
唐山市	0.0548	62	南阳市	0.0336	91
银川市	0.0542	63	襄阳市	0.0332	95
惠州市	0.0521	64	齐齐哈尔市	0.0330	96
沧州市	0.0521	64	铜陵市	0.0323	97
包头市	0.0498	66	株洲市	0.0321	98
泉州市	0.0492	67	聊城市	0.0321	98
泰安市	0.0488	68	宜宾市	0.0317	100
中山市	0.0482	69	岳阳市	0.0305	101
柳州市	0.0452	70	渭南市	0.0302	102
金华市	0.0449	71	枣庄市	0.0296	103
东营市	0.0440	72	湘潭市	0.0294	104

城市	创业服务	排名	城市	创业服务	排名
牡丹江市	0.0290	105	安庆市	0.0200	136
德阳市	0.0284	106	汉中市	0.0200	136
佳木斯市	0.0284	106	新乡市	0.0200	136
宝鸡市	0.0278	108	河源市	0.0200	136
肇庆市	0.0275	109	黄山市	0.0198	141
滁州市	0.0275	109	商丘市	0.0194	142
阳泉市	0.0269	111	达州市	0.0194	142
许昌市	0.0263	112	郴州市	0.0192	144
吉林市	0.0263	112	晋中市	0.0192	144
眉山市	0.0257	114	孝感市	0.0188	146
秦皇岛市	0.0255	115	赤峰市	0.0186	147
九江市	0.0255	115	抚州市	0.0186	147
遂宁市	0.0255	115	安康市	0.0186	147
锦州市	0.0252	118	周口市	0.0180	150
江门市	0.0248	119	衡阳市	0.0180	150
榆林市	0.0248	119	白银市	0.0180	150
张掖市	0.0248	119	湛江市	0.0177	153
吉安市	0.0248	119	内江市	0.0173	154
荆门市	0.0248	119	上饶市	0.0173	154
长治市	0.0246	124	安阳市	0.0173	154
漳州市	0.0246	124	双鸭山市	0.0173	154
六安市	0.0242	126	汕头市	0.0171	158
荆州市	0.0242	126	梅州市	0.0171	158
北海市	0.0240	128	呼伦贝尔市	0.0171	158
桂林市	0.0240	128	濮阳市	0.0167	161
常德市	0.0236	130	大同市	0.0165	162
拉萨市	0.0231	131	防城港市	0.0165	162
宿州市	0.0221	132	延安市	0.0165	162
曲靖市	0.0219	133	七台河市	0.0165	162
黑河市	0.0213	134	宜春市	0.0165	162
衢州市	0.0207	135	亳州市	0.0165	162
遵义市	0.0200	136	蚌埠市	0.0165	162

城市	创业服务	排名	城市	创业服务	排名
益阳市	0.0159	169	淮南市	0.0105	201
宣城市	0.0159	169	池州市	0.0105	201
咸宁市	0.0159	169	平顶山市	0.0105	201
三亚市	0.0156	172	绥化市	0.0105	201
阜阳市	0.0153	173	揭阳市	0.0102	205
茂名市	0.0150	174	景德镇市	0.0102	205
南充市	0.0146	175	克拉玛依市	0.0096	207
广元市	0.0146	175	舟山市	0.0096	207
焦作市	0.0146	175	莆田市	0.0096	207
开封市	0.0144	178	潮州市	0.0096	207
玉溪市	0.0144	178	安顺市	0.0096	207
鸡西市	0.0144	178	萍乡市	0.0096	207
运城市	0.0138	181	盘锦市	0.0096	207
贺州市	0.0132	182	钦州市	0.0096	207
梧州市	0.0132	182	晋城市	0.0096	207
乌兰察布市	0.0129	184	张家界市	0.0096	207
鄂州市	0.0126	185	邵阳市	0.0096	207
巴中市	0.0126	185	丹东市	0.0096	207
承德市	0.0123	187	铜仁市	0.0090	219
营口市	0.0123	187	新余市	0.0090	219
巴彦淖尔市	0.0123	187	玉林市	0.0090	219
石嘴山市	0.0117	190	信阳市	0.0090	219
三明市	0.0117	190	白城市	0.0090	219
淮北市	0.0117	190	临沧市	0.0090	219
滨州市	0.0117	190	通化市	0.0084	225
永州市	0.0117	190	龙岩市	0.0084	225
辽源市	0.0117	190	广安市	0.0084	225
嘉峪关市	0.0111	196	丽水市	0.0084	225
清远市	0.0111	196	商洛市	0.0084	225
天水市	0.0111	196	铁岭市	0.0075	230
酒泉市	0.0111	196	驻马店市	0.0069	231
娄底市	0.0111	196	攀枝花市	0.0069	231

续表

城市	创业服务	排名	城市	创业服务	排名
鹰潭市	0.0069	231	南平市	0.0042	261
自贡市	0.0069	231	贵港市	0.0042	261
朔州市	0.0069	231	中卫市	0.0042	261
汕尾市	0.0069	231	鞍山市	0.0042	261
临汾市	0.0069	231	毕节市	0.0042	261
怀化市	0.0069	231	阜新市	0.0042	261
忻州市	0.0069	231	六盘水市	0.0042	261
铜川市	0.0063	240	雅安市	0.0042	261
乐山市	0.0063	240	三门峡市	0.0042	261
鹤岗市	0.0063	240	葫芦岛市	0.0042	261
固原市	0.0063	240	定西市	0.0042	261
金昌市	0.0063	240	抚顺市	0.0042	261
韶关市	0.0063	240	陇南市	0.0042	261
崇左市	0.0063	240	随州市	0.0042	261
乌海市	0.0054	247	白山市	0.0042	261
吕梁市	0.0048	248	丽江市	0.0027	276
普洱市	0.0048	248	武威市	0.0021	277
阳江市	0.0048	248	平凉市	0.0021	277
来宾市	0.0048	248	本溪市	0.0021	277
宁德市	0.0048	248	云浮市	0.0021	277
伊春市	0.0048	248	河池市	0.0021	277
百色市	0.0048	248	资阳市	0.0021	277
漯河市	0.0048	248	鹤壁市	0.0021	277
保山市	0.0048	248	庆阳市	0.0021	277
海东市	0.0048	248	吴忠市	0.0021	277
通辽市	0.0048	248	朝阳市	0	286
四平市	0.0048	248	昭通市	0	286
松原市	0.0048	248	辽阳市	0	286

（二）金融服务

金融服务是指金融机构通过开展业务，创新金融产品，为市场主体提供融资投资、信贷、保险和金融信息等服务，实现资源的优化配置，支撑科技创新。促进科技与金融结合是支撑和服务经济发展方式转变和结构调整的重要着力点，金融服务指标用以衡量一个城市对科技创新的金融支持力度，可以通过市场主体在金融市场募集资金的能力来体现。

在金融服务指数方面，排名前 10 位的城市依次是北京市、深圳市、上海市、苏州市、杭州市、广州市、成都市、南京市、无锡市、宁波市；排名后 10 位的城市依次是伊春市、百色市、四平市、松原市、毕节市、定西市、平凉市、资阳市、庆阳市、昭通市（图 5-2、表 5-4）。

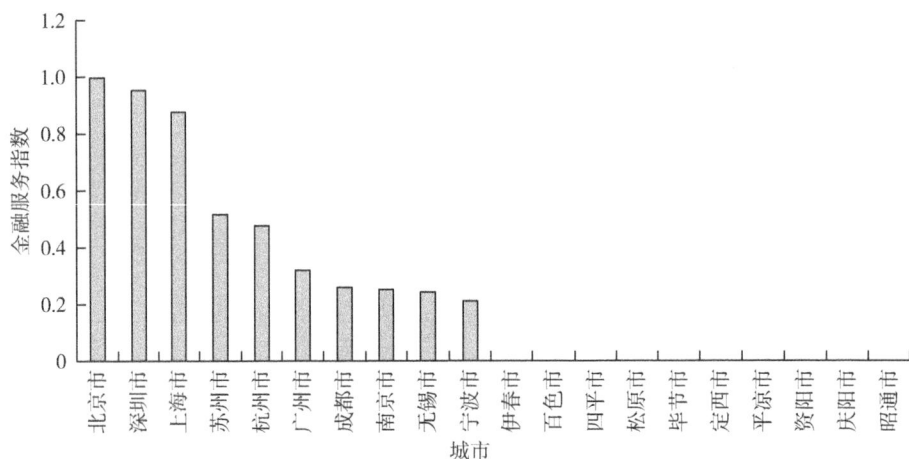

图 5-2　金融服务指数排名前 10 位和后 10 位的城市

表 5-4　金融服务指数排名

城市	金融服务	排名	城市	金融服务	排名
北京市	0.9975	1	东莞市	0.1483	14
深圳市	0.9529	2	常州市	0.1407	15
上海市	0.8767	3	西安市	0.1304	16
苏州市	0.5159	4	绍兴市	0.1289	17
杭州市	0.4760	5	厦门市	0.1273	18
广州市	0.3201	6	青岛市	0.1224	19
成都市	0.2597	7	重庆市	0.1134	20
南京市	0.2524	8	台州市	0.1098	21
无锡市	0.2432	9	天津市	0.1095	22
宁波市	0.2115	10	佛山市	0.1049	23
长沙市	0.1867	11	嘉兴市	0.1030	24
合肥市	0.1765	12	福州市	0.0997	25
武汉市	0.1634	13	南通市	0.0954	26

城市	金融服务	排名	城市	金融服务	排名
济南市	0.0911	27	襄阳市	0.0276	59
珠海市	0.0886	28	兰州市	0.0263	60
烟台市	0.0877	29	威海市	0.0256	61
湖州市	0.0716	30	株洲市	0.0252	62
温州市	0.0716	30	洛阳市	0.0248	63
郑州市	0.0713	32	滁州市	0.0238	64
金华市	0.0675	33	肇庆市	0.0230	65
淄博市	0.0674	34	太原市	0.0228	66
汕头市	0.0575	35	连云港市	0.0227	67
沈阳市	0.0521	36	保定市	0.0216	68
长春市	0.0518	37	德州市	0.0216	68
哈尔滨市	0.0515	38	宿迁市	0.0216	68
中山市	0.0500	39	铜陵市	0.0216	68
南昌市	0.0476	40	南宁市	0.0210	72
大连市	0.0469	41	宜昌市	0.0188	73
潍坊市	0.0458	42	唐山市	0.0188	73
镇江市	0.0457	43	上饶市	0.0184	75
昆明市	0.0455	44	宣城市	0.0181	76
乌鲁木齐市	0.0452	45	新乡市	0.0173	77
泰州市	0.0450	46	蚌埠市	0.0170	78
惠州市	0.0404	47	银川市	0.0167	79
石家庄市	0.0394	48	十堰市	0.0163	80
贵阳市	0.0380	49	南平市	0.0160	81
江门市	0.0368	50	绵阳市	0.0156	82
海口市	0.0355	51	荆州市	0.0156	82
徐州市	0.0354	52	邯郸市	0.0152	84
芜湖市	0.0313	53	南阳市	0.0149	85
扬州市	0.0305	54	宜春市	0.0138	86
赣州市	0.0287	55	清远市	0.0138	86
拉萨市	0.0281	56	益阳市	0.0135	88
衢州市	0.0281	56	龙岩市	0.0135	88
泉州市	0.0277	58	丽水市	0.0135	88

城市	金融服务	排名	城市	金融服务	排名
济宁市	0.0132	91	六安市	0.0092	120
吉安市	0.0127	92	酒泉市	0.0092	120
安庆市	0.0127	92	池州市	0.0092	120
孝感市	0.0127	92	宁德市	0.0092	120
泰安市	0.0124	95	廊坊市	0.0089	127
聊城市	0.0124	95	荆门市	0.0089	127
湘潭市	0.0124	95	景德镇市	0.0089	127
常德市	0.0124	95	桂林市	0.0086	130
岳阳市	0.0121	99	周口市	0.0081	131
许昌市	0.0121	99	阜新市	0.0081	131
吉林市	0.0121	99	沧州市	0.0078	133
东营市	0.0114	102	淮安市	0.0078	133
咸阳市	0.0114	102	宜宾市	0.0078	133
漳州市	0.0114	102	宝鸡市	0.0078	133
潮州市	0.0114	102	新余市	0.0078	133
梅州市	0.0110	106	通化市	0.0078	133
滨州市	0.0110	106	西宁市	0.0075	139
抚州市	0.0106	108	云浮市	0.0071	140
辽阳市	0.0106	108	枣庄市	0.0067	141
德阳市	0.0103	110	锦州市	0.0067	141
湛江市	0.0103	110	衡阳市	0.0067	141
鞍山市	0.0103	110	安阳市	0.0067	141
盐城市	0.0100	113	临沂市	0.0064	145
呼和浩特市	0.0100	113	乐山市	0.0064	145
包头市	0.0100	113	眉山市	0.0057	147
马鞍山市	0.0100	113	商丘市	0.0057	147
黄石市	0.0100	113	内江市	0.0057	147
焦作市	0.0100	113	大同市	0.0057	147
揭阳市	0.0100	113	营口市	0.0057	147
秦皇岛市	0.0092	120	莆田市	0.0057	147
九江市	0.0092	120	萍乡市	0.0057	147
长治市	0.0092	120	柳州市	0.0054	154

城市	金融服务	排名	城市	金融服务	排名
邢台市	0.0054	154	安顺市	0.0032	181
遂宁市	0.0054	154	攀枝花市	0.0032	181
北海市	0.0054	154	临汾市	0.0032	181
菏泽市	0.0046	158	韶关市	0.0032	181
黄冈市	0.0046	158	陇南市	0.0032	181
濮阳市	0.0046	158	张家口市	0.0021	192
淮南市	0.0046	158	日照市	0.0021	192
钦州市	0.0046	158	齐齐哈尔市	0.0021	192
鹰潭市	0.0046	158	渭南市	0.0021	192
怀化市	0.0046	158	牡丹江市	0.0021	192
遵义市	0.0043	165	阳泉市	0.0021	192
郴州市	0.0043	165	榆林市	0.0021	192
白银市	0.0043	165	曲靖市	0.0021	192
运城市	0.0043	165	河源市	0.0021	192
淮北市	0.0043	165	黄山市	0.0021	192
平顶山市	0.0043	165	赤峰市	0.0021	192
克拉玛依市	0.0043	165	三亚市	0.0021	192
自贡市	0.0043	165	南充市	0.0021	192
汉中市	0.0035	173	永州市	0.0021	192
达州市	0.0035	173	辽源市	0.0021	192
延安市	0.0035	173	天水市	0.0021	192
开封市	0.0035	173	舟山市	0.0021	192
乌兰察布市	0.0035	173	玉林市	0.0021	192
邵阳市	0.0035	173	信阳市	0.0021	192
铜仁市	0.0035	173	漯河市	0.0021	192
鹤壁市	0.0035	173	葫芦岛市	0.0021	192
衡水市	0.0032	181	吴忠市	0.0021	192
泸州市	0.0032	181	大庆市	0.0011	214
鄂尔多斯市	0.0032	181	佳木斯市	0.0011	214
晋中市	0.0032	181	七台河市	0.0011	214
石嘴山市	0.0032	181	亳州市	0.0011	214
三明市	0.0032	181	咸宁市	0.0011	214

城市	金融服务	排名	城市	金融服务	排名
阜阳市	0.0011	214	三门峡市	0.0011	214
茂名市	0.0011	214	抚顺市	0.0011	214
玉溪市	0.0011	214	随州市	0.0011	214
鸡西市	0.0011	214	白山市	0.0011	214
贺州市	0.0011	214	丽江市	0.0011	214
梧州市	0.0011	214	武威市	0.0011	214
鄂州市	0.0011	214	本溪市	0.0011	214
承德市	0.0011	214	河池市	0.0011	214
巴彦淖尔市	0.0011	214	朝阳市	0.0011	214
嘉峪关市	0.0011	214	张掖市	0	260
盘锦市	0.0011	214	宿州市	0	260
晋城市	0.0011	214	黑河市	0	260
张家界市	0.0011	214	安康市	0	260
丹东市	0.0011	214	双鸭山市	0	260
临沧市	0.0011	214	呼伦贝尔市	0	260
广安市	0.0011	214	防城港市	0	260
商洛市	0.0011	214	广元市	0	260
铁岭市	0.0011	214	巴中市	0	260
驻马店市	0.0011	214	娄底市	0	260
忻州市	0.0011	214	绥化市	0	260
铜川市	0.0011	214	白城市	0	260
乌海市	0.0011	214	朔州市	0	260
吕梁市	0.0011	214	汕尾市	0	260
普洱市	0.0011	214	鹤岗市	0	260
阳江市	0.0011	214	固原市	0	260
保山市	0.0011	214	金昌市	0	260
海东市	0.0011	214	崇左市	0	260
通辽市	0.0011	214	来宾市	0	260
贵港市	0.0011	214	伊春市	0	260
中卫市	0.0011	214	百色市	0	260
六盘水市	0.0011	214	四平市	0	260
雅安市	0.0011	214	松原市	0	260

城市	金融服务	排名	城市	金融服务	排名
毕节市	0	260	资阳市	0	260
定西市	0	260	庆阳市	0	260
平凉市	0	260	昭通市	0	260

第六章 创新绩效

一、创新绩效指数构成

创新绩效指标用以反映城市科技创新活动的产出和影响，是评价城市科技创新发展目标实现程度最重要的指标，在城市科技创新发展评价的 4 个一级指标中权重最高，包含指标数量最多，对经济社会发展影响最广泛。创新绩效占总指数权重的 42.86%，下设科技产出、经济发展、绿色发展、辐射引领等 4 个二级指标。

科技产出二级指标下设 2 个三级指标，分别为每万人专利申请量和每万人发明专利授权量，均为正向指标。

经济发展二级指标下设 2 个三级指标，分别为地均 GDP 和城镇居民人均可支配收入，均为正向指标。

绿色发展二级指标下设 2 个三级指标，分别为 PM2.5 年均浓度和万元地区生产总值能耗，均为逆向指标。

辐射引领二级指标下设 3 个三级指标，分别为国家技术转移示范机构数、中国大学 ESI 高被引论文数和科技创新型企业规模，均为正向指标。

三级指标权重均为 4.76%。创新绩效指标构成如表 6-1 所示。

表 6-1　创新绩效指标构成

一级指标	权重	二级指标	权重	三级指标	指标属性	权重
创新绩效	42.86%	科技产出	9.52%	每万人专利申请量（件）	正	4.76%
				每万人发明专利授权量（件）	正	4.76%
		经济发展	9.52%	地均 GDP（万元 / 平方公里）	正	4.76%
				城镇居民人均可支配收入（元 / 人）	正	4.76%
		绿色发展	9.52%	PM2.5 年均浓度（微克 / 立方米）	逆	4.76%
				万元地区生产总值能耗（千瓦时 / 万元）	逆	4.76%
		辐射引领	14.29%	国家技术转移示范机构数（个）	正	4.76%
				中国大学 ESI 高被引论文数（篇）	正	4.76%
				科技创新型企业规模（家）	正	4.76%

二、创新绩效指数排名

在创新绩效指数方面，排名前20位的城市依次是北京市、深圳市、上海市、苏州市、广州市、南京市、佛山市、东莞市、杭州市、武汉市、无锡市、厦门市、青岛市、中山市、常州市、珠海市、嘉兴市、宁波市、合肥市、温州市（表6-2）。

表6-2　创新绩效指数排名

城市	创新绩效	排名	城市	创新绩效	排名
北京市	0.7599	1	泉州市	0.3274	27
深圳市	0.7380	2	镇江市	0.3229	28
上海市	0.6253	3	舟山市	0.3181	29
苏州市	0.5356	4	天津市	0.3181	30
广州市	0.5325	5	湖州市	0.3154	31
南京市	0.5285	6	福州市	0.3104	32
佛山市	0.4596	7	金华市	0.3088	33
东莞市	0.4517	8	扬州市	0.3071	34
杭州市	0.4483	9	威海市	0.3023	35
武汉市	0.4373	10	惠州市	0.3011	36
无锡市	0.4352	11	南通市	0.2912	37
厦门市	0.4229	12	郑州市	0.2880	38
青岛市	0.4206	13	江门市	0.2839	39
中山市	0.4189	14	马鞍山市	0.2835	40
常州市	0.3998	15	海口市	0.2825	41
珠海市	0.3846	16	芜湖市	0.2816	42
嘉兴市	0.3788	17	大连市	0.2784	43
宁波市	0.3763	18	昆明市	0.2760	44
合肥市	0.3723	19	沈阳市	0.2758	45
温州市	0.3669	20	烟台市	0.2756	46
绍兴市	0.3644	21	长春市	0.2722	47
济南市	0.3639	22	丽水市	0.2659	48
成都市	0.3591	23	三亚市	0.2645	49
西安市	0.3527	24	拉萨市	0.2644	50
台州市	0.3513	25	东营市	0.2618	51
长沙市	0.3407	26	贵阳市	0.2614	52

城市	创新绩效	排名	城市	创新绩效	排名
遂宁市	0.2598	53	阳江市	0.2292	85
重庆市	0.2592	54	淮安市	0.2285	86
盐城市	0.2558	55	株洲市	0.2283	87
衢州市	0.2525	56	吉安市	0.2266	88
兰州市	0.2524	57	新余市	0.2247	89
鄂尔多斯市	0.2519	58	绵阳市	0.2225	90
金昌市	0.2510	59	银川市	0.2225	91
泰州市	0.2503	60	乌鲁木齐市	0.2219	92
南昌市	0.2495	61	曲靖市	0.2218	93
宁德市	0.2476	62	汕尾市	0.2198	94
三明市	0.2466	63	抚州市	0.2198	95
克拉玛依市	0.2451	64	柳州市	0.2198	96
哈尔滨市	0.2450	65	攀枝花市	0.2194	97
龙岩市	0.2444	66	包头市	0.2186	98
徐州市	0.2432	67	呼伦贝尔市	0.2182	99
漳州市	0.2427	68	鞍山市	0.2180	100
莆田市	0.2416	69	酒泉市	0.2176	101
景德镇市	0.2405	70	湛江市	0.2173	102
宣城市	0.2397	71	德阳市	0.2170	103
赣州市	0.2390	72	大庆市	0.2169	104
鹰潭市	0.2389	73	遵义市	0.2169	105
汕头市	0.2384	74	日照市	0.2164	106
玉溪市	0.2372	75	乌海市	0.2150	107
南宁市	0.2364	76	上饶市	0.2150	108
潍坊市	0.2356	77	宜昌市	0.2147	109
南平市	0.2355	78	北海市	0.2146	110
肇庆市	0.2354	79	蚌埠市	0.2144	111
廊坊市	0.2341	80	清远市	0.2141	112
丽江市	0.2329	81	桂林市	0.2138	113
呼和浩特市	0.2321	82	池州市	0.2120	114
太原市	0.2320	83	黑河市	0.2116	115
黄山市	0.2317	84	韶关市	0.2109	116

城市	创新绩效	排名	城市	创新绩效	排名
河源市	0.2107	117	萍乡市	0.2018	149
安庆市	0.2102	118	云浮市	0.2008	150
宜春市	0.2100	119	梧州市	0.2007	151
潮州市	0.2097	120	淄博市	0.2004	152
铜陵市	0.2091	121	盘锦市	0.2002	153
郴州市	0.2088	122	庆阳市	0.1999	154
平凉市	0.2086	123	汉中市	0.1995	155
张家口市	0.2085	124	秦皇岛市	0.1994	156
咸宁市	0.2083	125	玉林市	0.1993	157
普洱市	0.2077	126	石家庄市	0.1980	158
九江市	0.2071	127	巴中市	0.1978	159
齐齐哈尔市	0.2068	128	湘潭市	0.1978	160
铜仁市	0.2067	129	淮北市	0.1977	161
黄石市	0.2060	130	眉山市	0.1975	162
赤峰市	0.2060	131	吴忠市	0.1972	163
十堰市	0.2056	132	梅州市	0.1971	164
茂名市	0.2056	133	固原市	0.1959	165
滁州市	0.2053	134	嘉峪关市	0.1954	166
资阳市	0.2048	135	永州市	0.1951	167
保山市	0.2047	136	内江市	0.1949	168
唐山市	0.2045	137	孝感市	0.1946	169
榆林市	0.2037	138	本溪市	0.1946	170
六安市	0.2033	139	巴彦淖尔市	0.1938	171
延安市	0.2030	140	西宁市	0.1937	172
防城港市	0.2029	141	陇南市	0.1936	173
连云港市	0.2029	142	贺州市	0.1934	174
雅安市	0.2028	143	临沂市	0.1929	175
广元市	0.2027	144	营口市	0.1926	176
钦州市	0.2026	145	贵港市	0.1926	177
安顺市	0.2025	146	大同市	0.1922	178
张掖市	0.2021	147	佳木斯市	0.1922	179
衡阳市	0.2018	148	鄂州市	0.1918	180

城市	创新绩效	排名	城市	创新绩效	排名
白银市	0.1918	181	晋城市	0.1833	213
通化市	0.1915	182	崇左市	0.1833	214
揭阳市	0.1914	183	白山市	0.1831	215
荆州市	0.1902	184	张家界市	0.1827	216
荆门市	0.1901	185	吕梁市	0.1826	217
定西市	0.1900	186	六盘水市	0.1815	218
怀化市	0.1896	187	武威市	0.1813	219
松原市	0.1893	188	随州市	0.1809	220
牡丹江市	0.1886	189	沧州市	0.1807	221
岳阳市	0.1883	190	德州市	0.1804	222
广安市	0.1882	191	鹤岗市	0.1795	223
洛阳市	0.1874	192	晋中市	0.1791	224
伊春市	0.1874	193	常德市	0.1790	225
河池市	0.1869	194	淮南市	0.1787	226
临沧市	0.1868	195	济宁市	0.1786	227
黄冈市	0.1868	196	四平市	0.1786	228
达州市	0.1859	197	益阳市	0.1784	229
丹东市	0.1858	198	安康市	0.1783	230
泸州市	0.1858	199	阜新市	0.1782	231
石嘴山市	0.1856	200	新乡市	0.1781	232
天水市	0.1856	201	铜川市	0.1780	233
朔州市	0.1856	202	通辽市	0.1777	234
白城市	0.1852	203	许昌市	0.1775	235
保定市	0.1850	204	双鸭山市	0.1774	236
宝鸡市	0.1847	205	咸阳市	0.1766	237
宿迁市	0.1844	206	自贡市	0.1765	238
商洛市	0.1844	207	亳州市	0.1758	239
南充市	0.1843	208	吉林市	0.1756	240
泰安市	0.1843	209	长治市	0.1748	241
抚顺市	0.1840	210	衡水市	0.1745	242
承德市	0.1837	211	来宾市	0.1745	243
乐山市	0.1835	212	七台河市	0.1744	244

城市	创新绩效	排名	城市	创新绩效	排名
宜宾市	0.1743	245	乌兰察布市	0.1619	267
辽源市	0.1742	246	南阳市	0.1615	268
焦作市	0.1735	247	平顶山市	0.1613	269
襄阳市	0.1733	248	驻马店市	0.1609	270
娄底市	0.1733	249	葫芦岛市	0.1608	271
朝阳市	0.1722	250	滨州市	0.1588	272
信阳市	0.1710	251	三门峡市	0.1582	273
绥化市	0.1697	252	鹤壁市	0.1575	274
宿州市	0.1697	253	渭南市	0.1571	275
邯郸市	0.1694	254	中卫市	0.1561	276
锦州市	0.1687	255	开封市	0.1531	277
鸡西市	0.1684	256	商丘市	0.1525	278
辽阳市	0.1680	257	周口市	0.1506	279
铁岭市	0.1676	258	安阳市	0.1483	280
枣庄市	0.1672	259	百色市	0.1480	281
邢台市	0.1672	260	濮阳市	0.1471	282
邵阳市	0.1667	261	菏泽市	0.1427	283
昭通市	0.1655	262	运城市	0.1411	284
漯河市	0.1643	263	聊城市	0.1407	285
阳泉市	0.1638	264	忻州市	0.1391	286
阜阳市	0.1632	265	临汾市	0.1340	287
海东市	0.1627	266	毕节市	0.1034	288

三、创新绩效核心指标分析

（一）科技产出

科技产出是指科技创新活动的直接产出成果，主要包括科技论文、专利、技术标准及技术交易等，是城市科技创新发展的题中应有之义。科技产出指标设计体现创新发展理念，下设 2 个三级指标，即每万人专利申请量和每万人发明专利授权量，分别从专利申请和专利授权角度评估科技创新的直接产出情况，均为正向指标。

在科技产出指数方面，排名前 10 位的城市依次是深圳市、苏州市、佛山市、北京市、常州市、南京市、无锡市、中山市、广州市、东莞市；排名后 10 位的城市依次是崇左市、通辽市、曲靖市、黑河市、陇南市、朔州市、双鸭山市、保山市、松原市、昭通市（图6-1、表6-3）。

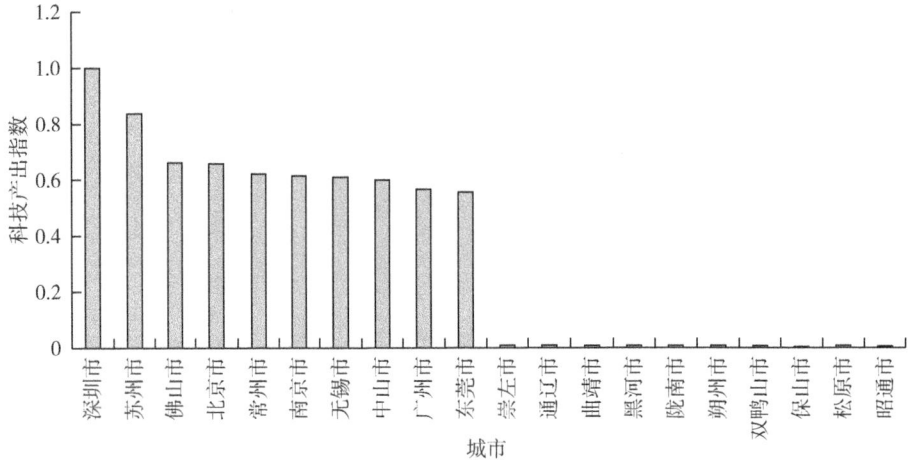

图6-1　科技产出指数排名前10位和后10位的城市

表6-3　科技产出指数排名

城市	科技产出	排名	城市	科技产出	排名
深圳市	1.0000	1	合肥市	0.4177	18
苏州市	0.8373	2	镇江市	0.4131	19
佛山市	0.6615	3	绍兴市	0.4033	20
北京市	0.6573	4	杭州市	0.3894	21
常州市	0.6215	5	温州市	0.3692	22
南京市	0.6147	6	扬州市	0.3592	23
无锡市	0.6103	7	台州市	0.3439	24
中山市	0.5994	8	西安市	0.3213	25
广州市	0.5668	9	芜湖市	0.3165	26
东莞市	0.5559	10	马鞍山市	0.3103	27
青岛市	0.4945	11	泉州市	0.3056	28
上海市	0.4675	12	长沙市	0.2908	29
武汉市	0.4598	13	郑州市	0.2858	30
嘉兴市	0.4544	14	威海市	0.2792	31
厦门市	0.4490	15	惠州市	0.2670	32
珠海市	0.4458	16	宁波市	0.2643	33
济南市	0.4262	17	江门市	0.2580	34

城市	科技产出	排名	城市	科技产出	排名
成都市	0.2562	35	淮北市	0.1319	67
徐州市	0.2420	36	日照市	0.1316	68
盐城市	0.2390	37	乌鲁木齐市	0.1309	69
东营市	0.2363	38	德州市	0.1308	70
福州市	0.2163	39	新乡市	0.1279	71
湖州市	0.2112	40	漳州市	0.1269	72
南通市	0.2032	41	池州市	0.1262	73
沈阳市	0.1984	42	肇庆市	0.1225	74
太原市	0.1951	43	株洲市	0.1216	75
金华市	0.1950	44	蚌埠市	0.1201	76
烟台市	0.1915	45	赣州市	0.1190	77
潍坊市	0.1904	46	新余市	0.1173	78
鞍山市	0.1900	47	鄂尔多斯市	0.1172	79
嘉峪关市	0.1879	48	绵阳市	0.1138	80
海口市	0.1735	49	大连市	0.1138	81
宣城市	0.1731	50	潮州市	0.1133	82
淮安市	0.1713	51	景德镇市	0.1131	83
天津市	0.1702	52	宁德市	0.1125	84
贵阳市	0.1687	53	南宁市	0.1082	85
长春市	0.1636	54	德阳市	0.1082	86
金昌市	0.1629	55	安庆市	0.1080	87
兰州市	0.1626	56	焦作市	0.1072	88
石嘴山市	0.1552	57	三亚市	0.1052	89
舟山市	0.1483	58	滁州市	0.1052	90
鹰潭市	0.1472	59	西宁市	0.1041	91
汕头市	0.1455	60	昆明市	0.1028	92
哈尔滨市	0.1401	61	十堰市	0.1017	93
泰州市	0.1365	62	衢州市	0.1017	94
廊坊市	0.1360	63	淄博市	0.1016	95
荆门市	0.1353	64	吉安市	0.1010	96
阳江市	0.1349	65	六安市	0.1009	97
丽水市	0.1340	66	唐山市	0.1008	98

城市	科技产出	排名	城市	科技产出	排名
三明市	0.0998	99	抚顺市	0.0704	131
临沂市	0.0996	100	营口市	0.0687	132
柳州市	0.0989	101	龙岩市	0.0686	133
攀枝花市	0.0977	102	玉溪市	0.0678	134
咸宁市	0.0964	103	襄阳市	0.0675	135
张掖市	0.0944	104	洛阳市	0.0653	136
保定市	0.0934	105	滨州市	0.0647	137
南昌市	0.0922	106	九江市	0.0647	138
宜昌市	0.0921	107	云浮市	0.0645	139
宜春市	0.0918	108	汕尾市	0.0629	140
抚州市	0.0900	109	黄山市	0.0625	141
莆田市	0.0894	110	泰安市	0.0624	142
清远市	0.0892	111	眉山市	0.0614	143
银川市	0.0883	112	鄂州市	0.0608	144
河源市	0.0880	113	呼和浩特市	0.0598	145
南平市	0.0864	114	宝鸡市	0.0597	146
衡水市	0.0853	115	上饶市	0.0596	147
克拉玛依市	0.0847	116	枣庄市	0.0587	148
铜陵市	0.0822	117	随州市	0.0586	149
乌海市	0.0810	118	雅安市	0.0581	150
湘潭市	0.0791	119	拉萨市	0.0571	151
萍乡市	0.0786	120	济宁市	0.0567	152
吴忠市	0.0786	121	揭阳市	0.0563	153
黄石市	0.0777	122	连云港市	0.0554	154
宿迁市	0.0769	123	阜新市	0.0554	155
漯河市	0.0754	124	湛江市	0.0553	156
重庆市	0.0734	125	梅州市	0.0547	157
许昌市	0.0733	126	本溪市	0.0544	158
邢台市	0.0732	127	南阳市	0.0531	159
桂林市	0.0718	128	包头市	0.0530	160
石家庄市	0.0716	129	遵义市	0.0521	161
鹤壁市	0.0712	130	平顶山市	0.0506	162

城市	科技产出	排名	城市	科技产出	排名
淮南市	0.0499	163	延安市	0.0344	195
铜川市	0.0498	164	大庆市	0.0337	196
聊城市	0.0497	165	榆林市	0.0337	197
常德市	0.0497	166	汉中市	0.0336	198
邯郸市	0.0488	167	玉林市	0.0335	199
晋中市	0.0481	168	永州市	0.0330	200
秦皇岛市	0.0478	169	驻马店市	0.0326	201
张家口市	0.0470	170	大同市	0.0325	202
白银市	0.0464	171	黄冈市	0.0321	203
咸阳市	0.0449	172	贵港市	0.0320	204
孝感市	0.0438	173	南充市	0.0317	205
韶关市	0.0433	174	运城市	0.0314	206
沧州市	0.0430	175	贺州市	0.0309	207
晋城市	0.0428	176	伊春市	0.0301	208
郴州市	0.0416	177	自贡市	0.0301	209
锦州市	0.0412	178	宜宾市	0.0291	210
酒泉市	0.0408	179	资阳市	0.0288	211
朝阳市	0.0407	180	铜仁市	0.0281	212
阳泉市	0.0403	181	达州市	0.0279	213
濮阳市	0.0402	182	宿州市	0.0278	214
荆州市	0.0402	183	中卫市	0.0276	215
盘锦市	0.0398	184	辽阳市	0.0274	216
娄底市	0.0398	185	百色市	0.0273	217
齐齐哈尔市	0.0391	186	赤峰市	0.0270	218
乐山市	0.0387	187	岳阳市	0.0268	219
七台河市	0.0371	188	广元市	0.0266	220
内江市	0.0369	189	益阳市	0.0266	221
信阳市	0.0365	190	北海市	0.0261	222
梧州市	0.0365	191	丹东市	0.0261	223
佳木斯市	0.0363	192	定西市	0.0260	224
铁岭市	0.0360	193	开封市	0.0259	225
鹤岗市	0.0353	194	钦州市	0.0258	226

城市	科技产出	排名	城市	科技产出	排名
怀化市	0.0255	227	通化市	0.0153	258
遂宁市	0.0254	228	渭南市	0.0150	259
临汾市	0.0252	229	河池市	0.0146	260
吕梁市	0.0248	230	葫芦岛市	0.0146	261
衡阳市	0.0245	231	邵阳市	0.0145	262
长治市	0.0241	232	平凉市	0.0145	263
阜阳市	0.0236	233	商丘市	0.0143	264
泸州市	0.0232	234	安顺市	0.0140	265
辽源市	0.0229	235	商洛市	0.0138	266
承德市	0.0228	236	四平市	0.0138	267
菏泽市	0.0228	237	临沧市	0.0128	268
周口市	0.0227	238	牡丹江市	0.0119	269
亳州市	0.0227	239	普洱市	0.0117	270
安阳市	0.0226	240	毕节市	0.0114	271
三门峡市	0.0222	241	六盘水市	0.0109	272
呼伦贝尔市	0.0215	242	广安市	0.0108	273
绥化市	0.0215	243	固原市	0.0108	274
巴中市	0.0214	244	安康市	0.0108	275
白城市	0.0212	245	鸡西市	0.0107	276
吉林市	0.0204	246	庆阳市	0.0100	277
忻州市	0.0204	247	来宾市	0.0095	278
丽江市	0.0203	248	崇左市	0.0090	279
巴彦淖尔市	0.0198	249	通辽市	0.0089	280
天水市	0.0198	250	曲靖市	0.0087	281
白山市	0.0183	251	黑河市	0.0087	282
张家界市	0.0183	252	陇南市	0.0077	283
海东市	0.0178	253	朔州市	0.0077	284
武威市	0.0160	254	双鸭山市	0.0066	285
乌兰察布市	0.0160	255	保山市	0.0042	286
茂名市	0.0157	256	松原市	0.0038	287
防城港市	0.0155	257	昭通市	0.0020	288

（二）经济发展

经济发展是直接体现科技与经济结合的指标，体现科技创新对城市发展的引领支撑作用。科技创新要与城市经济社会发展深度融合，科技创新的成果应更多转化为现实生产力、惠及千家万户。

在经济发展指数方面，排名前 10 位的城市依次是深圳市、上海市、广州市、北京市、苏州市、厦门市、南京市、东莞市、无锡市、宁波市；排名后 10 位的城市依次是商洛市、陇南市、白山市、白城市、七台河市、鸡西市、伊春市、梅州市、鹤岗市、百色市（图 6-2、表 6-4）。

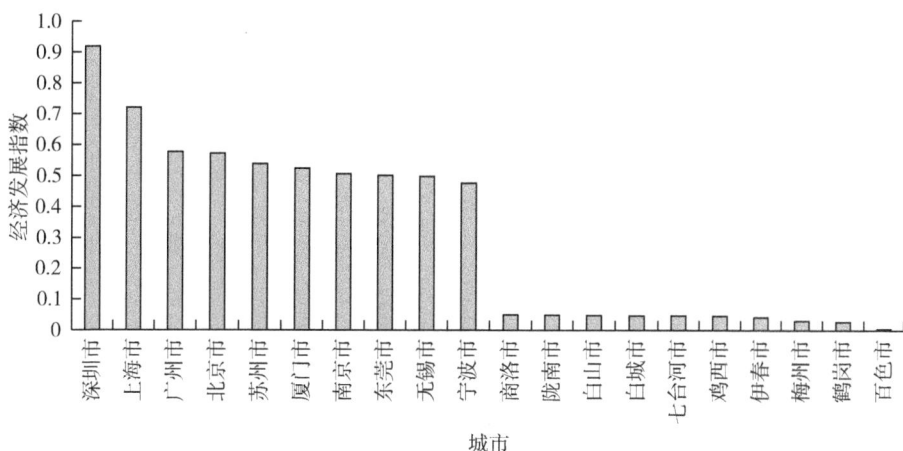

图 6-2 经济发展指数排名前 10 位和后 10 位的城市

表 6-4 经济发展指数排名

城市	经济发展	排名	城市	经济发展	排名
深圳市	0.9185	1	佛山市	0.4614	12
上海市	0.7218	2	绍兴市	0.4483	13
广州市	0.5767	3	嘉兴市	0.4433	14
北京市	0.5721	4	珠海市	0.4327	15
苏州市	0.5389	5	常州市	0.4262	16
厦门市	0.5236	6	舟山市	0.4261	17
南京市	0.5066	7	温州市	0.4133	18
东莞市	0.5008	8	湖州市	0.3991	19
无锡市	0.4982	9	台州市	0.3980	20
宁波市	0.4765	10	中山市	0.3952	21
杭州市	0.4700	11	金华市	0.3895	22

城市	经济发展	排名	城市	经济发展	排名
长沙市	0.3663	23	惠州市	0.2358	55
青岛市	0.3545	24	西安市	0.2345	56
镇江市	0.3455	25	乌海市	0.2298	57
武汉市	0.3396	26	唐山市	0.2238	58
济南市	0.3267	27	拉萨市	0.2228	59
南通市	0.3230	28	攀枝花市	0.2153	60
泉州市	0.3033	29	潍坊市	0.2136	61
马鞍山市	0.3015	30	嘉峪关市	0.2135	62
东营市	0.2970	31	乌鲁木齐市	0.2042	63
成都市	0.2952	32	新余市	0.2034	64
泰州市	0.2938	33	海口市	0.2034	65
合肥市	0.2872	34	莆田市	0.2011	66
福州市	0.2866	35	湘潭市	0.2006	67
威海市	0.2831	36	盘锦市	0.2002	68
天津市	0.2830	37	宣城市	0.2001	69
烟台市	0.2749	38	玉溪市	0.1994	70
衢州市	0.2731	39	景德镇市	0.1982	71
包头市	0.2690	40	大庆市	0.1974	72
扬州市	0.2689	41	贵阳市	0.1956	73
南昌市	0.2617	42	铜陵市	0.1940	74
鄂尔多斯市	0.2605	43	三亚市	0.1933	75
昆明市	0.2602	44	金昌市	0.1929	76
呼和浩特市	0.2591	45	淮安市	0.1919	77
丽水市	0.2584	46	盐城市	0.1885	78
株洲市	0.2579	47	江门市	0.1867	79
淄博市	0.2516	48	漳州市	0.1844	80
沈阳市	0.2510	49	重庆市	0.1844	81
大连市	0.2509	50	长春市	0.1827	82
克拉玛依市	0.2469	51	石家庄市	0.1827	83
郑州市	0.2435	52	萍乡市	0.1819	84
芜湖市	0.2400	53	德阳市	0.1818	85
廊坊市	0.2368	54	九江市	0.1810	86

城市	经济发展	排名	城市	经济发展	排名
龙岩市	0.1810	87	襄阳市	0.1629	119
太原市	0.1794	88	北海市	0.1624	120
兰州市	0.1792	89	广安市	0.1622	121
蚌埠市	0.1771	90	柳州市	0.1614	122
临沂市	0.1762	91	宜昌市	0.1603	123
绵阳市	0.1758	92	咸阳市	0.1599	124
泸州市	0.1755	93	连云港市	0.1588	125
宜宾市	0.1750	94	沧州市	0.1569	126
徐州市	0.1735	95	宁德市	0.1568	127
秦皇岛市	0.1732	96	遂宁市	0.1560	128
洛阳市	0.1730	97	淮北市	0.1559	129
自贡市	0.1725	98	资阳市	0.1544	130
银川市	0.1724	99	鄂州市	0.1536	131
上饶市	0.1722	100	遵义市	0.1530	132
营口市	0.1717	101	桂林市	0.1529	133
鹰潭市	0.1716	102	日照市	0.1522	134
吉安市	0.1714	103	玉林市	0.1519	135
泰安市	0.1712	104	岳阳市	0.1518	136
黄石市	0.1706	105	钦州市	0.1498	137
哈尔滨市	0.1703	106	雅安市	0.1493	138
济宁市	0.1693	107	宜春市	0.1490	139
乐山市	0.1692	108	赣州市	0.1488	140
眉山市	0.1690	109	丽江市	0.1482	141
曲靖市	0.1686	110	郴州市	0.1476	142
内江市	0.1684	111	防城港市	0.1455	143
三明市	0.1676	112	安庆市	0.1455	144
酒泉市	0.1676	113	南充市	0.1447	145
滨州市	0.1668	114	西宁市	0.1443	146
淮南市	0.1641	115	许昌市	0.1443	147
衡阳市	0.1636	116	孝感市	0.1442	148
南宁市	0.1632	117	滁州市	0.1439	149
黄山市	0.1630	118	保山市	0.1436	150

城市	经济发展	排名	城市	经济发展	排名
晋城市	0.1429	151	六盘水市	0.1286	183
抚州市	0.1428	152	宿州市	0.1282	184
荆门市	0.1425	153	保定市	0.1279	185
达州市	0.1423	154	韶关市	0.1268	186
朔州市	0.1414	155	鹤壁市	0.1258	187
南平市	0.1412	156	抚顺市	0.1256	188
晋中市	0.1408	157	锦州市	0.1253	189
延安市	0.1399	158	新乡市	0.1252	190
枣庄市	0.1398	159	濮阳市	0.1242	191
邯郸市	0.1393	160	梧州市	0.1239	192
长治市	0.1392	161	毕节市	0.1237	193
本溪市	0.1391	162	通辽市	0.1236	194
宝鸡市	0.1380	163	赤峰市	0.1235	195
广元市	0.1379	164	安顺市	0.1228	196
漯河市	0.1377	165	汉中市	0.1220	197
巴中市	0.1375	166	临汾市	0.1216	198
池州市	0.1374	167	贵港市	0.1214	199
常德市	0.1373	168	六安市	0.1211	200
荆州市	0.1353	169	辽阳市	0.1203	201
来宾市	0.1351	170	崇左市	0.1202	202
榆林市	0.1351	171	大同市	0.1201	203
鞍山市	0.1337	172	湛江市	0.1191	204
安阳市	0.1335	173	铜川市	0.1190	205
阜阳市	0.1319	174	石嘴山市	0.1188	206
肇庆市	0.1312	175	铜仁市	0.1188	207
呼伦贝尔市	0.1311	176	贺州市	0.1185	208
渭南市	0.1305	177	承德市	0.1183	209
平顶山市	0.1303	178	南阳市	0.1173	210
焦作市	0.1300	179	宿迁市	0.1167	211
张家口市	0.1298	180	牡丹江市	0.1165	212
阳泉市	0.1293	181	咸宁市	0.1162	213
亳州市	0.1290	182	清远市	0.1153	214

城市	经济发展	排名	城市	经济发展	排名
邢台市	0.1148	215	吉林市	0.0911	247
衡水市	0.1146	216	平凉市	0.0902	248
益阳市	0.1144	217	黑河市	0.0896	249
巴彦淖尔市	0.1139	218	河池市	0.0892	250
庆阳市	0.1118	219	聊城市	0.0891	251
汕头市	0.1116	220	佳木斯市	0.0873	252
十堰市	0.1113	221	德州市	0.0872	253
海东市	0.1104	222	齐齐哈尔市	0.0869	254
乌兰察布市	0.1103	223	菏泽市	0.0865	255
商丘市	0.1094	224	阜新市	0.0857	256
运城市	0.1092	225	吕梁市	0.0847	257
阳江市	0.1088	226	怀化市	0.0843	258
开封市	0.1086	227	固原市	0.0826	259
普洱市	0.1084	228	中卫市	0.0822	260
三门峡市	0.1082	229	天水市	0.0807	261
白银市	0.1079	230	松原市	0.0766	262
娄底市	0.1069	231	周口市	0.0765	263
永州市	0.1064	232	通化市	0.0745	264
葫芦岛市	0.1034	233	辽源市	0.0739	265
丹东市	0.1022	234	四平市	0.0730	266
忻州市	0.1001	235	云浮市	0.0728	267
茂名市	0.0994	236	张掖市	0.0697	268
黄冈市	0.0987	237	揭阳市	0.0691	269
随州市	0.0969	238	河源市	0.0665	270
信阳市	0.0946	239	安康市	0.0659	271
汕尾市	0.0946	240	朝阳市	0.0620	272
昭通市	0.0943	241	铁岭市	0.0615	273
驻马店市	0.0934	242	张家界市	0.0602	274
临沧市	0.0926	243	潮州市	0.0596	275
武威市	0.0925	244	绥化市	0.0587	276
邵阳市	0.0922	245	定西市	0.0585	277
吴忠市	0.0917	246	双鸭山市	0.0562	278

城市	经济发展	排名	城市	经济发展	排名
商洛市	0.0503	279	鸡西市	0.0463	284
陇南市	0.0497	280	伊春市	0.0419	285
白山市	0.0482	281	梅州市	0.0310	286
白城市	0.0476	282	鹤岗市	0.0277	287
七台河市	0.0470	283	百色市	0.0013	288

（三）绿色发展

绿色发展是指城市要发展绿色产业，推广绿色技术，降低能耗和物耗，保护和修复生态环境，使城市的经济社会发展与自然相协调。绿色发展指标从节能减排和环境治理的角度测度科技创新对城市绿色发展的作用和程度。

在绿色发展指数方面，排名前 10 位的城市依次是遂宁市、拉萨市、三亚市、丽江市、海口市、黑河市、舟山市、龙岩市、宁德市、三明市；排名后 10 位的城市依次是鹤壁市、安阳市、濮阳市、忻州市、运城市、聊城市、嘉峪关市、滨州市、临汾市、毕节市（图 6-3、表 6-5）。

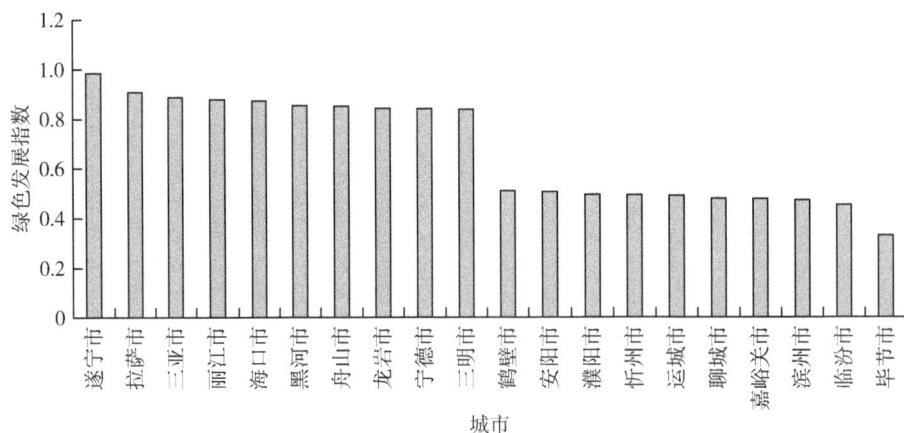

图 6-3　绿色发展指数排名前 10 位和后 10 位的城市

表 6-5　绿色发展指数排名

城市	绿色发展	排名	城市	绿色发展	排名
遂宁市	0.9852	1	丽江市	0.8793	4
拉萨市	0.9087	2	海口市	0.8736	5
三亚市	0.8880	3	黑河市	0.8539	6

城市	绿色发展	排名	城市	绿色发展	排名
舟山市	0.8522	7	江门市	0.7854	39
龙岩市	0.8425	8	阳江市	0.7851	40
宁德市	0.8416	9	铜仁市	0.7830	41
三明市	0.8385	10	肇庆市	0.7820	42
深圳市	0.8381	11	赣州市	0.7791	43
平凉市	0.8338	12	佛山市	0.7776	44
汕尾市	0.8302	13	庆阳市	0.7774	45
南平市	0.8291	14	东莞市	0.7773	46
呼伦贝尔市	0.8289	15	广州市	0.7767	47
泉州市	0.8213	16	威海市	0.7751	48
曲靖市	0.8193	17	赤峰市	0.7747	49
普洱市	0.8143	18	金昌市	0.7733	50
厦门市	0.8141	19	安顺市	0.7730	51
陇南市	0.8137	20	保山市	0.7728	52
黄山市	0.8123	21	昆明市	0.7717	53
珠海市	0.8106	22	韶关市	0.7715	54
茂名市	0.8061	23	松原市	0.7714	55
惠州市	0.8035	24	伊春市	0.7712	56
福州市	0.8034	25	通化市	0.7708	57
齐齐哈尔市	0.8021	26	定西市	0.7694	58
汕头市	0.7999	27	克拉玛依市	0.7693	59
宁波市	0.7976	28	酒泉市	0.7691	60
玉溪市	0.7971	29	漳州市	0.7688	61
梅州市	0.7965	30	潮州市	0.7672	62
台州市	0.7960	31	遵义市	0.7671	63
中山市	0.7944	32	北海市	0.7664	64
湛江市	0.7922	33	贵阳市	0.7662	65
丽水市	0.7921	34	商洛市	0.7651	66
莆田市	0.7918	35	白城市	0.7647	67
固原市	0.7881	36	云浮市	0.7638	68
河源市	0.7878	37	景德镇市	0.7585	69
温州市	0.7863	38	白山市	0.7572	70

城市	绿色发展	排名	城市	绿色发展	排名
张家口市	0.7565	71	杭州市	0.7328	103
鹰潭市	0.7531	72	巴中市	0.7307	104
防城港市	0.7516	73	揭阳市	0.7307	105
清远市	0.7505	74	大连市	0.7305	106
衢州市	0.7499	75	永州市	0.7305	107
抚州市	0.7495	76	南宁市	0.7300	108
广元市	0.7470	77	上饶市	0.7262	109
湖州市	0.7464	78	南京市	0.7259	110
上海市	0.7464	79	大庆市	0.7258	111
鹤岗市	0.7449	80	钦州市	0.7240	112
榆林市	0.7437	81	苏州市	0.7240	113
张掖市	0.7429	82	安康市	0.7236	114
鄂尔多斯市	0.7426	83	贺州市	0.7204	115
郴州市	0.7425	84	无锡市	0.7192	116
张家界市	0.7419	85	咸宁市	0.7181	117
梧州市	0.7415	86	牡丹江市	0.7177	118
吉安市	0.7406	87	柳州市	0.7166	119
汉中市	0.7396	88	吴忠市	0.7161	120
金华市	0.7386	89	呼和浩特市	0.7153	121
延安市	0.7377	90	四平市	0.7152	122
青岛市	0.7377	91	桂林市	0.7151	123
资阳市	0.7373	92	南通市	0.7132	124
巴彦淖尔市	0.7372	93	贵港市	0.7111	125
河池市	0.7366	94	大同市	0.7106	126
怀化市	0.7364	95	吕梁市	0.7106	127
烟台市	0.7361	96	佳木斯市	0.7100	128
双鸭山市	0.7352	97	玉林市	0.7099	129
临沧市	0.7352	98	白银市	0.7074	130
嘉兴市	0.7350	99	武威市	0.7065	131
银川市	0.7348	100	南昌市	0.7058	132
天水市	0.7334	101	长春市	0.7057	133
绍兴市	0.7333	102	衡阳市	0.7035	134

城市	绿色发展	排名	城市	绿色发展	排名
丹东市	0.7033	135	芜湖市	0.6712	167
十堰市	0.7024	136	本溪市	0.6710	168
七台河市	0.7003	137	内江市	0.6698	169
鸡西市	0.7001	138	朝阳市	0.6698	170
黄冈市	0.6973	139	黄石市	0.6693	171
合肥市	0.6970	140	通辽市	0.6667	172
宣城市	0.6966	141	重庆市	0.6659	173
崇左市	0.6948	142	绵阳市	0.6656	174
宜春市	0.6941	143	达州市	0.6636	175
雅安市	0.6912	144	泰州市	0.6607	176
北京市	0.6900	145	荆州市	0.6586	177
连云港市	0.6897	146	镇江市	0.6585	178
新余市	0.6883	147	铜陵市	0.6581	179
辽源市	0.6872	148	盘锦市	0.6578	180
池州市	0.6864	149	滁州市	0.6577	181
扬州市	0.6854	150	常州市	0.6567	182
六安市	0.6850	151	岳阳市	0.6565	183
朔州市	0.6847	152	乌海市	0.6563	184
安庆市	0.6824	153	眉山市	0.6561	185
绥化市	0.6820	154	随州市	0.6559	186
承德市	0.6820	155	秦皇岛市	0.6550	187
德阳市	0.6808	156	铁岭市	0.6546	188
兰州市	0.6790	157	益阳市	0.6528	189
盐城市	0.6785	158	淮安市	0.6528	190
日照市	0.6784	159	阜新市	0.6495	191
孝感市	0.6780	160	昭通市	0.6484	192
六盘水市	0.6765	161	南充市	0.6482	193
九江市	0.6757	162	包头市	0.6474	194
攀枝花市	0.6732	163	武汉市	0.6471	195
吉林市	0.6732	164	马鞍山市	0.6457	196
宜昌市	0.6729	165	鄂州市	0.6453	197
广安市	0.6726	166	萍乡市	0.6442	198

城市	绿色发展	排名	城市	绿色发展	排名
哈尔滨市	0.6425	199	宿州市	0.6020	231
鞍山市	0.6400	200	乌兰察布市	0.6010	232
来宾市	0.6397	201	淮北市	0.5973	233
晋城市	0.6374	202	郑州市	0.5940	234
百色市	0.6363	203	驻马店市	0.5940	235
蚌埠市	0.6359	204	沧州市	0.5938	236
邵阳市	0.6344	205	徐州市	0.5934	237
信阳市	0.6342	206	中卫市	0.5926	238
亳州市	0.6339	207	西宁市	0.5906	239
泸州市	0.6330	208	长沙市	0.5879	240
东营市	0.6324	209	淮南市	0.5854	241
铜川市	0.6312	210	德州市	0.5814	242
沈阳市	0.6311	211	泰安市	0.5812	243
抚顺市	0.6281	212	湘潭市	0.5804	244
娄底市	0.6275	213	三门峡市	0.5797	245
廊坊市	0.6269	214	锦州市	0.5797	246
宿迁市	0.6257	215	自贡市	0.5797	247
天津市	0.6208	216	宜宾市	0.5755	248
营口市	0.6198	217	周口市	0.5751	249
长治市	0.6193	218	许昌市	0.5749	250
成都市	0.6189	219	衡水市	0.5737	251
株洲市	0.6174	220	乌鲁木齐市	0.5734	252
乐山市	0.6161	221	洛阳市	0.5707	253
济南市	0.6160	222	荆门市	0.5702	254
宝鸡市	0.6158	223	阜阳市	0.5690	255
潍坊市	0.6150	224	太原市	0.5684	256
晋中市	0.6112	225	保定市	0.5678	257
常德市	0.6087	226	阳泉市	0.5651	258
辽阳市	0.6057	227	临沂市	0.5636	259
西安市	0.6044	228	唐山市	0.5605	260
葫芦岛市	0.6039	229	石嘴山市	0.5599	261
海东市	0.6038	230	商丘市	0.5588	262

城市	绿色发展	排名	城市	绿色发展	排名
渭南市	0.5583	263	菏泽市	0.5254	276
邢台市	0.5514	264	淄博市	0.5240	277
南阳市	0.5474	265	漯河市	0.5239	278
枣庄市	0.5461	266	鹤壁市	0.5098	279
开封市	0.5434	267	安阳市	0.5063	280
石家庄市	0.5407	268	濮阳市	0.4951	281
平顶山市	0.5401	269	忻州市	0.4939	282
邯郸市	0.5383	270	运城市	0.4907	283
焦作市	0.5377	271	聊城市	0.4796	284
济宁市	0.5330	272	嘉峪关市	0.4776	285
新乡市	0.5320	273	滨州市	0.4720	286
襄阳市	0.5288	274	临汾市	0.4535	287
咸阳市	0.5281	275	毕节市	0.3300	288

（四）辐射引领

辐射引领指标体现城市科技创新对国家创新驱动发展和区域协同创新发展的贡献程度。城市要提高自身的竞争力和影响力，需要促进科技创新资源、创新成果在更大空间范围内的配置及应用，发挥优势领域的辐射带动和引领示范作用，贯通创新链条，形成梯次效应，促进区域协同创新发展。

在辐射引领指数方面，排名前10位的城市依次是北京市、上海市、深圳市、南京市、武汉市、广州市、成都市、西安市、杭州市、天津市；排名后10位的城市依次是陇南市、鹤岗市、临沧市、辽源市、双鸭山市、伊春市、白城市、昭通市、固原市、海东市（图6-4、表6-6）。

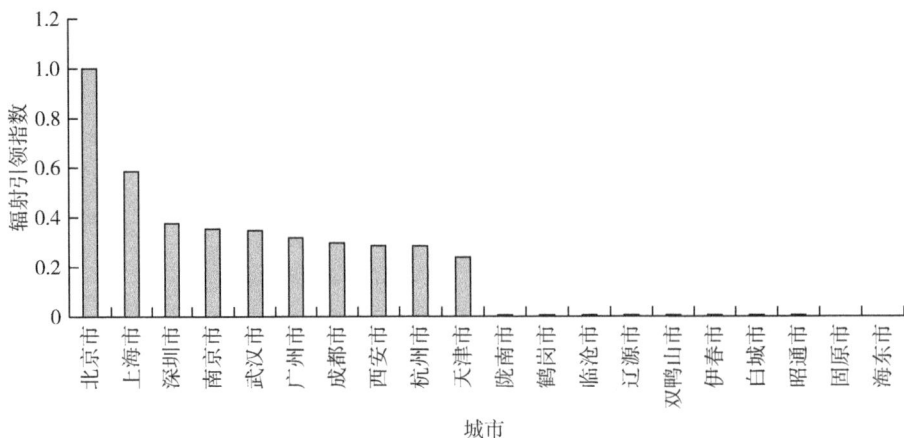

图 6-4　辐射引领指数排名前 10 位和后 10 位的城市

表 6-6　辐射引领指数排名

城市	辐射引领	排名	城市	辐射引领	排名
北京市	1.0000	1	大连市	0.1051	22
上海市	0.5854	2	宁波市	0.1033	23
深圳市	0.3762	3	哈尔滨市	0.0997	24
南京市	0.3540	4	无锡市	0.0872	25
武汉市	0.3474	5	厦门市	0.0776	26
广州市	0.3174	6	兰州市	0.0767	27
成都市	0.2972	7	昆明市	0.0717	28
西安市	0.2846	8	太原市	0.0674	29
杭州市	0.2833	9	中山市	0.0642	30
天津市	0.2383	10	石家庄市	0.0639	31
苏州市	0.2067	11	常州市	0.0631	32
青岛市	0.2041	12	福州市	0.0603	33
长沙市	0.1921	13	乌鲁木齐市	0.0600	34
合肥市	0.1822	14	徐州市	0.0570	35
济南市	0.1791	15	温州市	0.0549	36
重庆市	0.1619	16	嘉兴市	0.0480	37
东莞市	0.1323	17	南通市	0.0474	38
长春市	0.1151	18	扬州市	0.0458	39
郑州市	0.1151	19	金华市	0.0443	40
佛山市	0.1117	20	南昌市	0.0421	41
沈阳市	0.1071	21	湖州市	0.0419	42

续表

城市	辐射引领	排名	城市	辐射引领	排名
南宁市	0.0416	43	桂林市	0.0149	76
咸阳市	0.0411	44	荆州市	0.0145	77
绍兴市	0.0365	45	秦皇岛市	0.0142	78
廊坊市	0.0358	46	襄阳市	0.0138	79
惠州市	0.0325	47	海口市	0.0137	80
江门市	0.0316	48	沧州市	0.0129	81
绵阳市	0.0307	49	大庆市	0.0127	82
贵阳市	0.0305	50	马鞍山市	0.0122	83
盐城市	0.0301	51	宝鸡市	0.0117	84
济宁市	0.0299	52	鞍山市	0.0115	85
保定市	0.0288	53	滁州市	0.0113	86
泉州市	0.0287	54	衡阳市	0.0111	87
台州市	0.0285	55	新乡市	0.0111	88
珠海市	0.0278	56	汕头市	0.0104	89
潍坊市	0.0273	57	聊城市	0.0097	90
宜昌市	0.0271	58	泰安市	0.0096	91
芜湖市	0.0262	59	包头市	0.0096	92
烟台市	0.0251	60	雅安市	0.0092	93
邯郸市	0.0240	61	鄂尔多斯市	0.0088	94
镇江市	0.0240	62	锦州市	0.0087	95
泰州市	0.0238	63	邢台市	0.0086	96
唐山市	0.0234	64	景德镇市	0.0083	97
洛阳市	0.0230	65	岳阳市	0.0083	98
西宁市	0.0216	66	东营市	0.0083	98
蚌埠市	0.0211	67	黄冈市	0.0082	100
佳木斯市	0.0207	68	丽水市	0.0082	101
株洲市	0.0202	69	漳州市	0.0081	102
湘潭市	0.0199	70	德州市	0.0081	103
临沂市	0.0191	71	淮安市	0.0081	104
赣州市	0.0190	72	柳州市	0.0080	105
淄博市	0.0163	73	钦州市	0.0080	106
肇庆市	0.0157	74	衡水市	0.0079	107
威海市	0.0152	75	自贡市	0.0079	108

城市	辐射引领	排名	城市	辐射引领	排名
忻州市	0.0078	109	龙岩市	0.0049	141
日照市	0.0078	110	韶关市	0.0049	142
衢州市	0.0077	111	怀化市	0.0048	143
湛江市	0.0075	112	吉安市	0.0046	144
阜新市	0.0075	113	抚州市	0.0045	145
滨州市	0.0075	114	咸宁市	0.0045	146
本溪市	0.0074	115	铜陵市	0.0043	147
北海市	0.0073	116	营口市	0.0042	148
开封市	0.0072	117	许昌市	0.0041	149
宿迁市	0.0071	118	焦作市	0.0040	150
九江市	0.0070	119	德阳市	0.0039	151
呼和浩特市	0.0069	120	晋中市	0.0039	152
宜春市	0.0068	121	河源市	0.0038	153
安庆市	0.0066	122	宿州市	0.0038	154
常德市	0.0066	123	娄底市	0.0037	155
十堰市	0.0065	124	亳州市	0.0037	156
阜阳市	0.0065	125	银川市	0.0037	157
黄石市	0.0064	126	吉林市	0.0036	158
孝感市	0.0064	127	揭阳市	0.0035	159
上饶市	0.0063	128	张家口市	0.0034	160
南阳市	0.0061	129	淮南市	0.0034	161
邵阳市	0.0061	130	舟山市	0.0034	162
宣城市	0.0060	131	安阳市	0.0033	163
连云港市	0.0060	132	梅州市	0.0032	164
益阳市	0.0059	133	黄山市	0.0032	165
清远市	0.0057	134	莆田市	0.0032	165
枣庄市	0.0052	135	平顶山市	0.0031	167
六安市	0.0052	136	宜宾市	0.0031	168
郴州市	0.0052	137	丹东市	0.0031	169
永州市	0.0052	138	南充市	0.0031	170
荆门市	0.0050	139	淮北市	0.0030	171
菏泽市	0.0050	140	泸州市	0.0030	172

城市	辐射引领	排名	城市	辐射引领	排名
信阳市	0.0030	173	阳泉市	0.0016	205
长治市	0.0027	174	牡丹江市	0.0016	206
榆林市	0.0027	175	眉山市	0.0016	207
三明市	0.0026	176	阳江市	0.0016	208
三亚市	0.0026	177	漯河市	0.0016	209
运城市	0.0026	178	濮阳市	0.0015	210
遵义市	0.0026	179	张掖市	0.0015	211
池州市	0.0026	180	新余市	0.0015	212
驻马店市	0.0026	180	铁岭市	0.0015	213
茂名市	0.0026	182	贵港市	0.0013	214
承德市	0.0025	183	克拉玛依市	0.0013	215
抚顺市	0.0024	184	安康市	0.0013	216
商丘市	0.0024	185	晋城市	0.0013	217
周口市	0.0023	186	三门峡市	0.0013	218
鄂州市	0.0023	187	内江市	0.0012	219
潮州市	0.0022	188	酒泉市	0.0012	220
宁德市	0.0022	189	乐山市	0.0012	221
鹰潭市	0.0021	190	四平市	0.0012	222
萍乡市	0.0021	190	赤峰市	0.0011	223
渭南市	0.0020	192	张家界市	0.0011	224
南平市	0.0020	193	绥化市	0.0011	225
玉溪市	0.0019	194	鹤壁市	0.0011	225
盘锦市	0.0019	194	大同市	0.0011	227
达州市	0.0019	196	汕尾市	0.0010	228
临汾市	0.0018	197	葫芦岛市	0.0010	229
汉中市	0.0018	198	曲靖市	0.0010	230
辽阳市	0.0018	198	延安市	0.0010	231
齐齐哈尔市	0.0017	200	吕梁市	0.0010	232
朝阳市	0.0017	200	乌兰察布市	0.0010	232
随州市	0.0017	202	梧州市	0.0010	234
遂宁市	0.0016	203	玉林市	0.0010	234
云浮市	0.0016	203	安顺市	0.0009	236

城市	辐射引领	排名	城市	辐射引领	排名
拉萨市	0.0009	237	防城港市	0.0004	263
白银市	0.0009	238	乌海市	0.0003	264
石嘴山市	0.0009	239	普洱市	0.0003	265
朔州市	0.0009	240	庆阳市	0.0003	265
定西市	0.0008	241	嘉峪关市	0.0003	267
天水市	0.0008	242	呼伦贝尔市	0.0003	268
铜川市	0.0008	243	毕节市	0.0003	268
广安市	0.0008	244	河池市	0.0002	270
通化市	0.0007	245	中卫市	0.0002	270
百色市	0.0007	246	白山市	0.0002	272
资阳市	0.0007	247	七台河市	0.0002	272
巴彦淖尔市	0.0007	248	铜仁市	0.0002	274
吴忠市	0.0007	249	平凉市	0.0002	275
来宾市	0.0006	250	松原市	0.0002	276
攀枝花市	0.0006	251	丽江市	0.0001	277
武威市	0.0005	252	黑河市	0.0001	277
崇左市	0.0005	252	陇南市	0.0001	277
商洛市	0.0005	254	鹤岗市	0.0001	280
巴中市	0.0005	255	临沧市	0.0001	280
鸡西市	0.0004	256	辽源市	0.0001	280
六盘水市	0.0004	256	双鸭山市	0.0001	283
贺州市	0.0004	258	伊春市	0.0000	284
金昌市	0.0004	259	白城市	0.0000	285
保山市	0.0004	259	昭通市	0.0000	285
广元市	0.0004	259	固原市	0.0000	287
通辽市	0.0004	262	海东市	0.0000	287

第七章 不同省域内城市科技创新发展指数比较

创新是引领发展的第一动力，创新水平决定城市未来的发展。对各城市科技创新发展水平进行量化评估，可以明晰各城市在所属省域内的地位及其与省内其他城市相比具有的优势和劣势，为城市提升自身科技创新实力提供参考。本章对中国不同省域内的城市科技创新发展指数进行排名与比较分析。城市科技创新发展指数及各项一级指标全国平均值如图 7-1 所示。

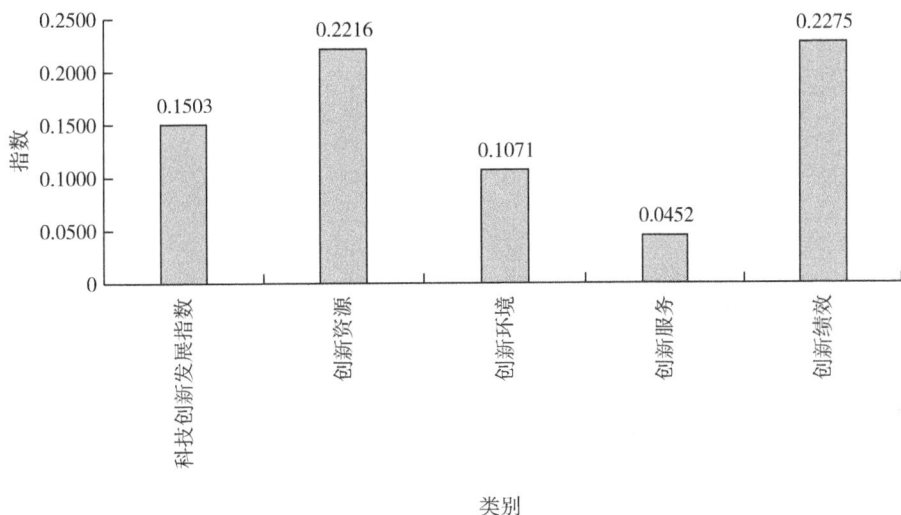

图 7-1 城市科技创新发展指数及各项一级指标全国平均值

一、安徽省城市科技创新发展指数排名及分析

安徽，省会合肥，下辖主要城市有安庆、蚌埠、池州、滁州、阜阳、合肥、淮北、淮南、黄山、六安、马鞍山、宿州、铜陵、芜湖、宣城和亳州。安徽省各市科技创新发展指数及排名如表 7-1 所示。

表7-1　安徽省各市科技创新发展指数及排名

城市	科技创新发展指数	全国排名	省内排名
合肥市	0.3733	10	1
芜湖市	0.3148	17	2
马鞍山市	0.2478	29	3
铜陵市	0.2137	42	4
宣城市	0.2039	50	5
滁州市	0.1801	67	6
蚌埠市	0.1787	69	7
淮北市	0.1616	83	8
池州市	0.1545	96	9
全国平均值	0.1503		
黄山市	0.1461	107	10
六安市	0.1378	124	11
安庆市	0.1285	134	12
淮南市	0.1131	157	13
宿州市	0.0990	191	14
阜阳市	0.0947	207	15
亳州市	0.0933	216	16

　　安徽省各市科技创新发展指数的排名依次为合肥、芜湖、马鞍山、铜陵、宣城、滁州、蚌埠、淮北、池州、黄山、六安、安庆、淮南、宿州、阜阳、亳州。其中，合肥、芜湖、马鞍山、铜陵、宣城、滁州、蚌埠、淮北、池州九市的科技创新发展指数高于全国平均值。

　　创新资源一级指标，安徽省各市的排名依次为合肥、芜湖、铜陵、宣城、马鞍山、滁州、淮北、蚌埠、黄山、池州、安庆、六安、淮南、阜阳、宿州、亳州。其中，合肥、芜湖、铜陵、宣城、马鞍山、滁州、淮北、蚌埠、黄山、池州、安庆十一市的创新资源指数高于全国平均值（图7-2）。

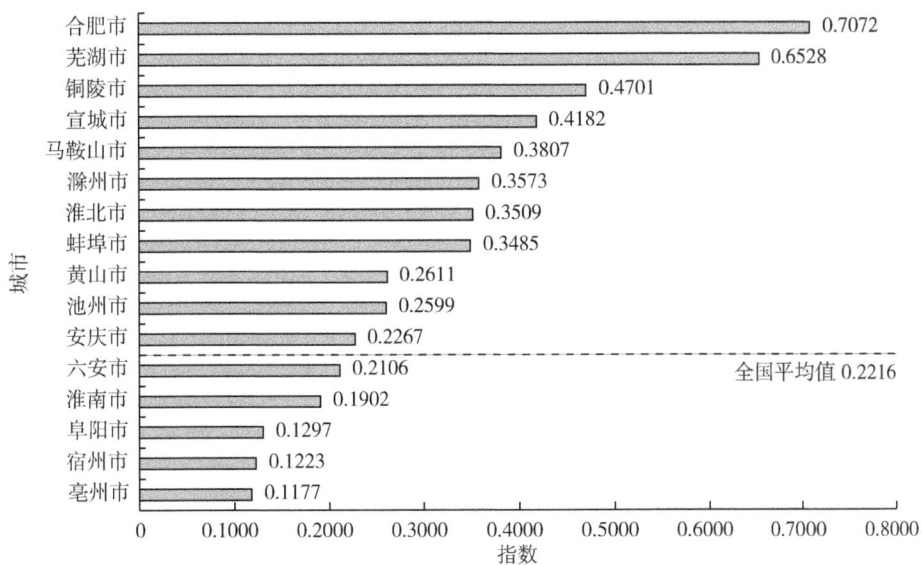

图 7-2 安徽省各市创新资源指数

创新环境一级指标，安徽省各市的排名依次为马鞍山、芜湖、合肥、铜陵、宣城、池州、蚌埠、滁州、六安、宿州、淮北、黄山、阜阳、淮南、亳州、安庆。其中，马鞍山、芜湖、合肥、铜陵、宣城、池州、蚌埠、滁州、六安九市的创新环境指数高于全国平均值（图 7-3）。

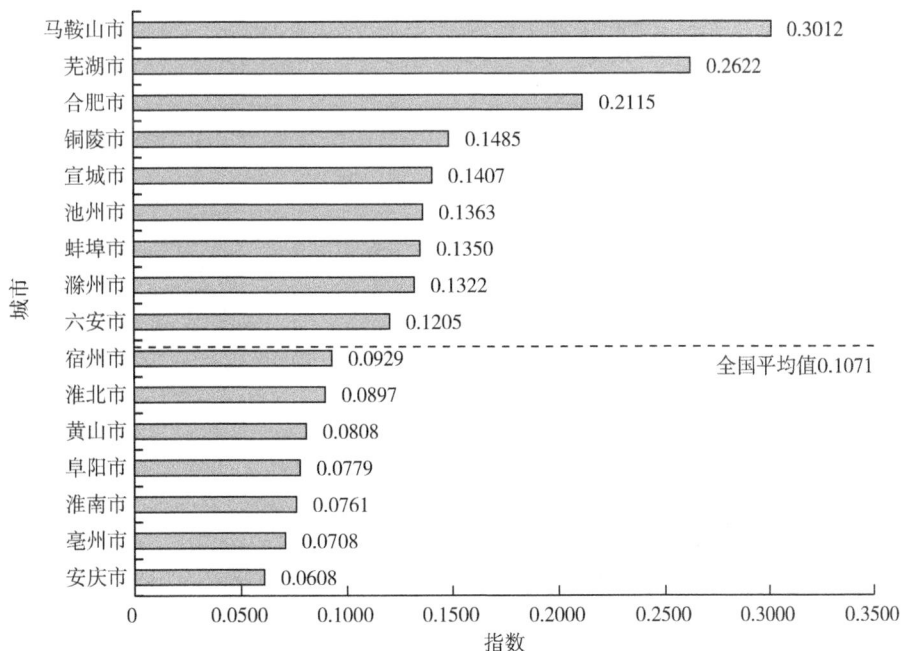

图 7-3 安徽省各市创新环境指数

创新服务一级指标，安徽省各市的排名依次为合肥、芜湖、铜陵、马鞍山、滁州、宣城、蚌埠、六安、安庆、宿州、黄山、池州、亳州、阜阳、淮北、淮南。其中，合肥、芜湖两市的创新服务指数高于全国平均值（图7-4）。

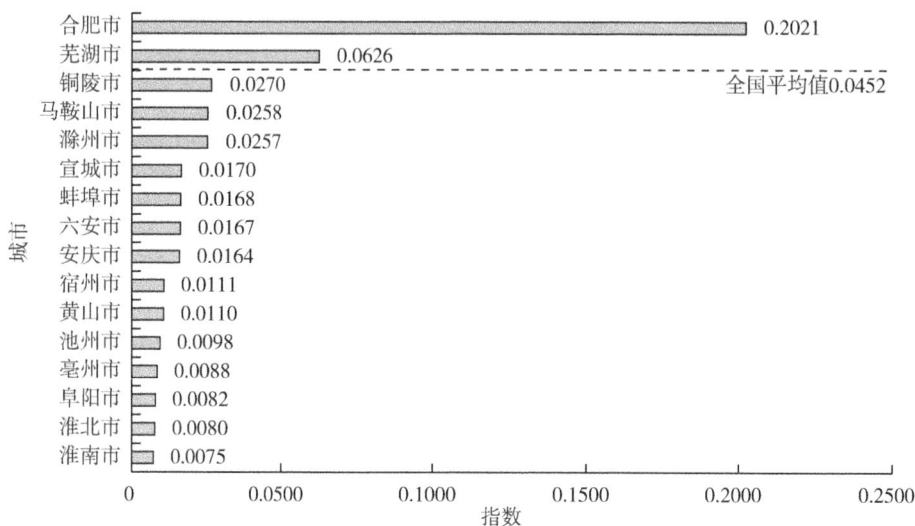

图7-4　安徽省各市创新服务指数

创新绩效一级指标，安徽省各市的排名依次为合肥、马鞍山、芜湖、宣城、黄山、蚌埠、池州、安庆、铜陵、滁州、六安、淮北、淮南、亳州、宿州、阜阳。其中，合肥、马鞍山、芜湖、宣城、黄山五市的创新绩效指数高于全国平均值（图7-5）。

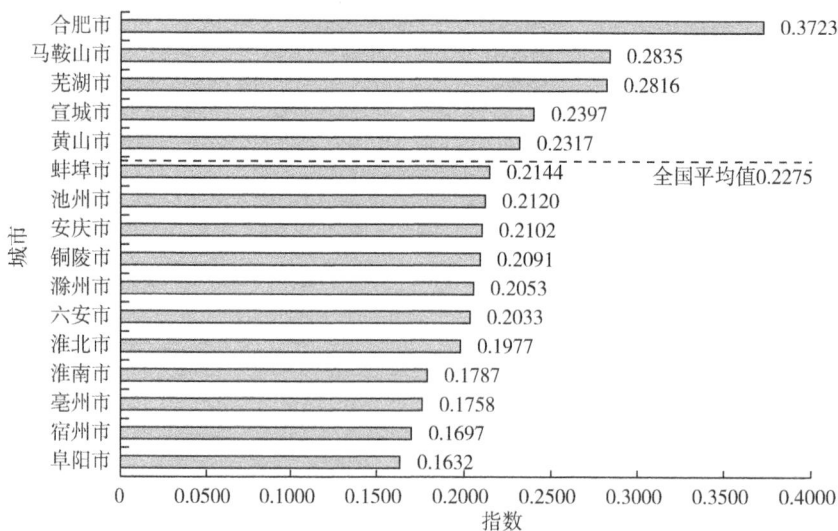

图7-5　安徽省各市创新绩效指数

二、福建省城市科技创新发展指数排名及分析

福建，省会福州，下辖主要城市有福州、莆田、泉州、厦门、漳州、龙岩、三明、南平和宁德。福建省各市科技创新发展指数及排名如表7-2所示。

表7-2 福建省各市科技创新发展指数及排名

城市	科技创新发展指数	全国排名	省内排名
厦门市	0.3118	20	1
福州市	0.2253	35	2
宁德市	0.1825	65	3
泉州市	0.1546	95	4
全国平均值	0.1503		
龙岩市	0.1424	114	5
莆田市	0.1157	149	6
三明市	0.1130	159	7
漳州市	0.1097	167	8
南平市	0.1079	172	9

福建省各市科技创新发展指数的排名依次为厦门、福州、宁德、泉州、龙岩、莆田、三明、漳州、南平。其中，厦门、福州、宁德、泉州四市的科技创新发展指数高于全国平均值。

创新资源一级指标，福建省各市的排名依次为厦门、福州、龙岩、宁德、泉州、三明、南平、莆田、漳州。其中，厦门、福州两市的创新资源指数高于全国平均值（图7-6）。

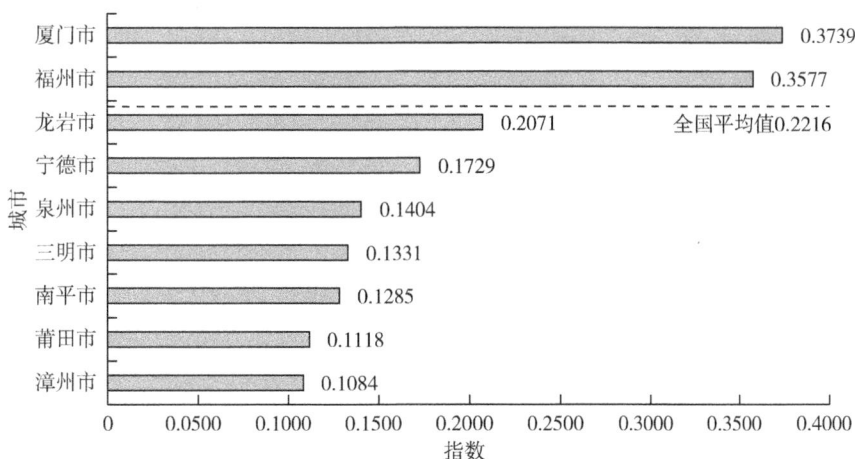

图7-6 福建省各市创新资源指数

创新环境一级指标，福建省各市的排名依次为厦门、宁德、福州、泉州、龙岩、莆田、漳州、三明、南平。其中，厦门、宁德、福州、泉州、龙岩五市的创新环境指数高于全国平均值（图7-7）。

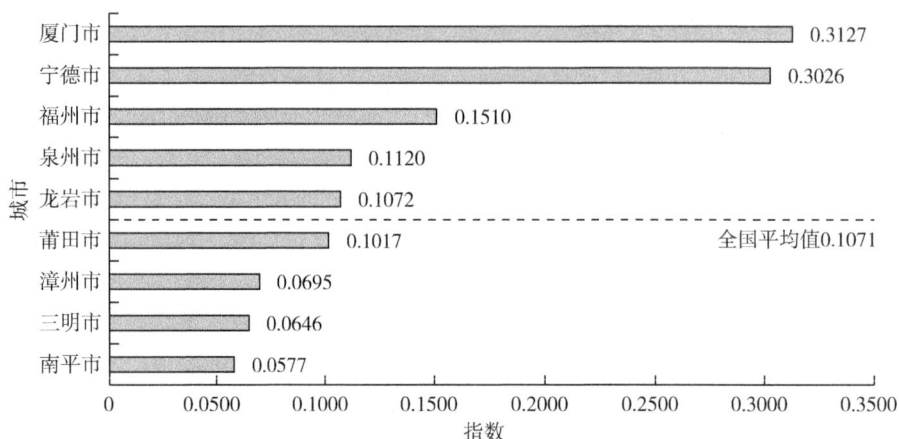

图 7-7 福建省各市创新环境指数

创新服务一级指标，福建省各市的排名依次为厦门、福州、泉州、漳州、龙岩、南平、莆田、三明、宁德。其中，厦门、福州两市的创新服务指数高于全国平均值（图7-8）。

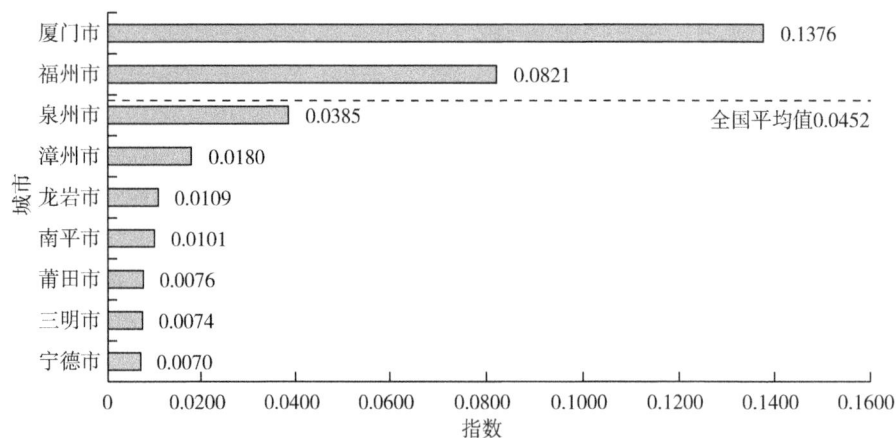

图 7-8 福建省各市创新服务指数

创新绩效一级指标，福建省各市的排名依次为厦门、泉州、福州、宁德、三明、龙岩、漳州、莆田、南平。福建省各市的创新绩效指数均高于全国平均值（图7-9）。

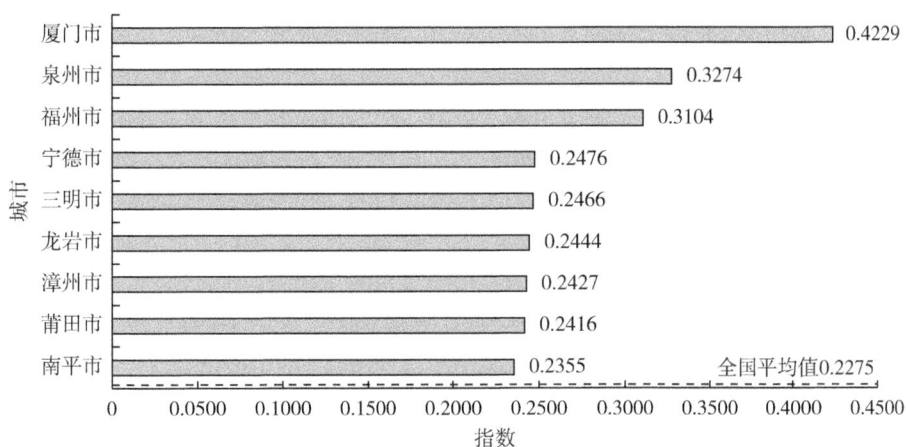

图 7-9 福建省各市创新绩效指数

三、甘肃省城市科技创新发展指数排名及分析

甘肃，省会兰州，下辖主要城市有兰州、酒泉、武威、张掖、天水、嘉峪关、金昌、庆阳、定西、平凉、白银、陇南。甘肃省各市科技创新发展指数及排名如表 7-3 所示。

表 7-3 甘肃省各市科技创新发展指数及排名

城市	科技创新发展指数	全国排名	省内排名
兰州市	0.2068	46	1
嘉峪关市	0.1587	90	2
全国平均值	0.1503		
金昌市	0.1400	117	3
酒泉市	0.1115	163	4
张掖市	0.1102	166	5
天水市	0.1061	176	6
平凉市	0.0941	211	7
白银市	0.0941	212	8
武威市	0.0928	217	9
陇南市	0.0820	250	10
庆阳市	0.0797	255	11
定西市	0.0776	261	12

甘肃省各市科技创新发展指数的排名依次为兰州、嘉峪关、金昌、酒泉、张掖、天水、平凉、白银、武威、陇南、庆阳、定西。其中，兰州、嘉峪关两市的科技创新发展指数高于全国平均值。

创新资源一级指标，甘肃省各市的排名依次为兰州、嘉峪关、金昌、张掖、天水、酒泉、白银、武威、平凉、庆阳、定西、陇南。其中，兰州、嘉峪关两市的创新资源指数高于全国平均值（图7-10）。

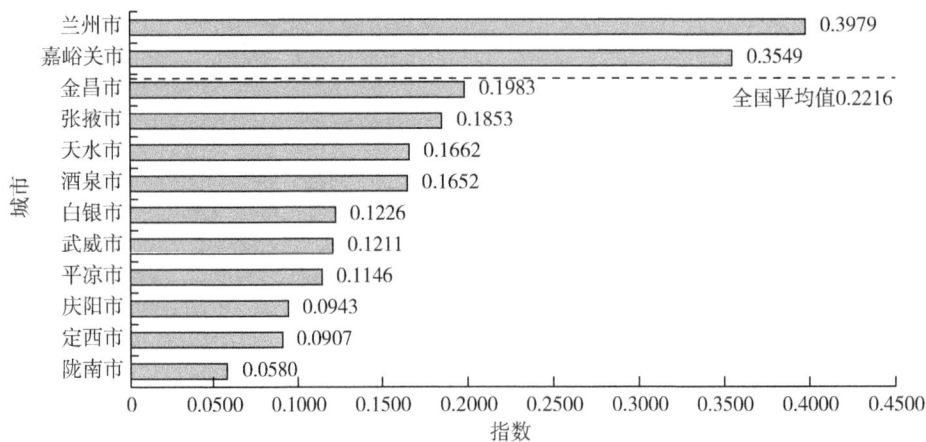

图 7-10　甘肃省各市创新资源指数

创新环境一级指标，甘肃省各市的排名依次为金昌、兰州、嘉峪关、陇南、武威、天水、酒泉、平凉、白银、张掖、定西、庆阳。其中，金昌市的创新环境指数高于全国平均值（图7-11）。

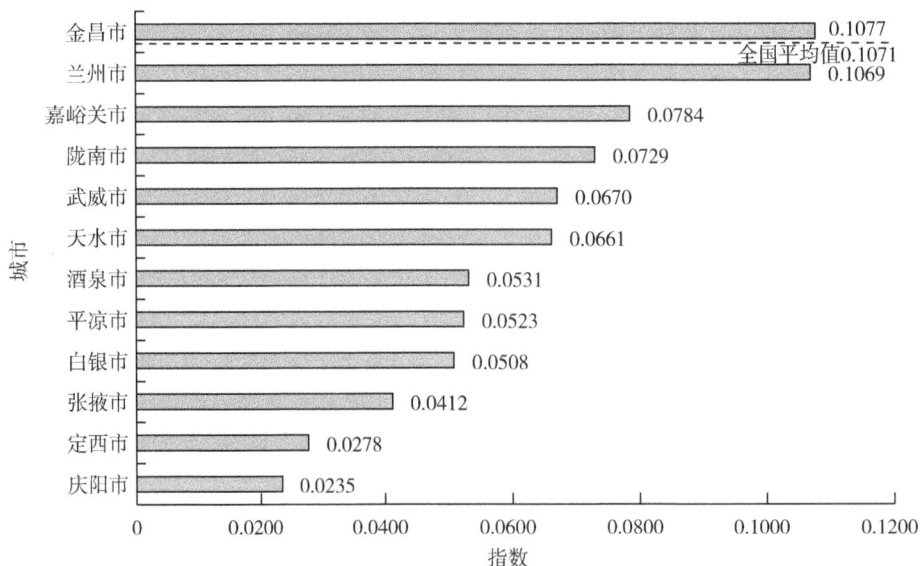

图 7-11　甘肃省各市创新环境指数

创新服务一级指标，甘肃省各市的排名依次为兰州、张掖、白银、酒泉、天水、嘉峪关、陇南、金昌、定西、武威、庆阳、平凉。其中，只有兰州一个城市的创新服务指数高于全国平均值（图 7-12）。

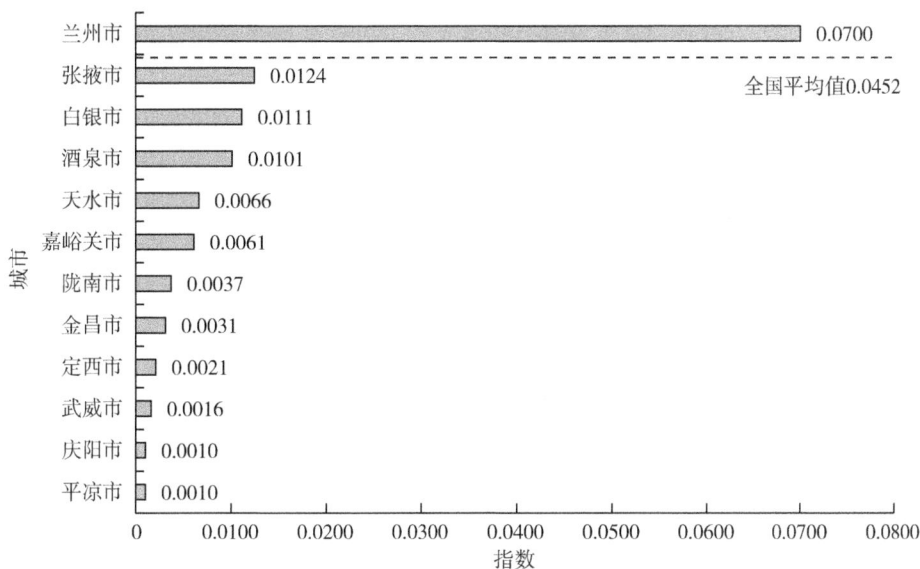

图 7-12　甘肃省各市创新服务指数

创新绩效一级指标，甘肃省各市的排名依次为兰州、金昌、酒泉、平凉、张掖、庆阳、嘉峪关、陇南、白银、定西、天水、武威。其中，兰州、金昌两市的创新绩效指数高于全国平均值（图 7-13）。

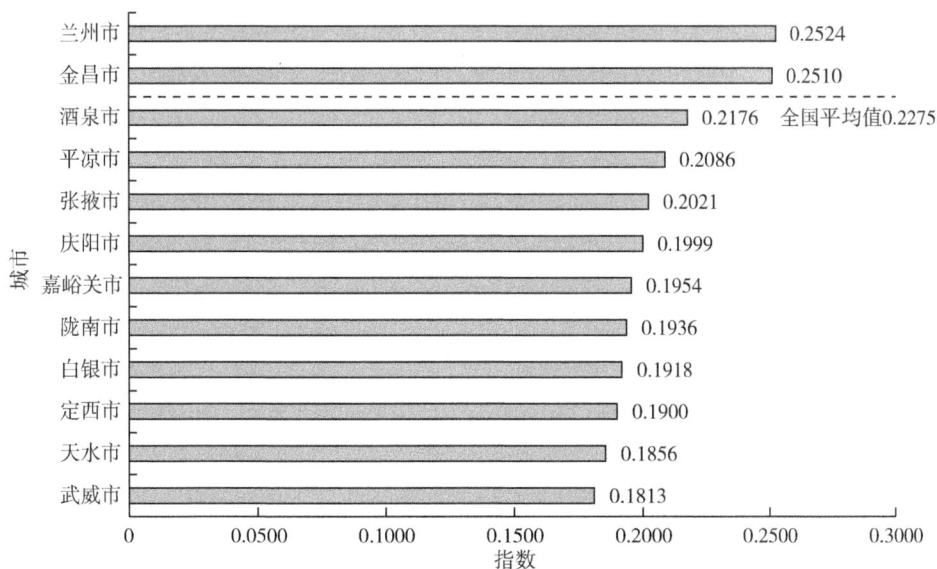

图 7-13　甘肃省各市创新绩效指数

四、广东省城市科技创新发展指数排名及分析

广东，省会广州，下辖主要城市有深圳、广州、东莞、珠海、中山、佛山、惠州、江门、茂名、湛江、汕头、韶关、潮州、肇庆、阳江、云浮、清远、梅州、汕尾、河源、揭阳。广东省各市科技创新发展指数及排名如表7-4所示。

表7-4 广东省各市科技创新发展指数及排名

城市	科技创新发展指数	全国排名	省内排名
深圳市	0.6572	2	1
广州市	0.4211	7	2
珠海市	0.3446	13	3
佛山市	0.3138	18	4
东莞市	0.3073	21	5
惠州市	0.2692	27	6
中山市	0.2220	37	7
江门市	0.1952	57	8
韶关市	0.1525	98	9
全国平均值	0.1503		
肇庆市	0.1399	118	10
汕头市	0.1382	121	11
清远市	0.1133	156	12
湛江市	0.1119	161	13
潮州市	0.0970	202	14
梅州市	0.0953	205	15
河源市	0.0946	208	16
阳江市	0.0937	213	17
茂名市	0.0904	224	18
揭阳市	0.0883	229	19
云浮市	0.0878	232	20
汕尾市	0.0857	238	21

广东省各市科技创新发展指数的排名依次为深圳、广州、珠海、佛山、东莞、惠州、中山、江门、韶关、肇庆、汕头、清远、湛江、潮州、梅州、河源、阳江、茂名、揭阳、云浮、汕尾。其中，深圳、广州、珠海、佛山、东莞、惠州、中山、江门、韶关

的科技创新发展指数均高于全国平均值，且广东省深圳、广州的城市科技创新发展指数均排全国前 10 位，但潮州、梅州、河源、阳江、茂名、揭阳、云浮、汕尾八市的科技创新发展指数排全国第 200 位以后，省内城市创新发展存在较大差异。

创新资源一级指标，广东省各市的排名依次为深圳、佛山、珠海、广州、东莞、惠州、江门、韶关、中山、肇庆、清远、汕头、河源、揭阳、云浮、潮州、茂名、阳江、汕尾、梅州、湛江。其中，深圳、佛山、珠海、广州、东莞、惠州、江门、韶关、中山九市的创新资源指数高于全国平均值（图 7-14）。

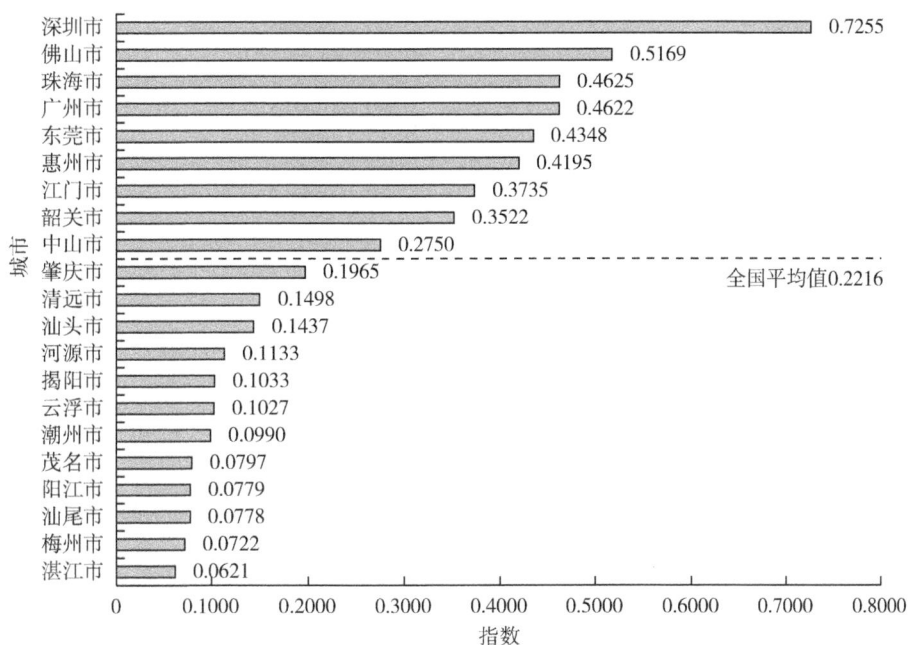

图 7-14　广东省各市创新资源指数

创新环境一级指标，广东省各市的排名依次为深圳、珠海、广州、惠州、东莞、佛山、湛江、中山、汕头、肇庆、梅州、江门、清远、潮州、茂名、阳江、揭阳、云浮、河源、韶关、汕尾。其中，深圳、珠海、广州、惠州、东莞、佛山、湛江、中山、汕头九市的创新环境指数高于全国平均值（图 7-15）。

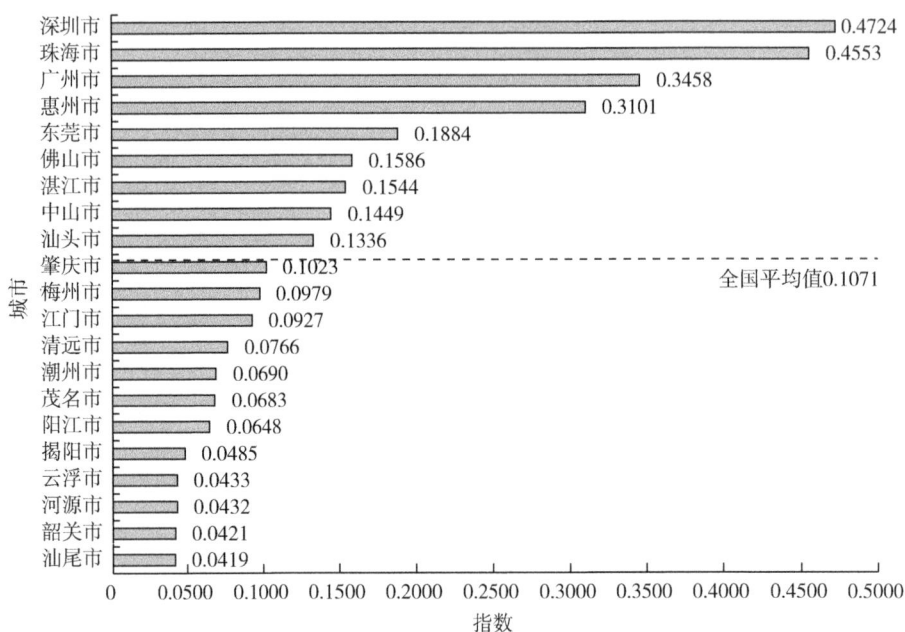

图 7-15　广东省各市创新环境指数

创新服务一级指标，广东省各市的排名依次为深圳、广州、东莞、佛山、珠海、中山、惠州、汕头、江门、肇庆、梅州、湛江、清远、河源、潮州、揭阳、茂名、韶关、云浮、汕尾、阳江。其中，深圳、广州、东莞、佛山、珠海、中山、惠州七市的创新服务指数高于全国平均值（图 7-16）。

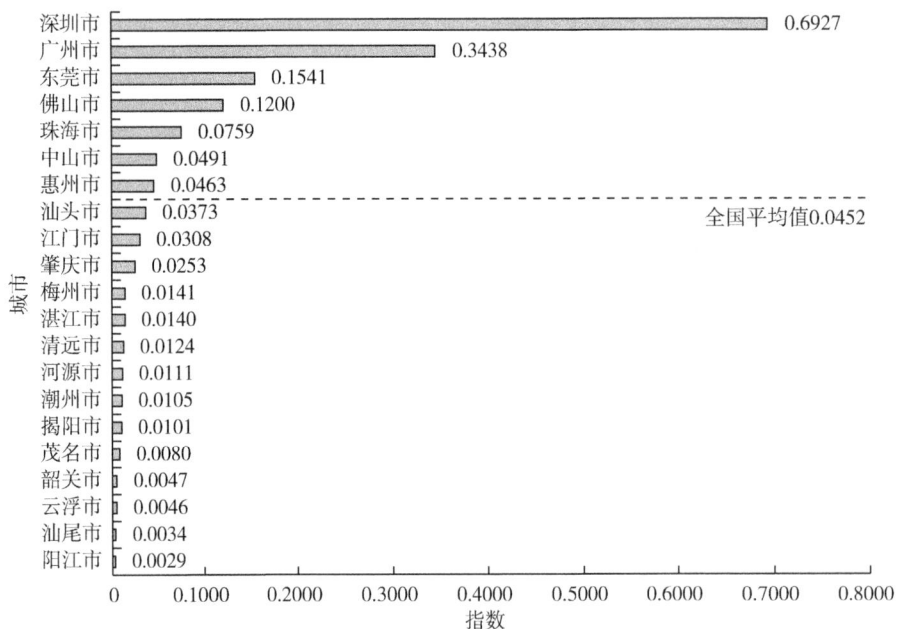

图 7-16　广东省各市创新服务指数

创新绩效一级指标，广东省各市的排名依次为深圳、广州、佛山、东莞、中山、珠海、惠州、江门、汕头、肇庆、阳江、汕尾、湛江、清远、韶关、河源、潮州、茂名、云浮、梅州、揭阳。其中，深圳、广州、佛山、东莞、中山、珠海、惠州、江门、汕头、肇庆、阳江十一市的创新绩效指数高于全国平均值（图7-17）。

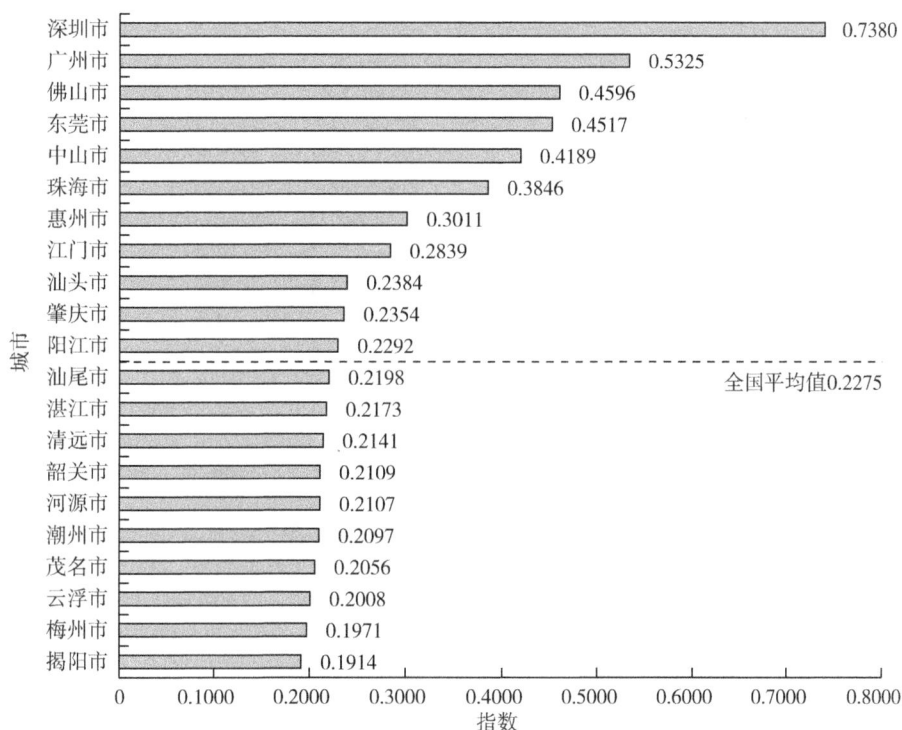

图 7-17　广东省各市创新绩效指数

五、广西壮族自治区城市科技创新发展指数排名及分析

广西壮族自治区，首府南宁，下辖主要城市有南宁、北海、桂林、防城港、来宾、贺州、钦州、玉林、贵港、崇左、梧州、柳州、百色、河池。广西各市科技创新发展指数及排名如表7-5所示。

表 7-5　广西各市科技创新发展指数及排名

城市	科技创新发展指数	全国排名	省内排名
南宁市	0.1609	86	1
全国平均值		0.1503	
柳州市	0.1385	120	2
防城港市	0.1116	162	3

城市	科技创新发展指数	全国排名	省内排名
北海市	0.1067	175	4
桂林市	0.1053	177	5
崇左市	0.0852	241	6
钦州市	0.0846	243	7
玉林市	0.0819	251	8
梧州市	0.0796	256	9
贺州市	0.0769	265	10
贵港市	0.0753	272	11
来宾市	0.0701	278	12
河池市	0.0669	284	13
百色市	0.0658	285	14

广西各市科技创新发展指数的排名依次为南宁、柳州、防城港、北海、桂林、崇左、钦州、玉林、梧州、贺州、贵港、来宾、河池、百色。其中，只有南宁一个城市的科技创新发展指数高于全国平均值。

创新资源一级指标，广西各市的排名依次为南宁、柳州、防城港、桂林、崇左、北海、梧州、玉林、百色、贵港、钦州、贺州、来宾、河池。其中，只有南宁一个城市的创新资源指数高于全国平均值（图7-18）。

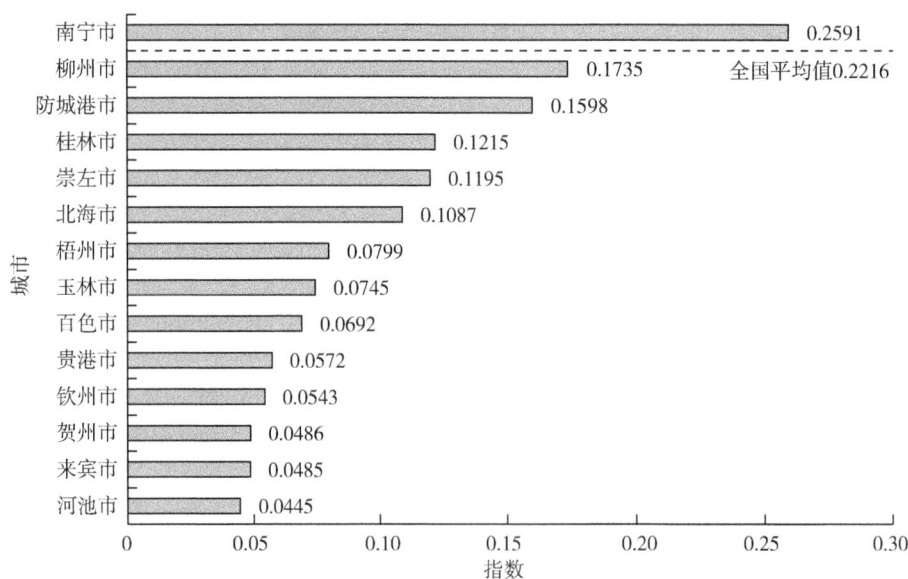

图7-18　广西各市创新资源指数

创新环境一级指标，广西各市的排名依次为柳州、南宁、北海、防城港、钦州、桂林、贺州、来宾、贵港、玉林、百色、崇左、河池、梧州。其中，柳州、南宁两市的创新环境指数高于全国平均值（图7-19）。

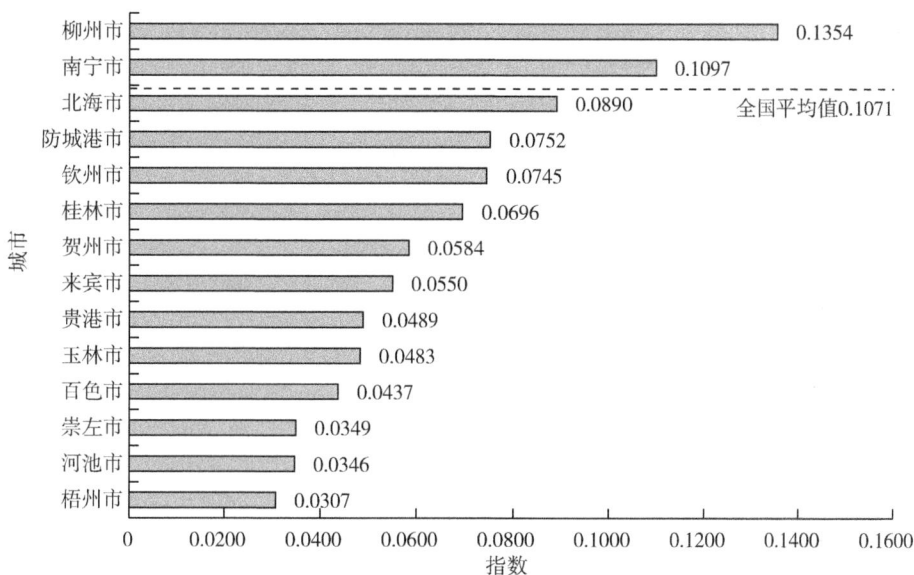

图7-19 广西各市创新环境指数

创新服务一级指标，广西各市的排名依次为南宁、柳州、桂林、北海、防城港、贺州、钦州、梧州、玉林、崇左、贵港、来宾、百色、河池。广西所有城市的创新服务指数均低于全国平均值（图7-20）。

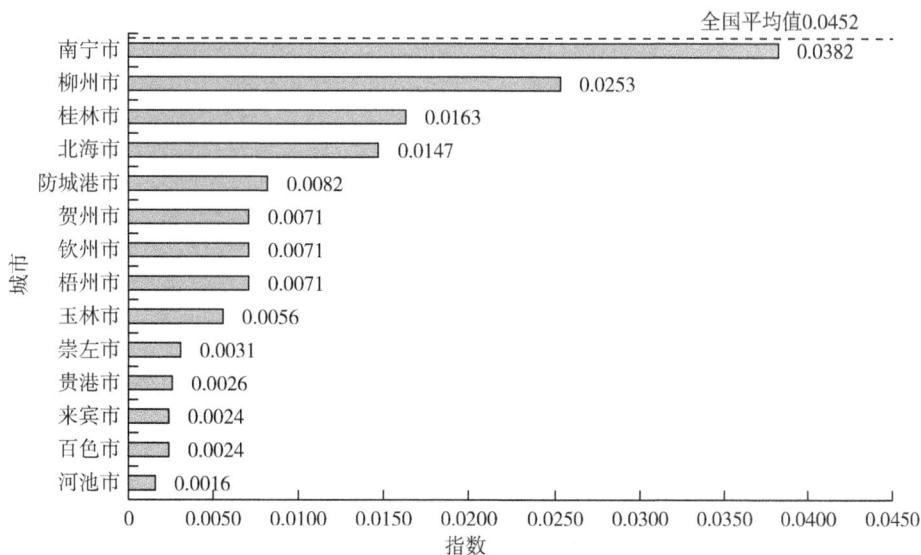

图7-20 广西各市创新服务指数

创新绩效一级指标，广西各市的排名依次为南宁、柳州、北海、桂林、防城港、钦州、梧州、玉林、贺州、贵港、河池、崇左、来宾、百色。其中，只有南宁一个城市的创新绩效指数高于全国平均值（图7-21）。

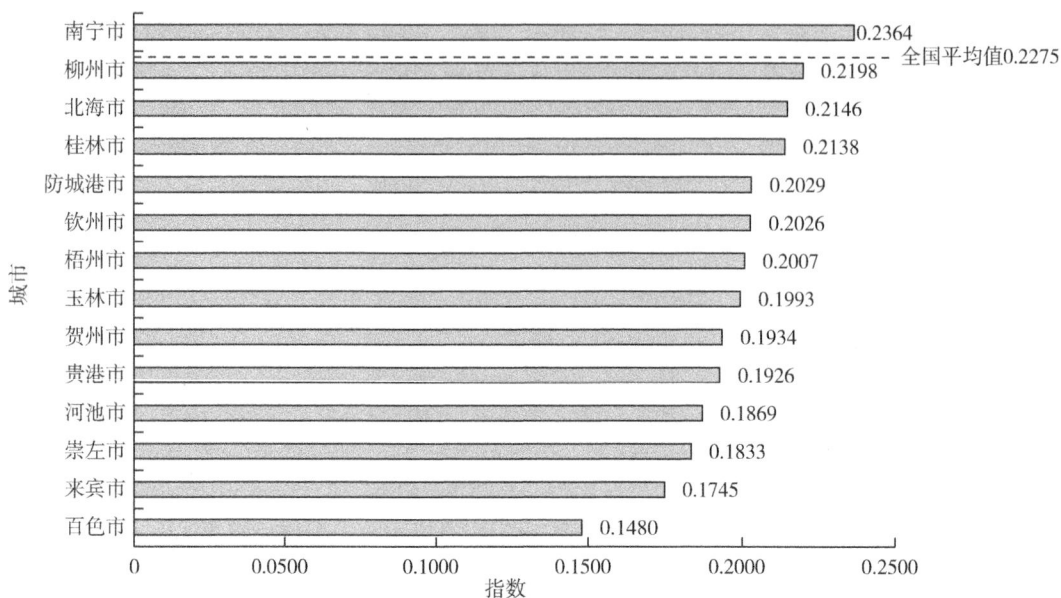

图7-21　广西各市创新绩效指数

六、贵州省城市科技创新发展指数排名及分析

贵州，省会贵阳，下辖主要城市有贵阳、遵义、六盘水、安顺、铜仁、毕节。贵州省各市科技创新发展指数及排名如表7-6所示。

表7-6　贵州省各市科技创新发展指数及排名

城市	科技创新发展指数	全国排名	省内排名
贵阳市	0.2025	52	1
全国平均值	0.1503		
铜仁市	0.1289	133	2
安顺市	0.1143	153	3
遵义市	0.1030	181	4
六盘水市	0.0903	225	5
毕节市	0.0621	287	6

贵州省各市科技创新发展指数的排名依次为贵阳、铜仁、安顺、遵义、六盘水、毕节。其中，只有省会贵阳一个城市的科技创新发展指数高于全国平均值。

创新资源一级指标，贵州省各市的排名依次为贵阳、安顺、遵义、六盘水、铜仁、毕节。其中，只有贵阳一个城市的创新资源指数高于全国平均值（图7-22）。

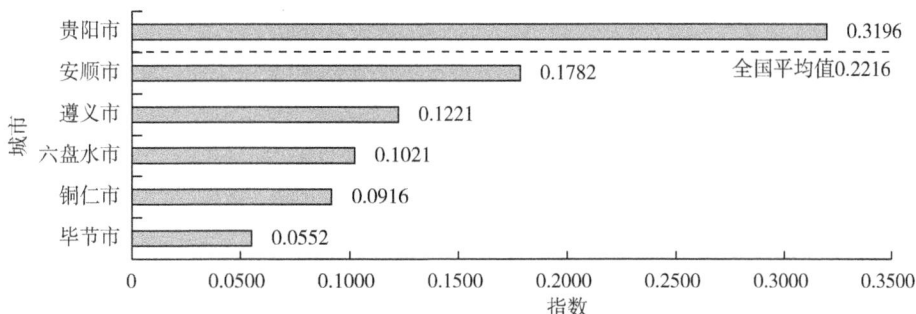

图7-22　贵州省各市创新资源指数

创新环境一级指标，贵州省各市的排名依次为铜仁、贵阳、毕节、六盘水、安顺、遵义。其中，铜仁、贵阳两市的创新环境指数高于全国平均值（图7-23）。

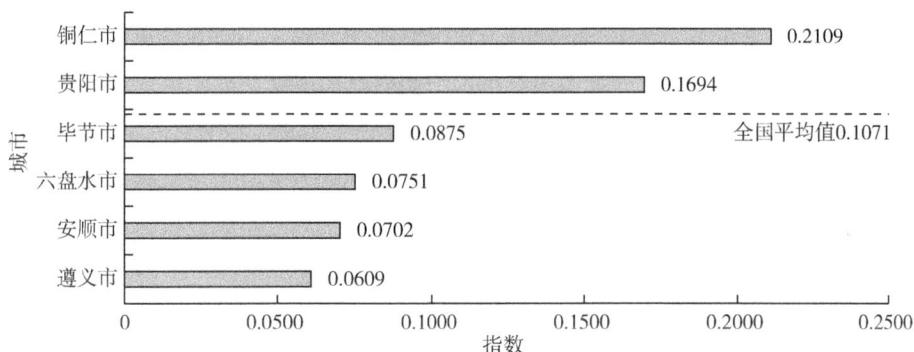

图7-23　贵州省各市创新环境指数

创新服务一级指标，贵州省各市的排名依次为贵阳、遵义、安顺、铜仁、六盘水、毕节。其中，只有省会贵阳的创新服务指数高于全国平均值（图7-24）。

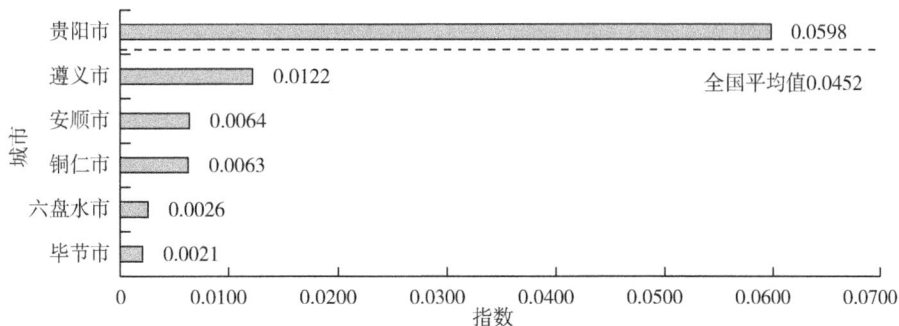

图7-24　贵州省各市创新服务指数

创新绩效一级指标，贵州省各市的排名依次为贵阳、遵义、铜仁、安顺、六盘水、毕节。其中，只有省会贵阳的创新绩效指数高于全国平均值（图7-25）。

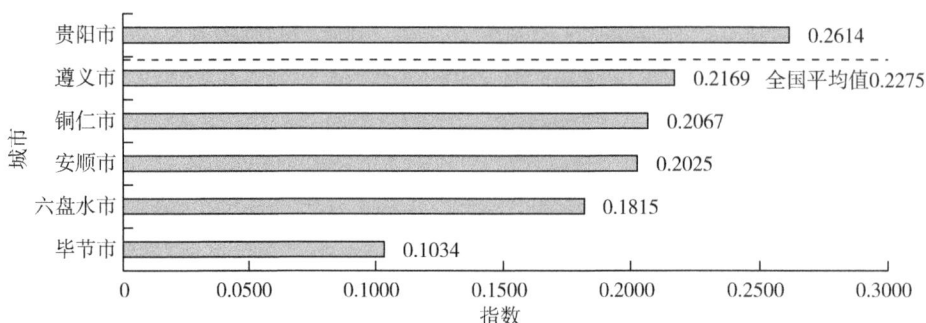

图 7-25　贵州省各市创新绩效指数

七、河北省城市科技创新发展指数排名及分析

河北，省会石家庄，下辖主要城市有石家庄、保定、唐山、承德、廊坊、沧州、衡水、邢台、邯郸、秦皇岛、张家口。河北省各市科技创新发展指数及排名如表7-7所示。

表 7-7　河北省各市科技创新发展指数及排名

城市	科技创新发展指数	全国排名	省内排名
保定市	0.1737	72	1
石家庄市	0.1720	74	2
唐山市	0.1665	78	3
全国平均值	0.1503		
廊坊市	0.1475	105	4
秦皇岛市	0.1277	137	5
沧州市	0.1225	143	6
邯郸市	0.1185	145	7
张家口市	0.1131	158	8
承德市	0.1053	178	9
邢台市	0.0992	189	10
衡水市	0.0915	221	11

河北省各市科技创新发展指数的排名依次为保定、石家庄、唐山、廊坊、秦皇岛、沧州、邯郸、张家口、承德、邢台、衡水。其中，保定、石家庄、唐山三市的科技创新发展指数高于全国平均值。

　　创新资源一级指标，河北省各市的排名依次为保定、唐山、石家庄、秦皇岛、廊坊、沧州、承德、邯郸、张家口、衡水、邢台。其中，保定、唐山、石家庄三市的创新资源指数高于全国平均值（图7-26）。

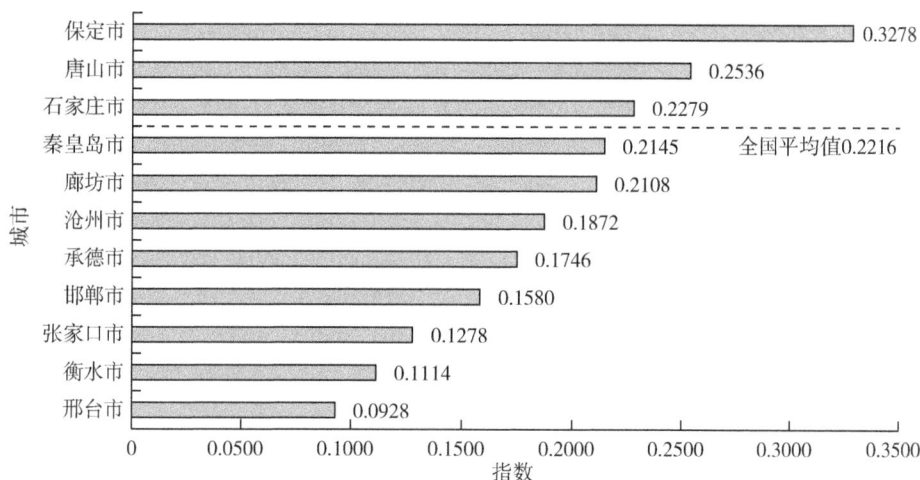

图 7-26　河北省各市创新资源指数

　　创新环境一级指标，河北省各市的排名依次为石家庄、唐山、邢台、保定、邯郸、廊坊、张家口、沧州、秦皇岛、衡水、承德。其中，石家庄、唐山、邢台、保定、邯郸五市的创新环境指数高于全国平均值（图7-27）。

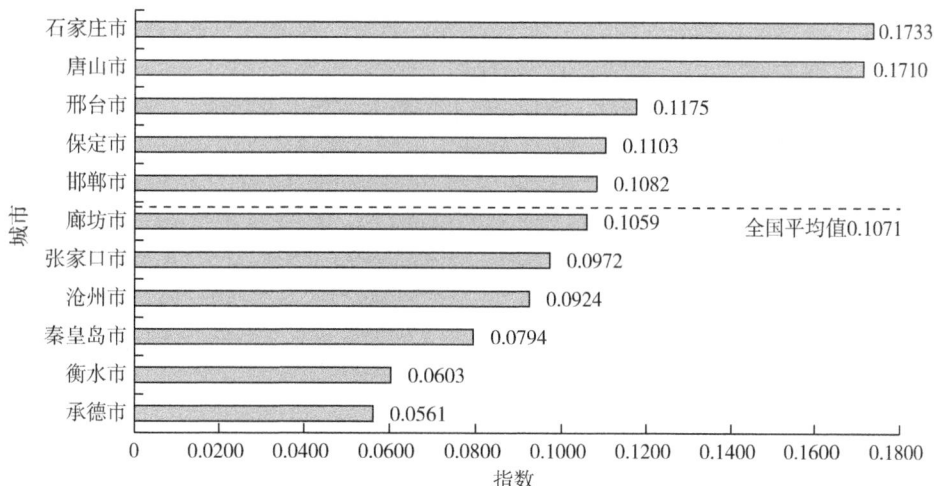

图 7-27　河北省各市创新环境指数

　　创新服务一级指标，河北省各市的排名依次为石家庄、保定、廊坊、邯郸、唐山、沧州、衡水、邢台、张家口、秦皇岛、承德。其中，石家庄、保定两市的创新服务指数高于全国平均值（图7-28）。

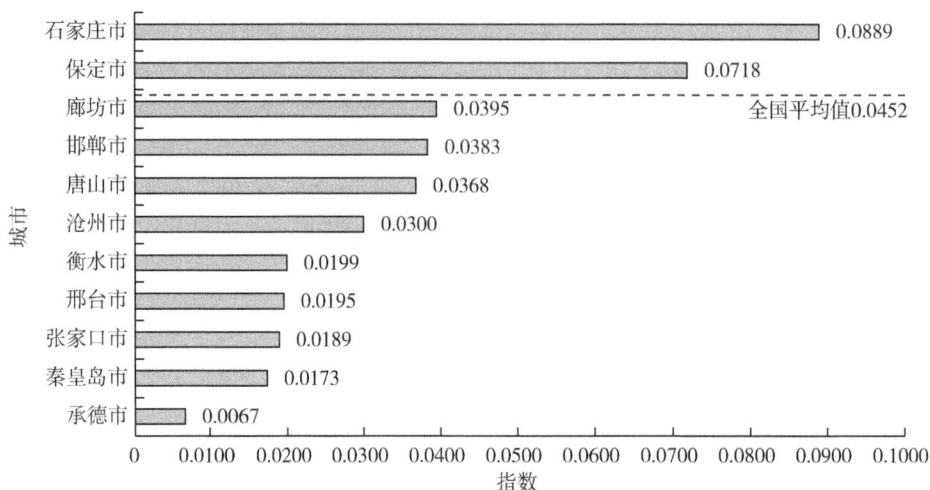

图 7-28　河北省各市创新服务指数

创新绩效一级指标，河北省各市的排名依次为廊坊、张家口、唐山、秦皇岛、石家庄、保定、承德、沧州、衡水、邯郸、邢台。其中，只有廊坊一个城市的创新绩效指数高于全国平均值（图 7-29）。

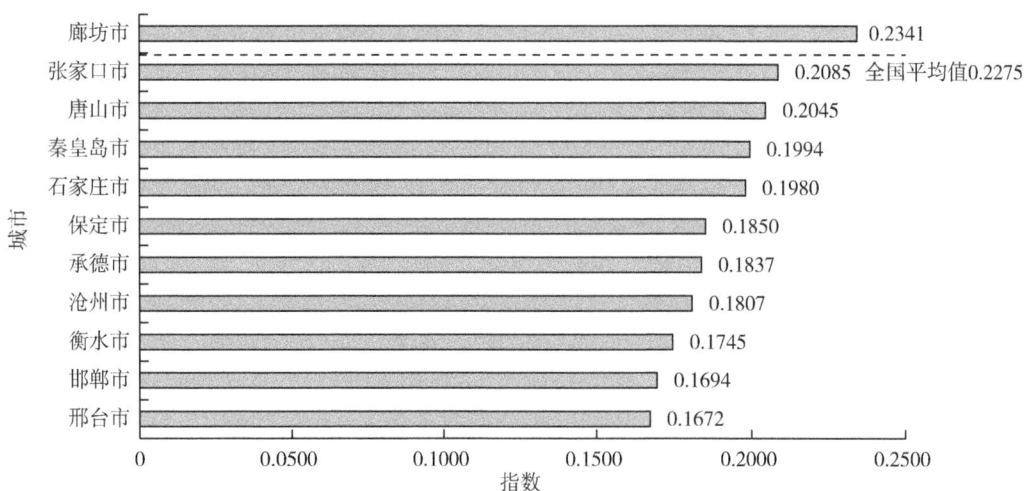

图 7-29　河北省各市创新绩效指数

八、河南省城市科技创新发展指数排名及分析

河南，省会郑州，下辖主要城市有郑州、洛阳、许昌、三门峡、新乡、焦作、濮阳、漯河、信阳、南阳、鹤壁、驻马店、商丘、安阳、平顶山、开封、周口。河南省各市科技创新发展指数及排名如表 7-8 所示。

表 7-8 河南省各市科技创新发展指数及排名

城市	科技创新发展指数	全国排名	省内排名
郑州市	0.2797	26	1
洛阳市	0.2074	44	2
新乡市	0.1602	88	3
全国平均值	0.1503		
漯河市	0.1391	119	4
三门峡市	0.1325	127	5
焦作市	0.1289	132	6
许昌市	0.1237	142	7
南阳市	0.1149	150	8
驻马店市	0.1147	151	9
鹤壁市	0.1134	155	10
平顶山市	0.1108	164	11
开封市	0.1081	171	12
安阳市	0.0990	192	13
信阳市	0.0947	206	14
濮阳市	0.0945	209	15
商丘市	0.0923	218	16
周口市	0.0748	274	17

河南省各市科技创新发展指数的排名依次为郑州、洛阳、新乡、漯河、三门峡、焦作、许昌、南阳、驻马店、鹤壁、平顶山、开封、安阳、信阳、濮阳、商丘、周口。其中，郑州、洛阳、新乡三市的科技创新发展指数高于全国平均值。

创新资源一级指标，河南省各市的排名依次为郑州、洛阳、新乡、焦作、鹤壁、漯河、三门峡、许昌、平顶山、南阳、开封、安阳、驻马店、濮阳、商丘、信阳、周口。其中，郑州、洛阳、新乡、焦作、鹤壁、漯河、三门峡、许昌、平顶山九市的创新资源指数高于全国平均值（图 7-30）。

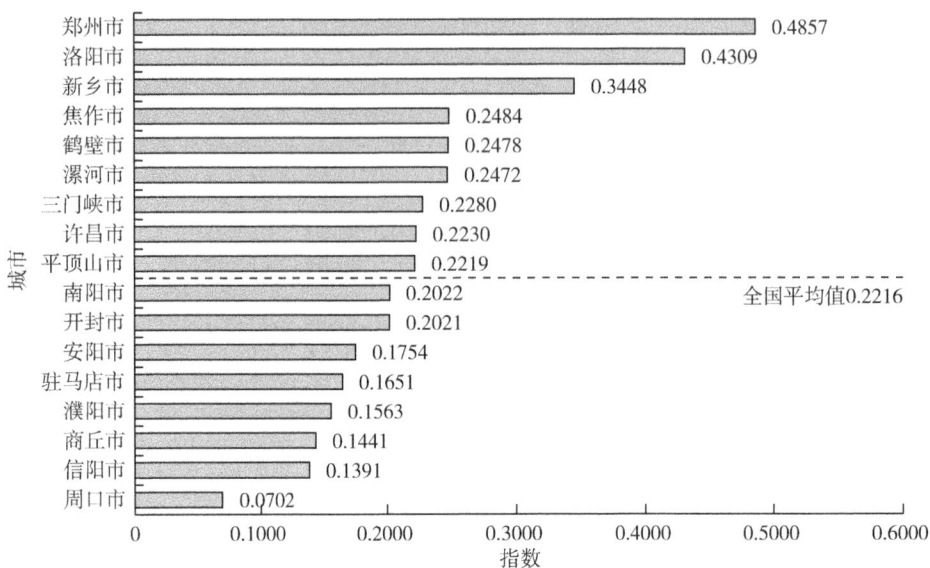

图 7-30　河南省各市创新资源指数

创新环境一级指标，河南省各市的排名依次为郑州、洛阳、漯河、三门峡、驻马店、新乡、焦作、许昌、南阳、开封、周口、濮阳、信阳、商丘、安阳、平顶山、鹤壁。其中，郑州、洛阳、漯河、三门峡、驻马店五市的创新环境指数高于全国平均值（图 7-31）。

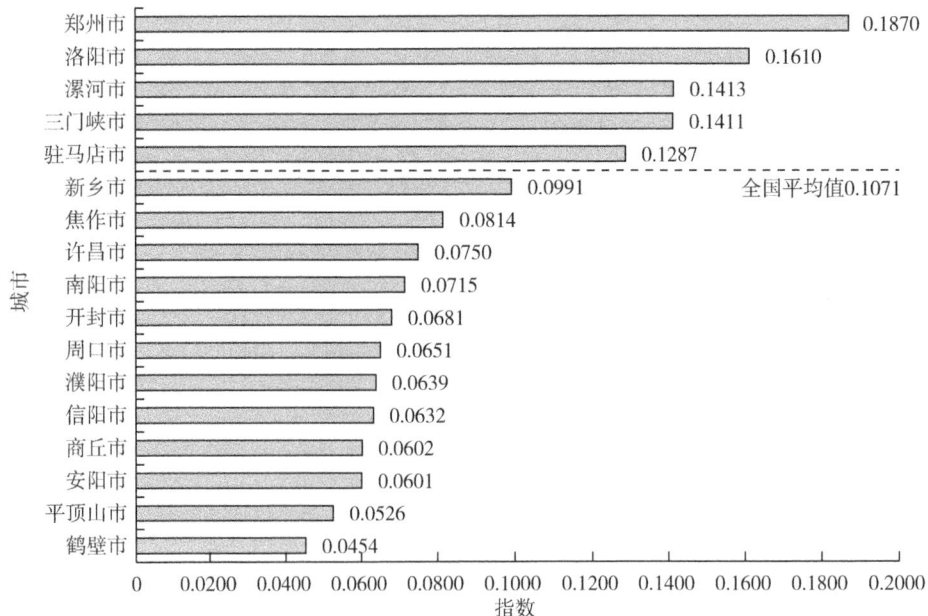

图 7-31　河南省各市创新环境指数

创新服务一级指标，河南省各市的排名依次为郑州、洛阳、南阳、许昌、新乡、周口、商丘、焦作、安阳、濮阳、开封、平顶山、信阳、驻马店、漯河、鹤壁、三门峡。其中，郑州、洛阳两市的创新服务指数高于全国平均值（图 7-32）。

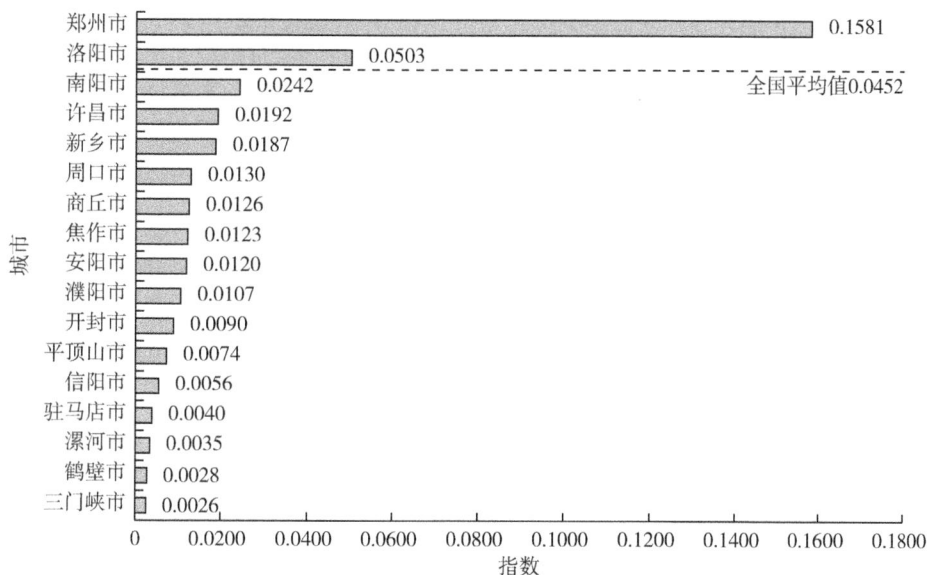

图 7-32 河南省各市创新服务指数

创新绩效一级指标，河南省各市的排名依次为郑州、洛阳、新乡、许昌、焦作、信阳、漯河、南阳、平顶山、驻马店、三门峡、鹤壁、开封、商丘、周口、安阳、濮阳。其中，只有郑州一个城市的创新绩效指数高于全国平均值（图 7-33）。

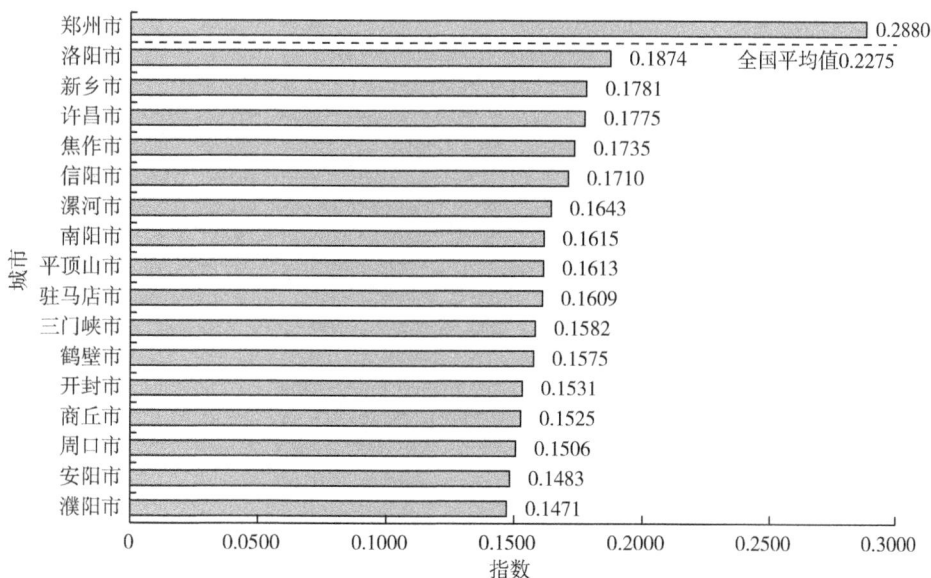

图 7-33 河南省各市创新绩效指数

九、黑龙江省城市科技创新发展指数排名及分析

黑龙江，省会哈尔滨，下辖主要城市有哈尔滨、大庆、佳木斯、绥化、双鸭山、伊春、齐齐哈尔、牡丹江、鸡西、七台河、黑河、鹤岗。黑龙江省各市科技创新发展指数及排名如表7-9所示。

表7-9　黑龙江省各市科技创新发展指数及排名

城市	科技创新发展指数	全国排名	省内排名
哈尔滨市	0.1935	59	1
大庆市	0.1642	80	2
全国平均值	0.1503		
齐齐哈尔市	0.0971	201	3
伊春市	0.0919	220	4
七台河市	0.0890	227	5
佳木斯市	0.0861	237	6
牡丹江市	0.0831	248	7
黑河市	0.0781	259	8
双鸭山市	0.0771	263	9
鹤岗市	0.0765	267	10
鸡西市	0.0677	282	11
绥化市	0.0584	288	12

黑龙江省各市科技创新发展指数的排名依次为哈尔滨、大庆、齐齐哈尔、伊春、七台河、佳木斯、牡丹江、黑河、双鸭山、鹤岗、鸡西、绥化。其中，哈尔滨、大庆两市的科技创新发展指数高于全国平均值。

创新资源一级指标，黑龙江省各市的排名依次为大庆、哈尔滨、伊春、齐齐哈尔、七台河、牡丹江、佳木斯、双鸭山、鹤岗、黑河、鸡西、绥化。其中，大庆、哈尔滨两市的创新资源指数高于全国平均值（图7-34）。

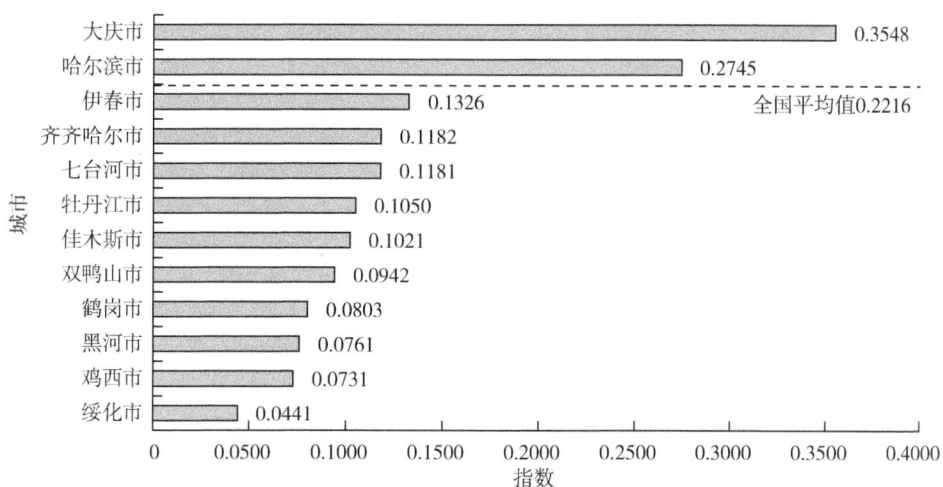

图 7-34 黑龙江省各市创新资源指数

创新环境一级指标，黑龙江省各市的排名依次为哈尔滨、大庆、七台河、齐齐哈尔、伊春、鹤岗、佳木斯、双鸭山、牡丹江、鸡西、绥化、黑河。其中，只有哈尔滨一市的创新环境指数高于全国平均值（图 7-35）。

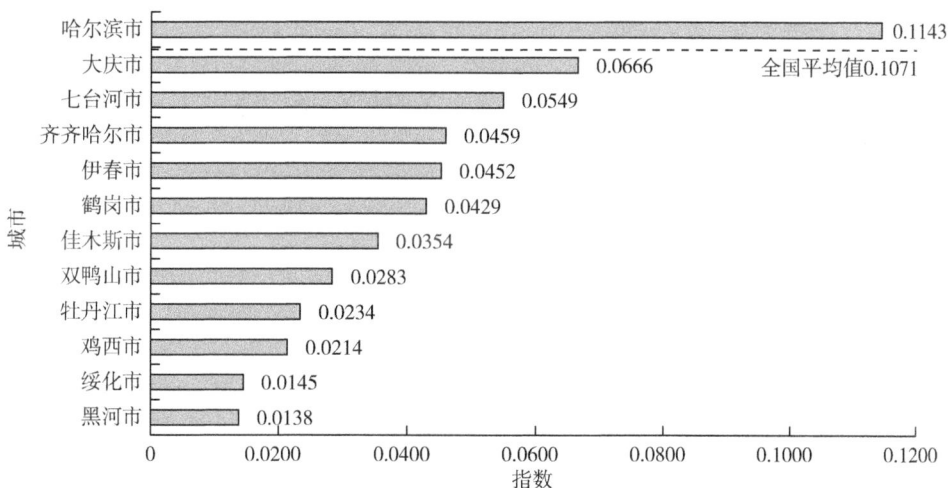

图 7-35 黑龙江省各市创新环境指数

创新服务一级指标，黑龙江省各市的排名依次为哈尔滨、大庆、齐齐哈尔、牡丹江、佳木斯、黑河、七台河、双鸭山、鸡西、绥化、鹤岗、伊春。其中，只有哈尔滨一市的创新服务指数高于全国平均值（图 7-36）。

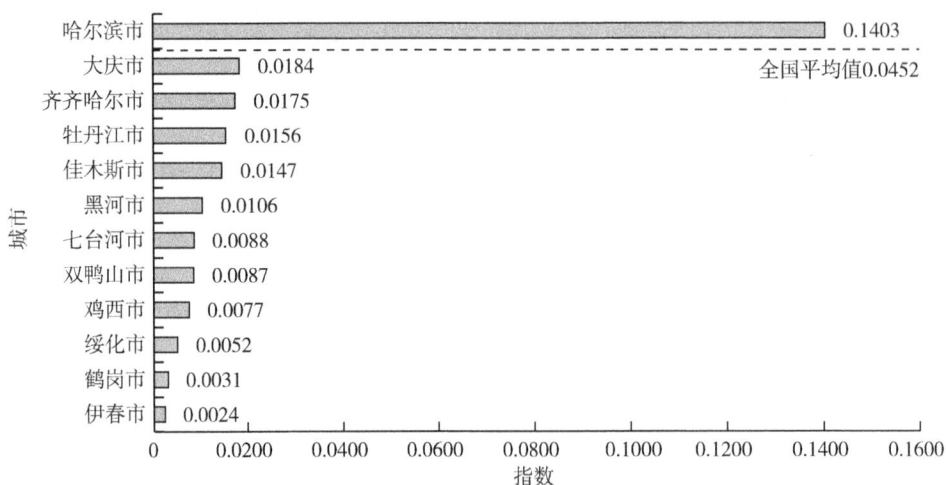

图 7-36　黑龙江省各市创新服务指数

创新绩效一级指标，黑龙江省各市的排名依次为哈尔滨、大庆、黑河、齐齐哈尔、佳木斯、牡丹江、伊春、鹤岗、双鸭山、七台河、绥化、鸡西。其中，哈尔滨的创新绩效指数高于全国平均值（图 7-37）。

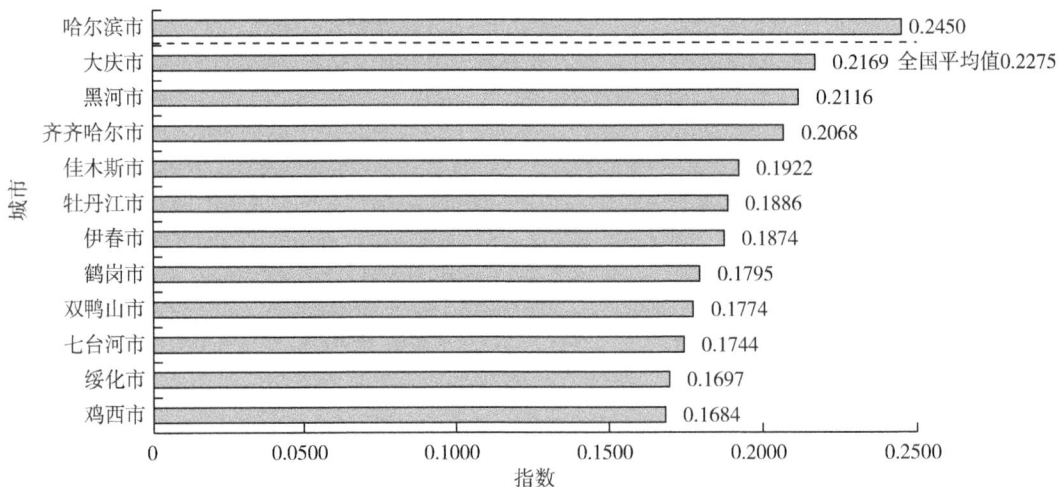

图 7-37　黑龙江省各市创新绩效指数

十、湖北省城市科技创新发展指数排名及分析

湖北，省会武汉，下辖主要城市有武汉、鄂州、襄阳、十堰、宜昌、咸宁、荆门、随州、黄石、黄冈、孝感、荆州。湖北省各市科技创新发展指数及排名如表 7-10 所示。

表 7-10 湖北省各市科技创新发展指数及排名

城市	科技创新发展指数	全国排名	省内排名
武汉市	0.3740	9	1
宜昌市	0.1715	75	2
全国平均值	0.1503		
荆门市	0.1468	106	3
襄阳市	0.1452	109	4
十堰市	0.1437	113	5
黄石市	0.1416	116	6
鄂州市	0.1361	126	7
荆州市	0.1323	128	8
咸宁市	0.1157	148	9
孝感市	0.1011	186	10
黄冈市	0.0901	226	11
随州市	0.0873	235	12

湖北省各市科技创新发展指数的排名依次为武汉、宜昌、荆门、襄阳、十堰、黄石、鄂州、荆州、咸宁、孝感、黄冈、随州。其中，武汉、宜昌两市科技创新发展指数高于全国平均值。

创新资源一级指标，湖北省各市的排名依次为武汉、宜昌、荆门、鄂州、黄石、襄阳、十堰、荆州、咸宁、孝感、随州、黄冈。其中，武汉、宜昌、荆门、鄂州、黄石、襄阳、十堰七市的创新资源指数高于全国平均值（图 7-38）。

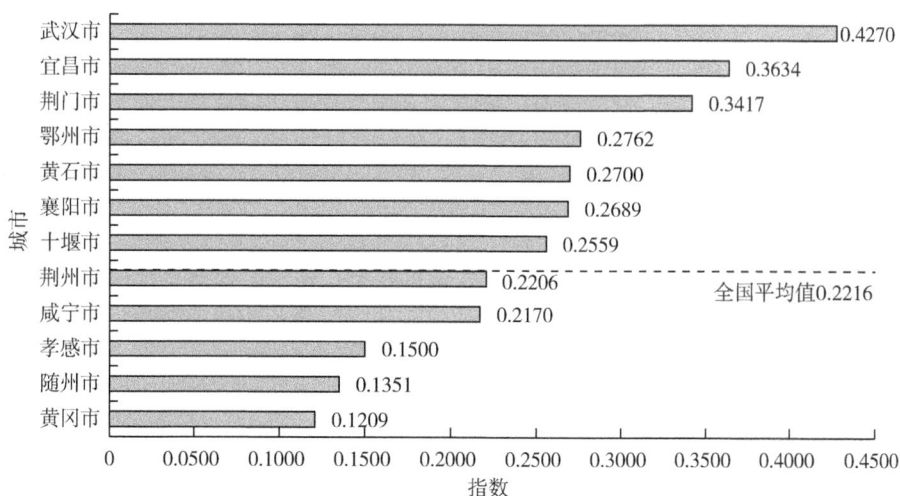

图 7-38 湖北省各市创新资源指数

创新环境一级指标，湖北省各市的排名依次为武汉、襄阳、荆州、十堰、鄂州、黄石、宜昌、孝感、荆门、黄冈、随州、咸宁。其中，武汉、襄阳两市的创新环境指数高于全国平均值（图7-39）。

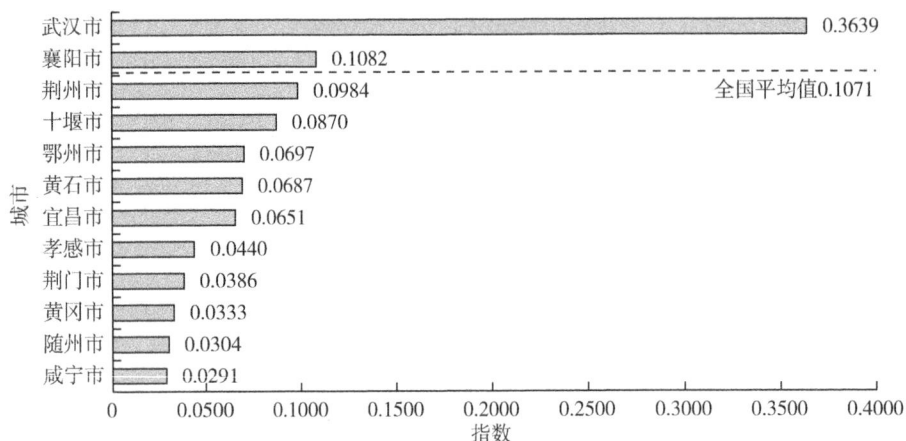

图7-39　湖北省各市创新环境指数

创新服务一级指标，湖北省各市的排名依次为武汉、宜昌、襄阳、十堰、黄石、荆州、黄冈、荆门、孝感、咸宁、鄂州、随州。其中，只有武汉一个城市的创新服务指数高于全国平均值（图7-40）。

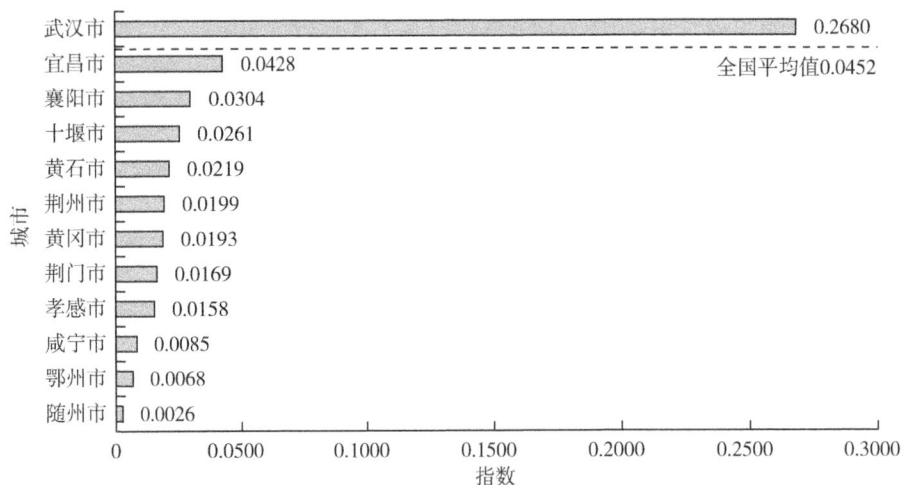

图7-40　湖北省各市创新服务指数

创新绩效一级指标，湖北省各市的排名依次为武汉、宜昌、咸宁、黄石、十堰、孝感、鄂州、荆州、荆门、黄冈、随州、襄阳。其中，只有武汉一个城市的创新绩效指数高于全国平均值（图7-41）。

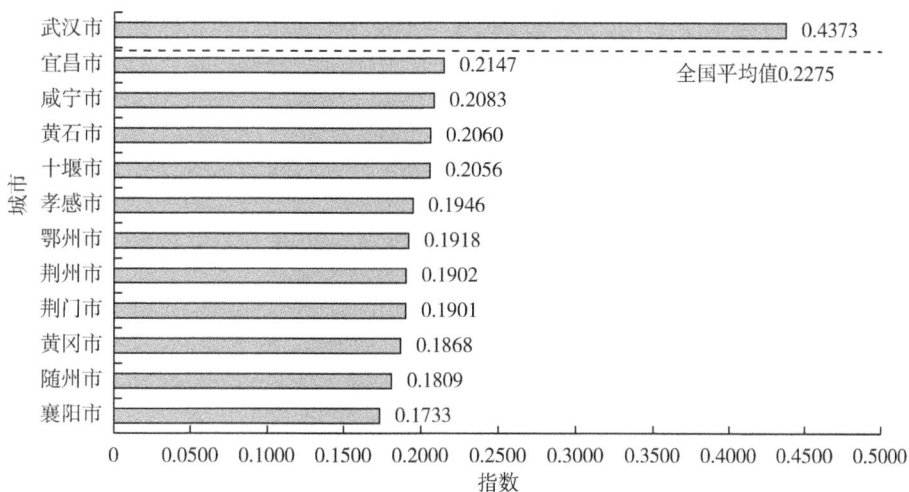

图 7-41 湖北省各市创新绩效指数

十一、湖南省城市科技创新发展指数排名及分析

湖南，省会长沙，下辖主要城市有长沙、株洲、常德、湘潭、岳阳、郴州、怀化、益阳、张家界、衡阳、永州、娄底、邵阳。湖南省各市科技创新发展指数及排名如表 7-11 所示。

表 7-11 湖南省各市科技创新发展指数及排名

城市	科技创新发展指数	全国排名	省内排名
长沙市	0.3198	15	1
株洲市	0.2227	36	2
湘潭市	0.1930	60	3
郴州市	0.1559	92	4
全国平均值	0.1503		
岳阳市	0.1481	104	5
衡阳市	0.1438	112	6
永州市	0.1297	130	7
常德市	0.1282	135	8
益阳市	0.1258	139	9
娄底市	0.1140	154	10
怀化市	0.1096	168	11
邵阳市	0.1091	170	12
张家界市	0.0835	247	13

湖南省各市科技创新发展指数的排名依次为长沙、株洲、湘潭、郴州、岳阳、衡阳、永州、常德、益阳、娄底、怀化、邵阳、张家界。其中，长沙、株洲、湘潭、郴州四市的科技创新发展指数高于全国平均值。

创新资源一级指标，湖南省各市的排名依次为长沙、湘潭、株洲、岳阳、衡阳、郴州、益阳、永州、常德、娄底、邵阳、怀化、张家界。其中，长沙、湘潭、株洲、岳阳、衡阳、郴州、益阳、永州八市的创新资源指数高于全国平均值（图7-42）。

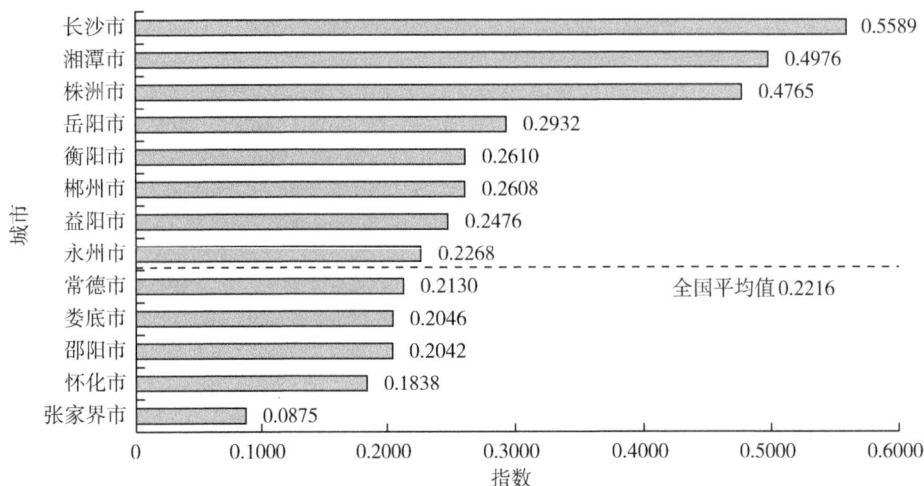

图7-42　湖南省各市创新资源指数

创新环境一级指标，湖南省各市的排名依次为长沙、株洲、郴州、常德、衡阳、永州、岳阳、娄底、益阳、怀化、邵阳、张家界、湘潭。其中，长沙、株洲、郴州三市的创新环境指数高于全国平均值（图7-43）。

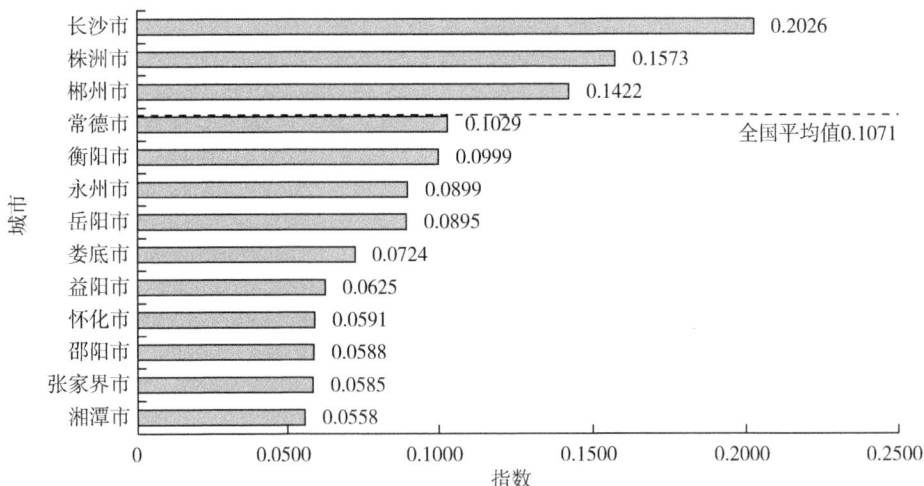

图7-43　湖南省各市创新环境指数

　　创新服务一级指标，湖南省各市的排名依次为长沙、株洲、岳阳、湘潭、常德、益阳、衡阳、郴州、永州、邵阳、怀化、娄底、张家界。其中，只有长沙一个城市的创新服务指数高于全国平均值（图7-44）。

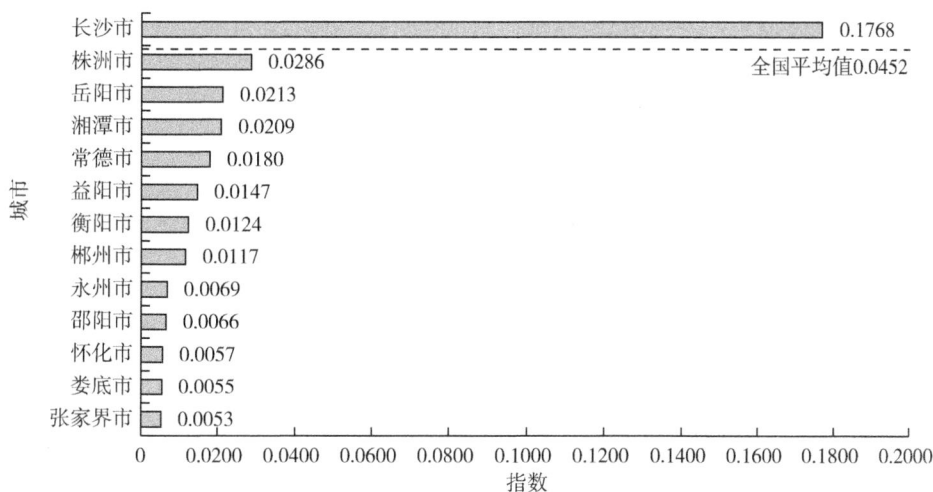

图7-44 湖南省各市创新服务指数

　　创新绩效一级指标，湖南省各市的排名依次为长沙、株洲、郴州、衡阳、湘潭、永州、怀化、岳阳、张家界、常德、益阳、娄底、邵阳。其中，长沙、株洲两市的创新绩效指数高于全国平均值（图7-45）。

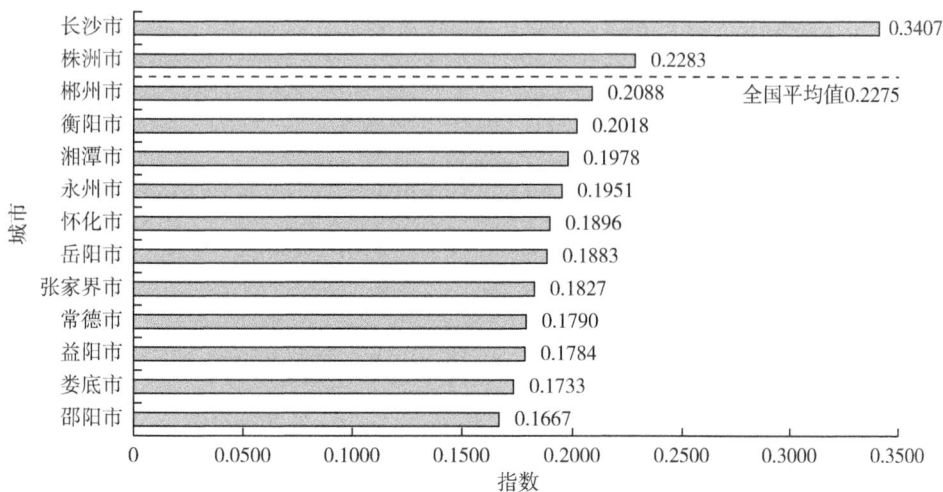

图7-45 湖南省各市创新绩效指数

十二、吉林省城市科技创新发展指数排名及分析

吉林，省会长春，下辖主要城市有长春、白城、白山、吉林、辽源、通化、松原、四平。吉林省各市科技创新发展指数及排名如表 7-12 所示。

表 7-12　吉林省各市科技创新发展指数及排名

城市	科技创新发展指数	全国排名	省内排名
长春市	0.1890	62	1
全国平均值	0.1503		
通化市	0.1281	136	2
吉林市	0.1025	182	3
白城市	0.0842	245	4
辽源市	0.0791	257	5
白山市	0.0783	258	6
四平市	0.0778	260	7
松原市	0.0731	276	8

吉林省各市科技创新发展指数的排名依次为长春、通化、吉林、白城、辽源、白山、四平、松原。其中，只有省会长春的科技创新发展指数高于全国平均值。

创新资源一级指标，吉林省各市的排名依次为长春、通化、吉林、白城、四平、辽源、白山、松原。其中，只有长春一个城市的创新资源指数高于全国平均值（图 7-46）。

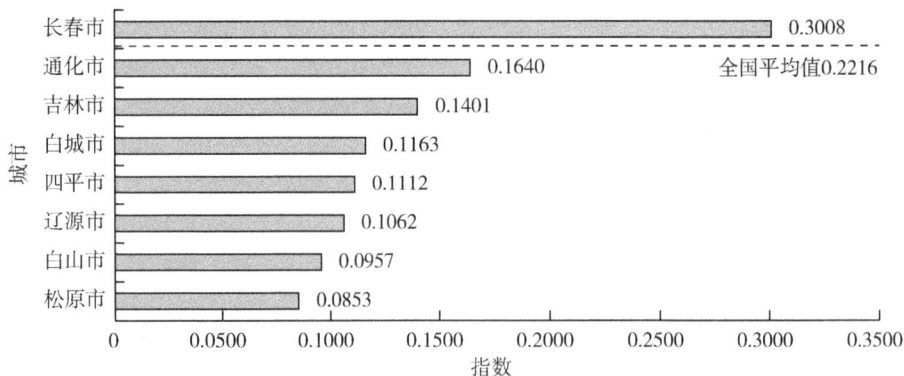

图 7-46　吉林省各市创新资源指数

创新环境一级指标，吉林省各市的排名依次为通化、长春、吉林、白山、白城、辽源、四平、松原。其中，只有通化一个城市的创新环境指数高于全国平均值（图 7-47）。

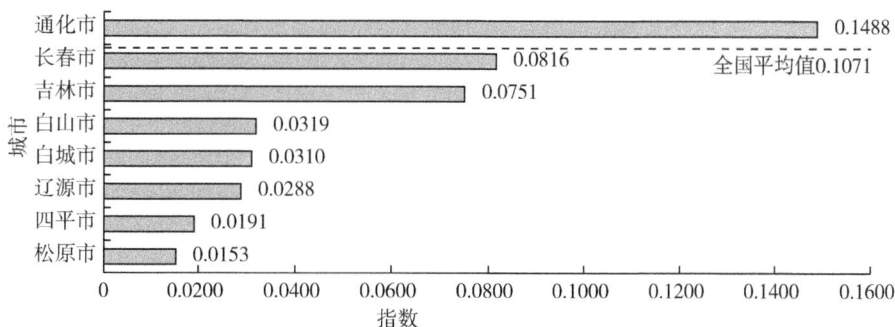

图 7-47 吉林省各市创新环境指数

创新服务一级指标，吉林省各市的排名依次为长春、吉林、通化、辽源、白城、白山、松原、四平。其中，只有长春一个城市的创新服务指数高于全国平均值（图 7-48）。

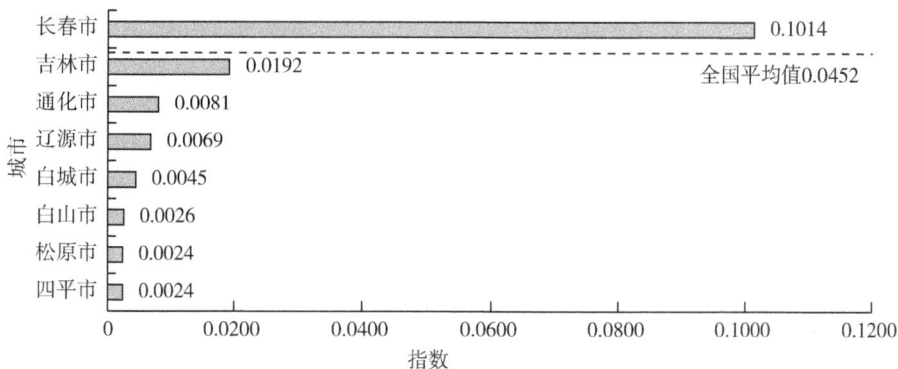

图 7-48 吉林省各市创新服务指数

创新绩效一级指标，吉林省各市的排名依次为长春、通化、松原、白城、白山、四平、吉林、辽源。其中，只有长春一个城市的创新绩效指数高于全国平均值（图 7-49）。

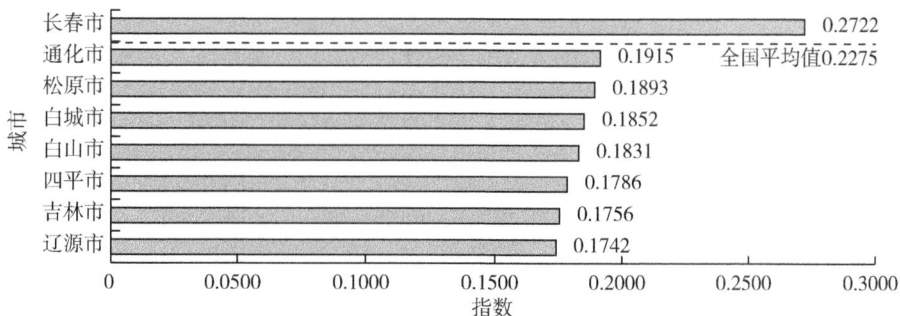

图 7-49 吉林省各市创新绩效指数

十三、江苏省城市科技创新发展指数排名及分析

江苏，省会南京，下辖主要城市有南京、苏州、无锡、常州、镇江、南通、扬州、泰州、盐城、徐州、连云港、淮安、宿迁。江苏省各市科技创新发展指数及排名如表7-13所示。

表7-13　江苏省各市科技创新发展指数及排名

城市	科技创新发展指数	全国排名	省内排名
苏州市	0.5097	4	1
南京市	0.4362	6	2
无锡市	0.3161	16	3
常州市	0.2834	24	4
南通市	0.2184	40	5
泰州市	0.2059	48	6
扬州市	0.2029	51	7
镇江市	0.2007	53	8
徐州市	0.1901	61	9
盐城市	0.1599	89	10
连云港市	0.1549	94	11
全国平均值	0.1503		
淮安市	0.1481	103	12
宿迁市	0.1381	122	13

江苏省各市科技创新发展指数的排名依次为苏州、南京、无锡、常州、南通、泰州、扬州、镇江、徐州、盐城、连云港、淮安、宿迁。其中，只有淮安、宿迁两市的科技创新发展指数低于全国平均值。

创新资源一级指标，江苏省各市的排名依次为苏州、南京、无锡、泰州、常州、镇江、南通、连云港、扬州、宿迁、徐州、盐城、淮安。其中，苏州、南京、无锡、泰州、常州、镇江、南通、连云港、扬州、宿迁十市的创新资源指数高于全国平均值（图7-50）。

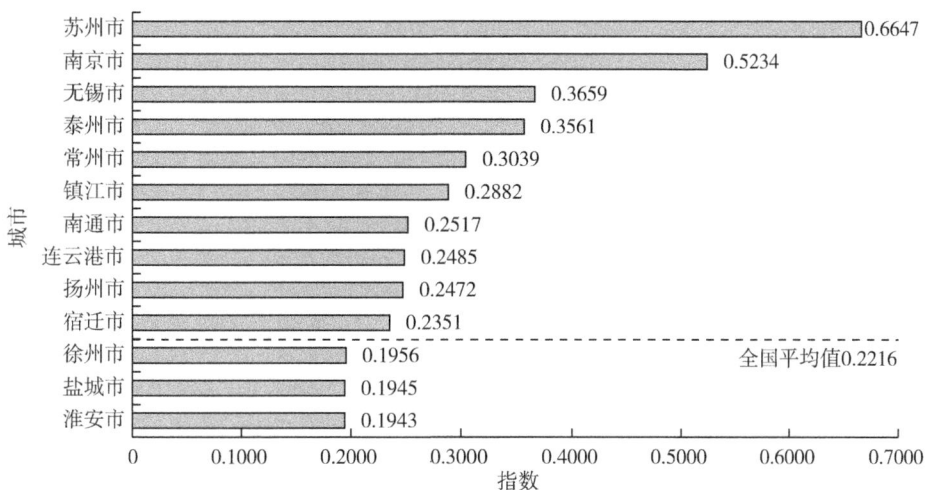

图 7-50　江苏省各市创新资源指数

创新环境一级指标，江苏省各市的排名依次为南京、苏州、常州、无锡、徐州、南通、扬州、泰州、淮安、连云港、镇江、盐城、宿迁。其中，除宿迁外所有城市的创新环境指数都高于全国平均值（图 7-51）。

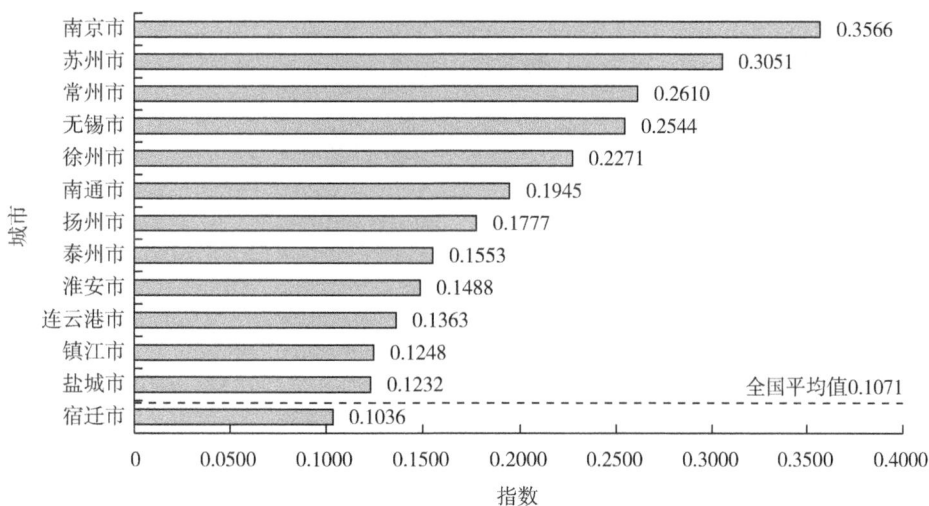

图 7-51　江苏省各市创新环境指数

创新服务一级指标，江苏省各市的排名依次为苏州、南京、无锡、常州、南通、徐州、扬州、镇江、盐城、泰州、连云港、宿迁、淮安。其中，苏州、南京、无锡、常州、南通、徐州、扬州、镇江、盐城、泰州十市的创新服务指数高于全国平均值（图 7-52）。

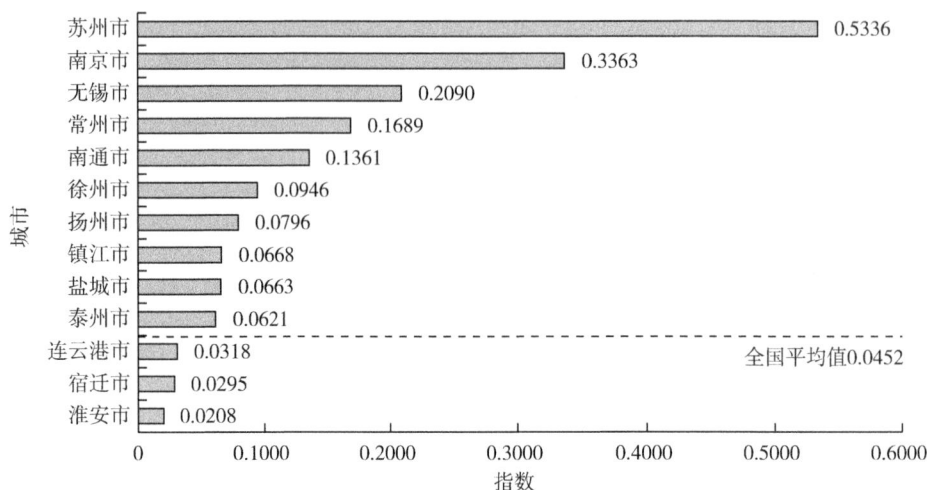

图 7-52　江苏省各市创新服务指数

创新绩效一级指标，江苏省各市的排名依次为苏州、南京、无锡、常州、镇江、扬州、南通、盐城、泰州、徐州、淮安、连云港、宿迁。其中，苏州、南京、无锡、常州、镇江、扬州、南通、盐城、泰州、徐州、淮安十一市的创新绩效指数高于全国平均值（图 7-53）。

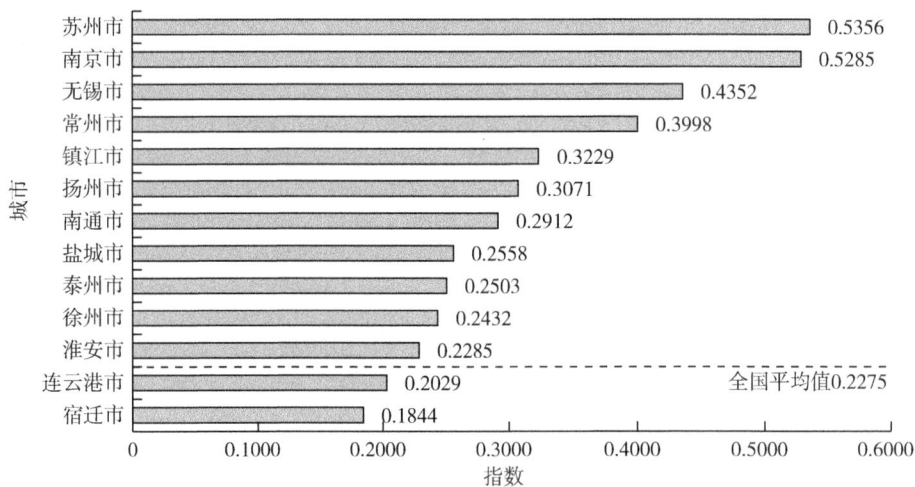

图 7-53　江苏省各市创新绩效指数

十四、江西省城市科技创新发展指数排名及分析

江西，省会南昌，下辖主要城市有南昌、景德镇、新余、鹰潭、吉安、九江、萍乡、赣州、宜春、抚州、上饶。江西省各市科技创新发展指数及排名如表 7-14 所示。

表 7-14 江西省各市科技创新发展指数及排名

城市	科技创新发展指数	全国排名	省内排名
南昌市	0.2294	33	1
萍乡市	0.1788	68	2
鹰潭市	0.1710	76	3
九江市	0.1633	81	4
赣州市	0.1609	85	5
吉安市	0.1552	93	6
新余市	0.1537	97	7
上饶市	0.1517	99	8
全国平均值	0.1503		
宜春市	0.1500	101	9
景德镇市	0.1424	115	10
抚州市	0.1270	138	11

江西省省各市科技创新发展指数的排名依次为南昌、萍乡、鹰潭、九江、赣州、吉安、新余、上饶、宜春、景德镇、抚州。其中，南昌、萍乡、鹰潭、九江、赣州、吉安、新余、上饶八市的科技创新发展指数高于全国平均值。

创新资源一级指标，江西省各市的排名依次为萍乡、南昌、鹰潭、吉安、宜春、九江、景德镇、赣州、新余、抚州、上饶。其中，萍乡、南昌、鹰潭、吉安、宜春、九江、景德镇、赣州八市的创新资源指数高于全国平均值（图 7-54）。

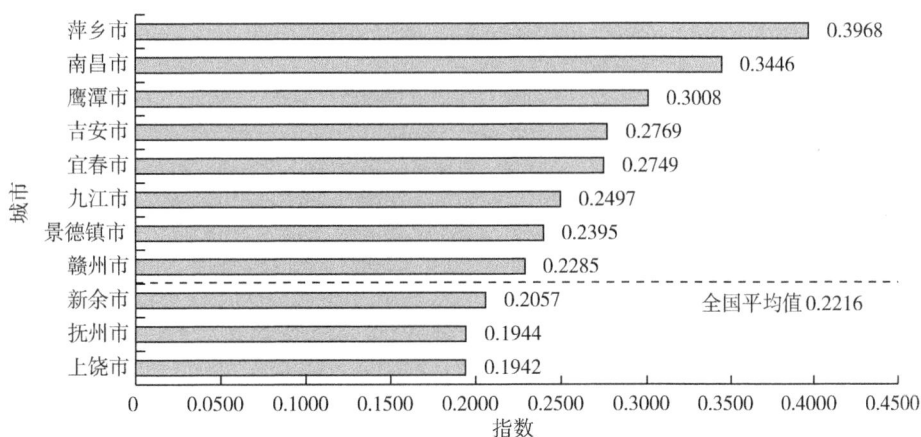

图 7-54 江西省各市创新资源指数

创新环境一级指标，江西省各市的排名依次为南昌、上饶、九江、新余、赣州、鹰潭、萍乡、宜春、吉安、景德镇、抚州。其中，南昌、上饶、九江、新余、赣州、鹰潭、萍乡七市的创新环境指数高于全国平均值（图7-55）。

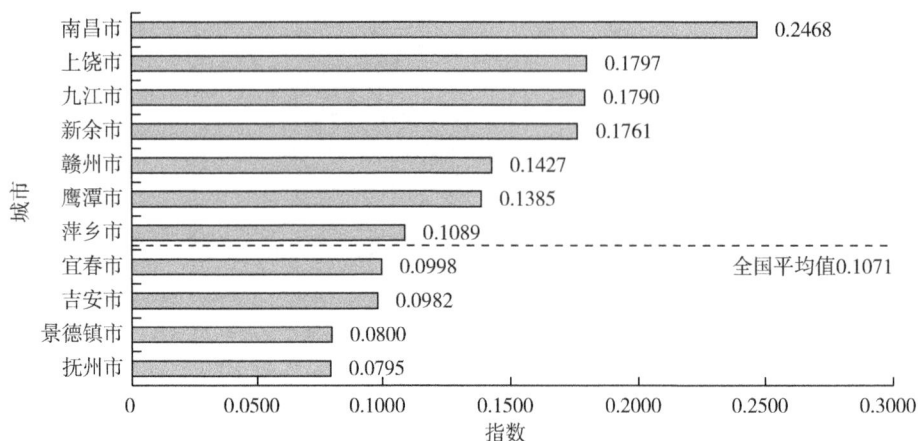

图 7-55　江西省各市创新环境指数

创新服务一级指标，江西省各市的排名依次为南昌、赣州、吉安、上饶、九江、宜春、抚州、景德镇、新余、萍乡、鹰潭。其中，只有南昌一个城市的创新服务指数高于全国平均值（图7-56）。

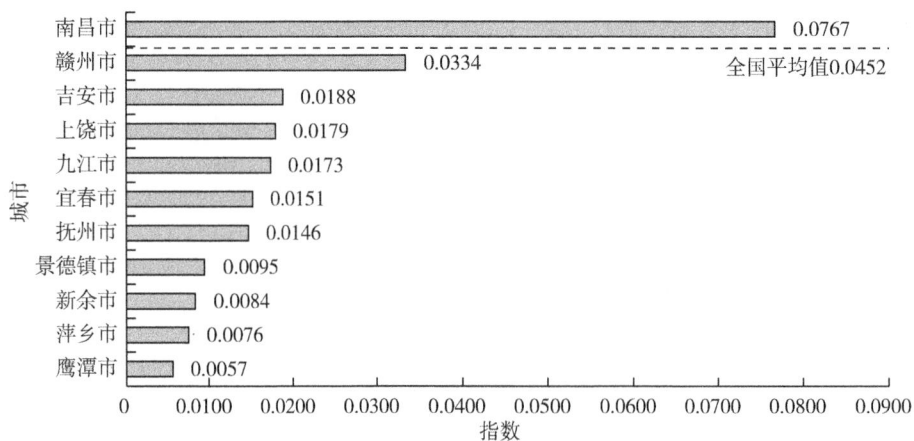

图 7-56　江西省各市创新服务指数

创新绩效一级指标，江西省各市的排名依次为南昌、景德镇、赣州、鹰潭、吉安、新余、抚州、上饶、宜春、九江、萍乡。其中，南昌、景德镇、赣州、鹰潭四市的创新绩效指数高于全国平均值（图7-57）。

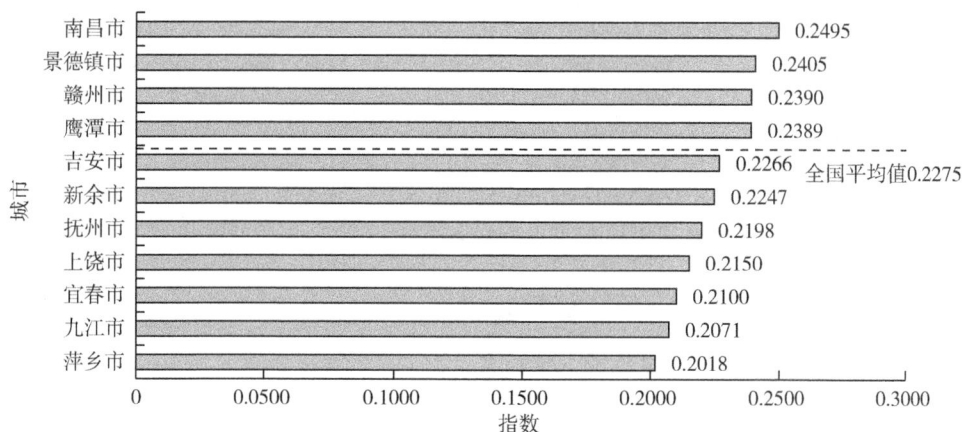

图 7-57 江西省各市创新绩效指数

十五、辽宁省城市科技创新发展指数排名及分析

辽宁，省会沈阳，下辖主要城市有沈阳、大连、盘锦、本溪、锦州、鞍山、丹东、辽阳、抚顺、营口、朝阳、阜新、铁岭、葫芦岛。辽宁省各市科技创新发展指数及排名如表 7-15 所示。

表 7-15 辽宁省各市科技创新发展指数及排名

城市	科技创新发展指数	全国排名	省内排名
沈阳市	0.2189	39	1
大连市	0.2082	43	2
全国平均值	0.1503		
盘锦市	0.1441	111	3
营口市	0.1021	183	4
抚顺市	0.0966	203	5
辽阳市	0.0935	214	6
本溪市	0.0935	215	7
鞍山市	0.0911	222	8
锦州市	0.0883	230	9
阜新市	0.0874	233	10
丹东市	0.0811	253	11
朝阳市	0.0761	269	12
葫芦岛市	0.0715	277	13
铁岭市	0.0671	283	14

辽宁省各市科技创新发展指数的排名依次为沈阳、大连、盘锦、营口、抚顺、辽阳、本溪、鞍山、锦州、阜新、丹东、朝阳、葫芦岛、铁岭。其中，沈阳、大连两市的科技创新发展指数高于全国平均值。

创新资源一级指标，辽宁省各市的排名依次为沈阳、大连、盘锦、抚顺、营口、锦州、本溪、辽阳、阜新、丹东、朝阳、鞍山、葫芦岛、铁岭。其中，沈阳、大连、盘锦三市的创新资源指数高于全国平均值（图7-58）。

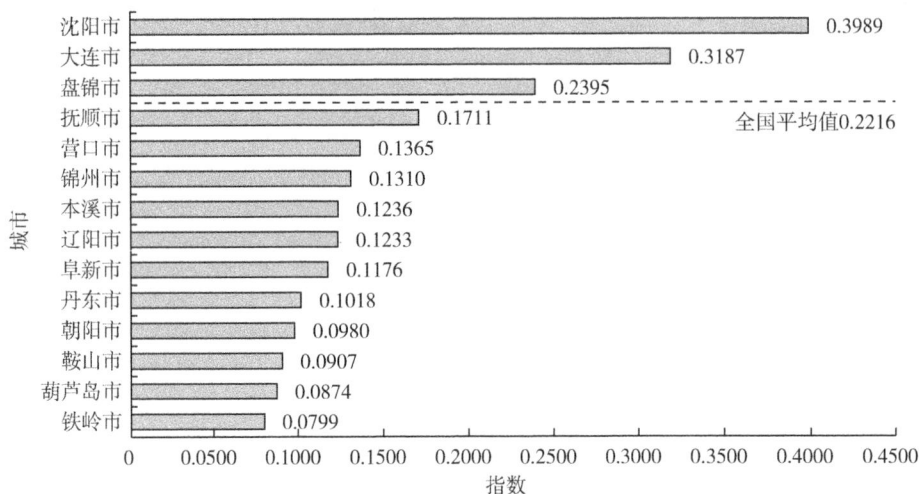

图 7-58　辽宁省各市创新资源指数

创新环境一级指标，辽宁省各市的排名依次为大连、盘锦、沈阳、辽阳、营口、本溪、鞍山、阜新、锦州、葫芦岛、朝阳、丹东、抚顺、铁岭。其中，大连、盘锦、沈阳三市的创新环境指数高于全国平均值（图7-59）。

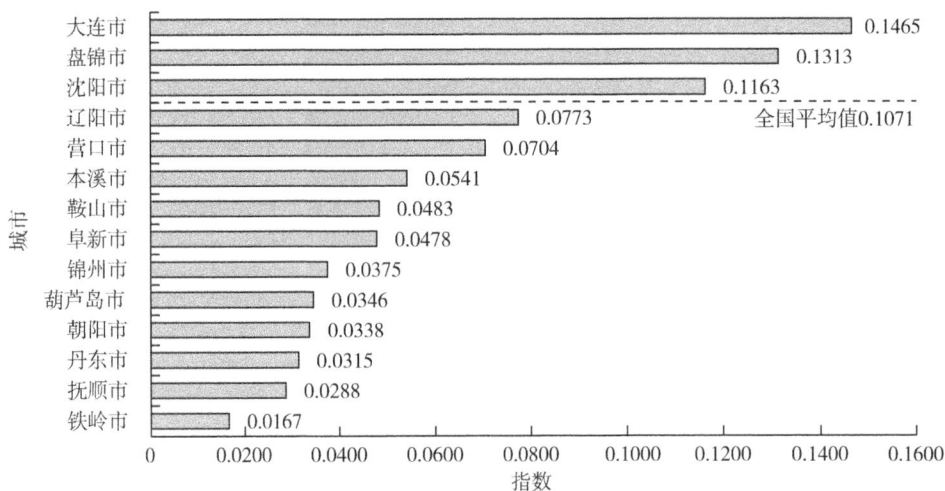

图 7-59　辽宁省各市创新环境指数

创新服务一级指标，辽宁省各市的排名依次为大连、沈阳、锦州、营口、鞍山、阜新、盘锦、辽阳、丹东、铁岭、葫芦岛、抚顺、本溪、朝阳。其中，大连、沈阳两市的创新服务指数高于全国平均值（图7-60）。

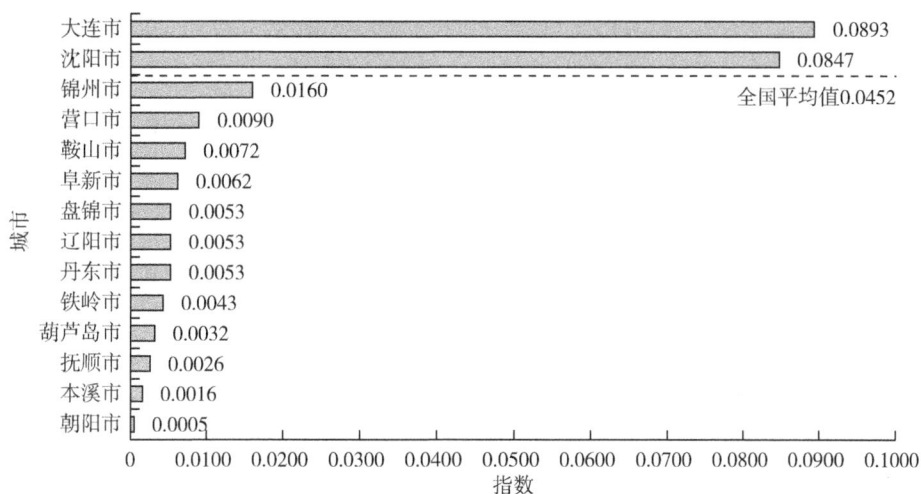

图7-60　辽宁省各市创新服务指数

创新绩效一级指标，辽宁省各市的排名依次为大连、沈阳、鞍山、盘锦、本溪、营口、丹东、抚顺、阜新、朝阳、锦州、辽阳、铁岭、葫芦岛。其中，大连、沈阳两市的创新绩效指数高于全国平均值（图7-61）。

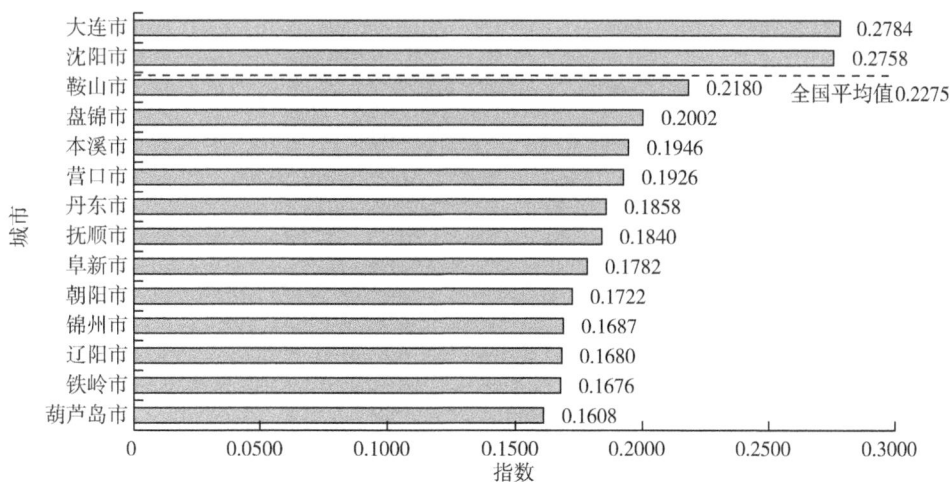

图7-61　辽宁省各市创新绩效指数

十六、内蒙古自治区城市科技创新发展指数排名及分析

内蒙古自治区，首府呼和浩特，下辖主要城市有呼和浩特、鄂尔多斯、包头、呼伦贝尔、乌兰察布、赤峰、巴彦淖尔、通辽、乌海。内蒙古各市科技创新发展指数及排名如表 7-16 所示。

表 7-16　内蒙古各市科技创新发展指数及排名

城市	科技创新发展指数	全国排名	省内排名
呼和浩特市	0.1852	64	1
鄂尔多斯市	0.1609	84	2
包头市	0.1559	91	3
全国平均值	0.1503		
乌海市	0.1378	123	4
赤峰市	0.1127	160	5
巴彦淖尔市	0.0992	190	6
呼伦贝尔市	0.0956	204	7
通辽市	0.0823	249	8
乌兰察布市	0.0807	254	9

内蒙古各市科技创新发展指数的排名依次为呼和浩特、鄂尔多斯、包头、乌海、赤峰、巴彦淖尔、呼伦贝尔、通辽、乌兰察布。其中，呼和浩特、鄂尔多斯、包头三市的科技创新发展指数高于全国平均值。

创新资源一级指标，内蒙古各市的排名依次为呼和浩特、包头、乌海、鄂尔多斯、巴彦淖尔、呼伦贝尔、乌兰察布、通辽、赤峰。其中，呼和浩特、包头两市的创新资源指数高于全国平均值（图 7-62）。

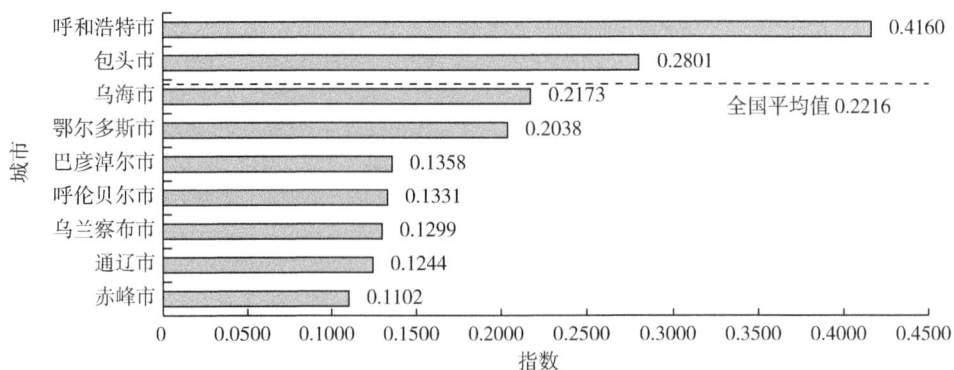

图 7-62　内蒙古各市创新资源指数

创新环境一级指标，内蒙古各市的排名依次为鄂尔多斯、赤峰、乌海、包头、巴彦淖尔、呼和浩特、通辽、乌兰察布、呼伦贝尔。其中，鄂尔多斯、赤峰、乌海三市的创新环境指数高于全国平均值（图7-63）。

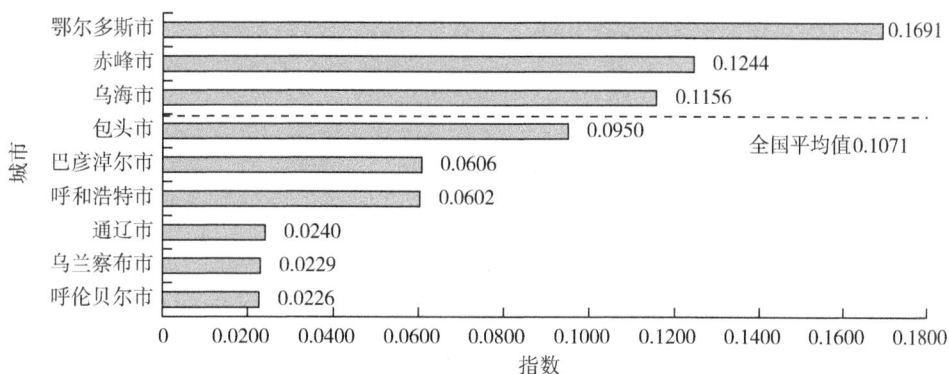

图7-63　内蒙古各市创新环境指数

创新服务一级指标，内蒙古各市的排名依次为呼和浩特、包头、鄂尔多斯、赤峰、呼伦贝尔、乌兰察布、巴彦淖尔、乌海、通辽。其中，没有城市的创新服务指数高于全国平均值（图7-64）。

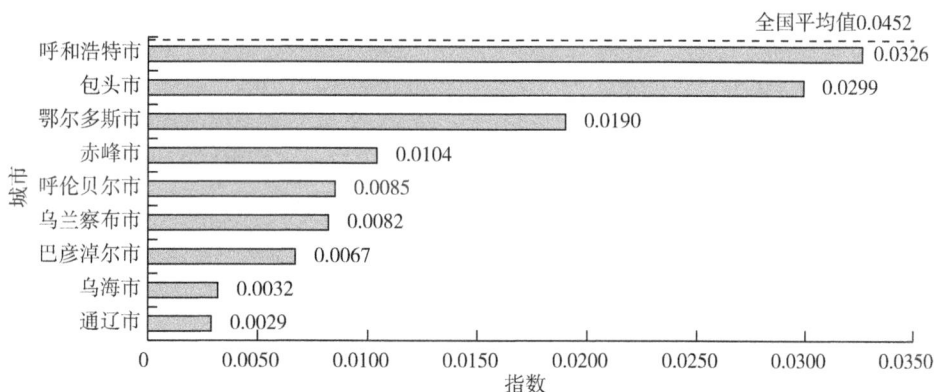

图7-64　内蒙古各市创新服务指数

创新绩效一级指标，内蒙古各市的排名依次为鄂尔多斯、呼和浩特、包头、呼伦贝尔、乌海、赤峰、巴彦淖尔、通辽、乌兰察布。其中，鄂尔多斯、呼和浩特两市的创新绩效指数高于全国平均值（图7-65）。

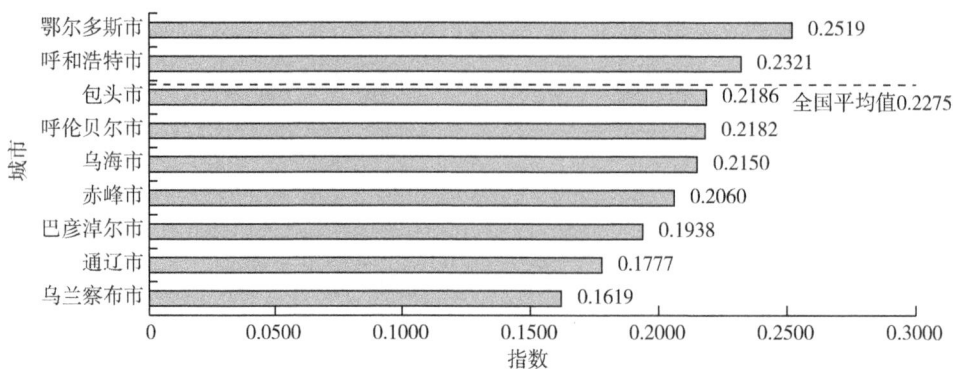

图 7-65　内蒙古各市创新绩效指数

十七、宁夏回族自治区城市科技创新发展指数排名及分析

宁夏回族自治区，首府银川，下辖城市主要有银川、固原、石嘴山、吴忠、中卫。宁夏各市科技创新发展指数及排名如表 7-17 所示。

表 7-17　宁夏各市科技创新发展指数及排名

城市	科技创新发展指数	全国排名	省内排名
银川市	0.1646	79	1
全国平均值		0.1503	
石嘴山市	0.1173	146	2
固原市	0.0904	223	3
吴忠市	0.0873	234	4
中卫市	0.0867	236	5

宁夏各市科技创新发展指数的排名依次为银川、石嘴山、固原、吴忠、中卫。其中，只有银川的科技创新发展指数高于全国平均值。

创新资源一级指标，宁夏各市的排名依次为银川、石嘴山、中卫、固原、吴忠。其中，只有银川一个城市的创新资源指数高于全国平均值（图 7-66）。

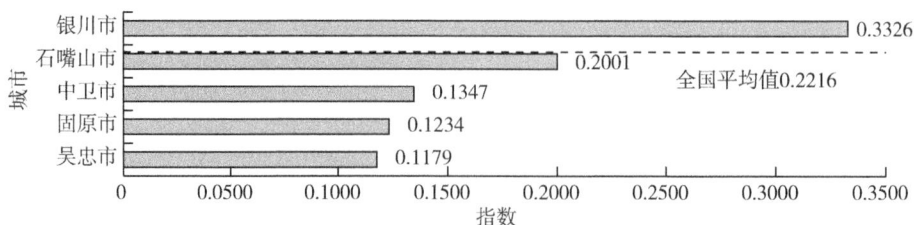

图 7-66　宁夏各市创新资源指数

创新环境一级指标，宁夏各市的排名依次为石嘴山、银川、中卫、固原、吴忠。其中，没有城市的创新环境指数高于全国平均值（图7-67）。

全国平均值0.1071

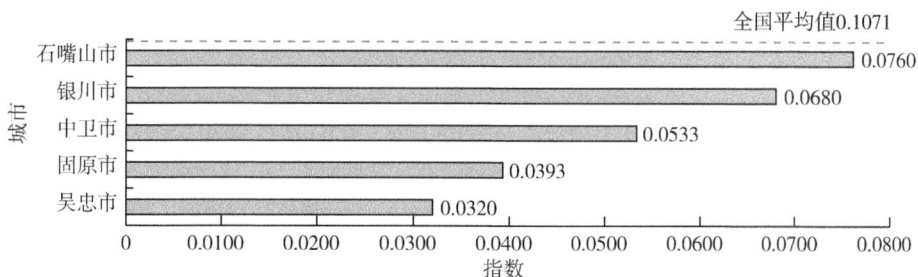

图 7-67　宁夏各市创新环境指数

创新服务一级指标，宁夏各市的排名依次为银川、石嘴山、固原、中卫、吴忠。其中，没有城市的创新服务指数高于全国平均值（图7-68）。

全国平均值0.0452

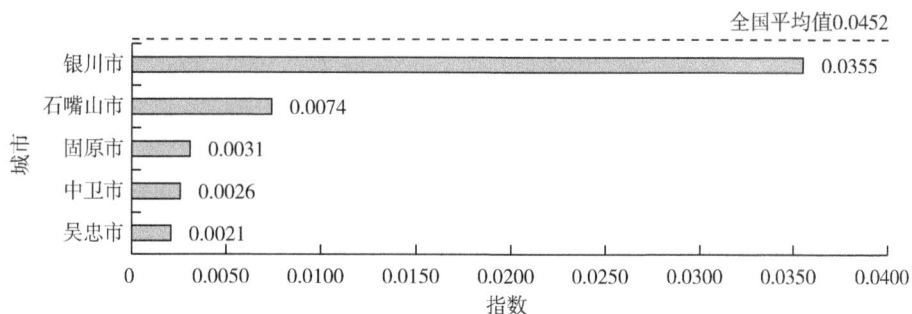

图 7-68　宁夏各市创新服务指数

创新绩效一级指标，宁夏各市的排名依次为银川、吴忠、固原、石嘴山、中卫。其中，没有城市的创新绩效指数高于全国平均值（图7-69）。

全国平均值0.2275

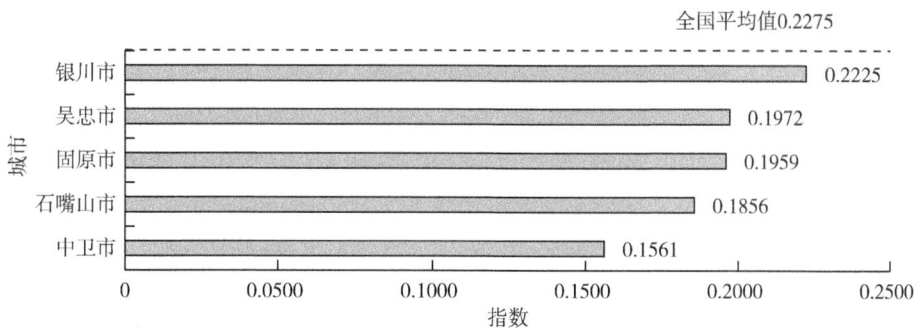

图 7-69　宁夏各市创新绩效指数

十八、山东省城市科技创新发展指数排名及分析

山东，省会济南，下辖主要城市有青岛、济南、威海、烟台、东营、淄博、潍坊、泰安、日照、滨州、临沂、济宁、聊城、德州、枣庄、菏泽。山东省各市科技创新发展指数及排名如表7-18所示。

表7-18　山东省各市科技创新发展指数及排名

城市	科技创新发展指数	全国排名	省内排名
青岛市	0.3536	12	1
济南市	0.3004	22	2
烟台市	0.2396	32	3
威海市	0.2280	34	4
东营市	0.2073	45	5
淄博市	0.2063	47	6
潍坊市	0.1983	55	7
日照市	0.1751	70	8
济宁市	0.1517	100	9
全国平均值	0.1503		
临沂市	0.1491	102	10
泰安市	0.1450	110	11
聊城市	0.1362	125	12
枣庄市	0.1250	140	13
德州市	0.1166	147	14
滨州市	0.1092	169	15
菏泽市	0.0942	210	16

山东省各市科技创新发展指数的排名依次为青岛、济南、烟台、威海、东营、淄博、潍坊、日照、济宁、临沂、泰安、聊城、枣庄、德州、滨州、菏泽。其中，青岛、济南、烟台、威海、东营、淄博、潍坊、日照、济宁九市的科技创新发展指数高于全国平均值。

创新资源一级指标，山东省各市的排名依次为青岛、济南、烟台、淄博、东营、威海、日照、潍坊、聊城、泰安、济宁、临沂、枣庄、滨州、德州、菏泽。其中，青岛、济南、烟台、淄博、东营、威海、日照、潍坊、聊城、泰安、济宁、临沂十二市的创新资源指数高于全国平均值（图7-70）。

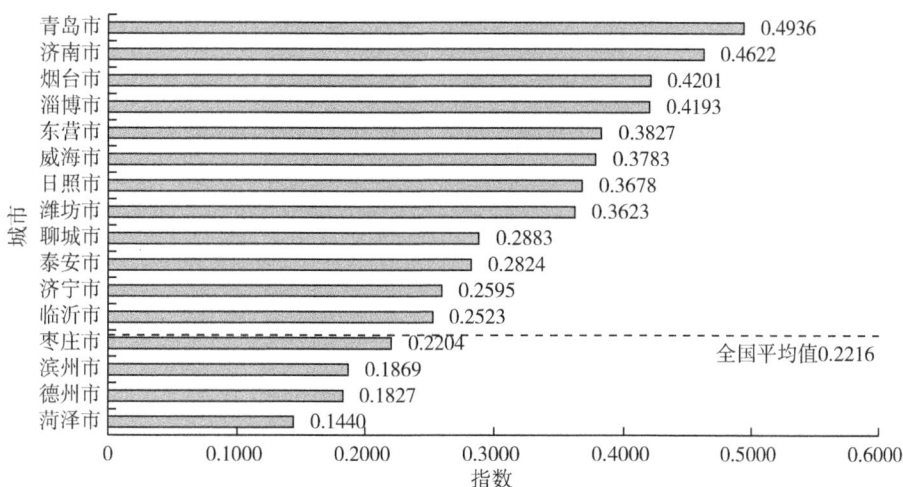

图 7-70　山东省各市创新资源指数

创新环境一级指标，山东省各市的排名依次为青岛、济南、烟台、威海、东营、淄博、临沂、潍坊、济宁、日照、枣庄、聊城、泰安、滨州、菏泽、德州。其中，青岛、济南、烟台、威海、东营、淄博、临沂、潍坊八市的创新环境指数高于全国平均值（图 7-71）。

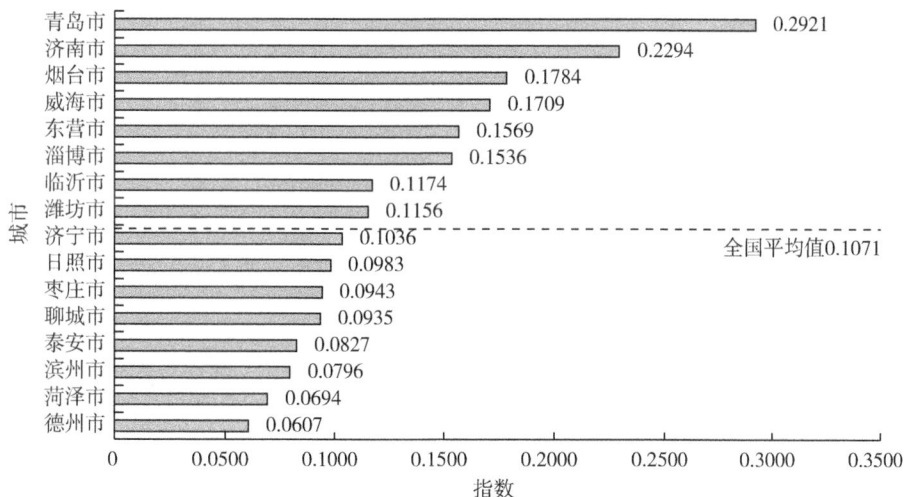

图 7-71　山东省各市创新环境指数

创新服务一级指标，山东省各市的排名依次为青岛、济南、烟台、潍坊、济宁、威海、淄博、德州、临沂、泰安、东营、聊城、菏泽、枣庄、日照、滨州。其中，青岛、济南、烟台、潍坊、济宁、威海、淄博七市的创新服务指数高于全国平均值（图 7-72）。

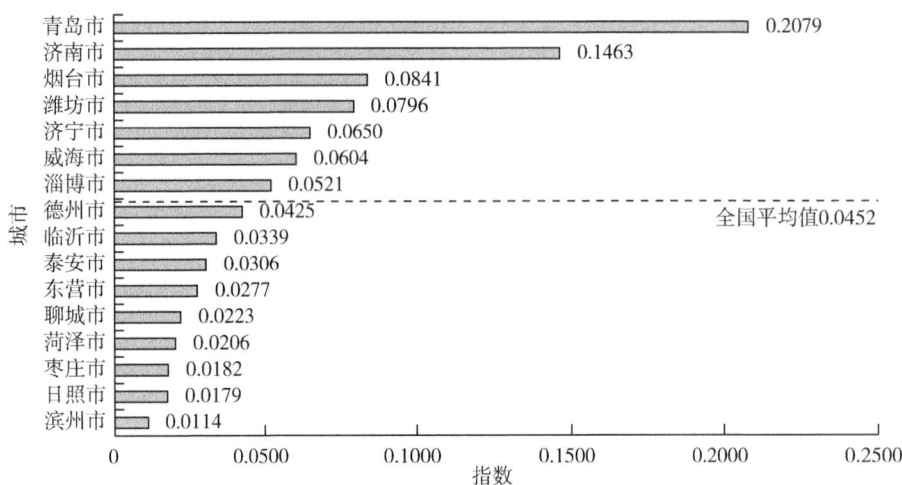

图 7-72　山东省各市创新服务指数

创新绩效一级指标，山东省各市的排名依次为青岛、济南、威海、烟台、东营、潍坊、日照、淄博、临沂、泰安、德州、济宁、枣庄、滨州、菏泽、聊城。其中，青岛、济南、威海、烟台、东营、潍坊六市的创新绩效指数高于全国平均值（图 7-73）。

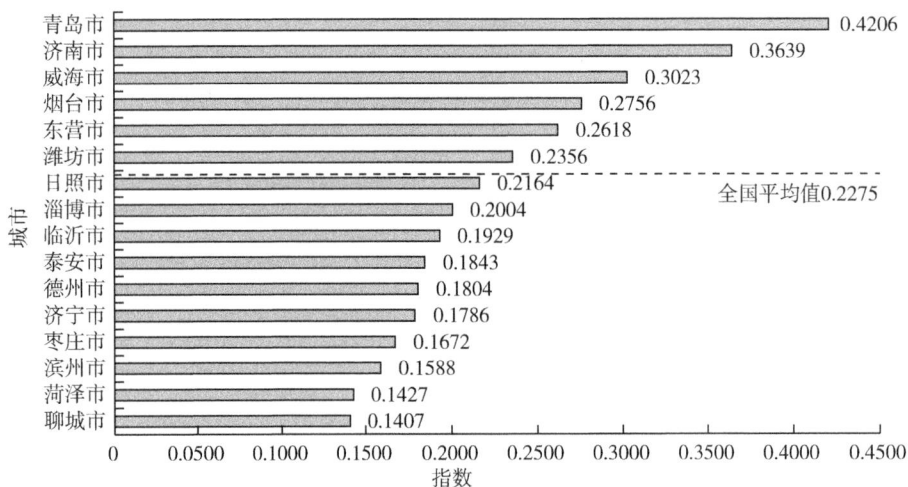

图 7-73　山东省各市创新绩效指数

十九、山西省城市科技创新发展指数排名及分析

山西，省会太原，下辖主要城市有太原、晋中、运城、阳泉、大同、朔州、晋城、长治、临汾、忻州、吕梁。山西省各市科技创新发展指数及排名如表 7-19 所示。

表7-19　山西省各市科技创新发展指数及排名

城市	科技创新发展指数	全国排名	省内排名
太原市	0.2043	49	1
全国平均值	0.1503		
长治市	0.1073	173	2
吕梁市	0.1015	185	3
晋城市	0.1005	187	4
阳泉市	0.0986	193	5
大同市	0.0986	194	6
晋中市	0.0983	195	7
朔州市	0.0856	239	8
运城市	0.0766	266	9
临汾市	0.0762	268	10
忻州市	0.0701	279	11

　　山西省各市科技创新发展指数的排名依次为太原、长治、吕梁、晋城、阳泉、大同、晋中、朔州、运城、临汾、忻州。其中，只有太原一个城市的科技创新发展指数高于全国平均值。

　　创新资源一级指标，山西省各市的排名依次为太原、晋中、阳泉、长治、晋城、临汾、运城、大同、忻州、吕梁、朔州。其中，只有太原一个城市的创新资源指数高于全国平均值（图7-74）。

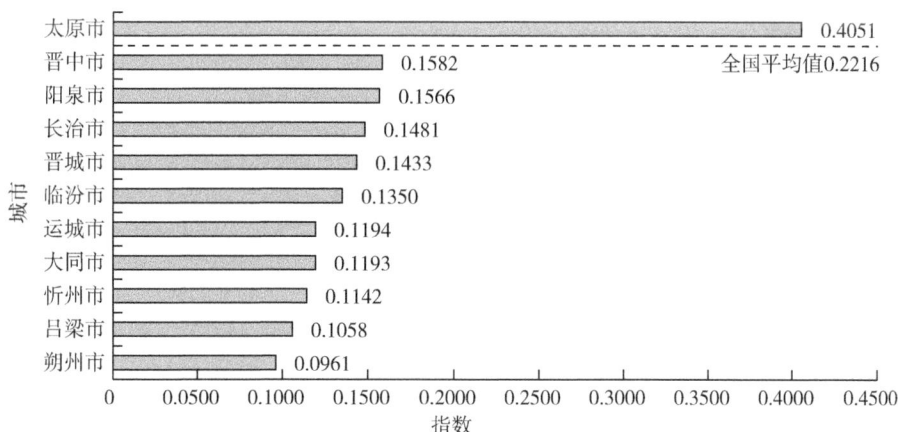

图7-74　山西省各市创新资源指数

　　创新环境一级指标，山西省各市的排名依次为吕梁、长治、太原、大同、晋城、阳泉、朔州、晋中、运城、临汾、忻州。其中，只有吕梁一个城市的创新环境指数高于全国平均值（图7-75）。

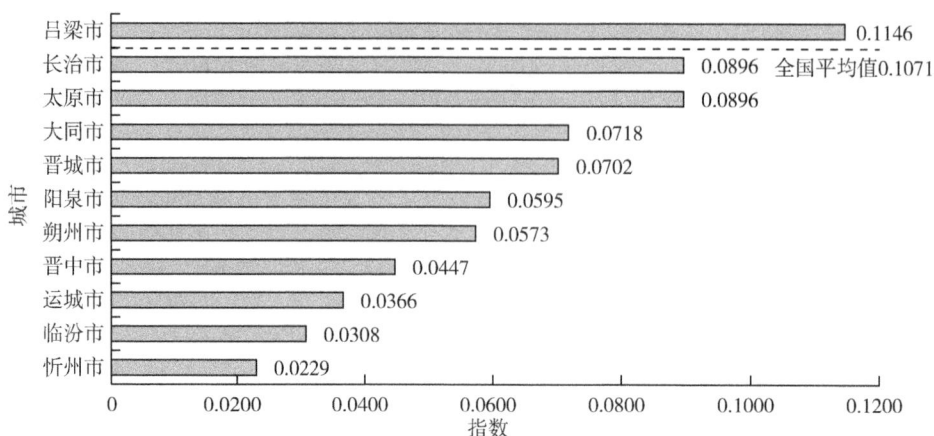

图 7-75　山西省各市创新环境指数

创新服务一级指标，山西省各市的排名依次为太原、长治、阳泉、晋中、大同、运城、晋城、临汾、忻州、朔州、吕梁。其中，只有太原一个城市的创新服务指数高于全国平均值（图 7-76）。

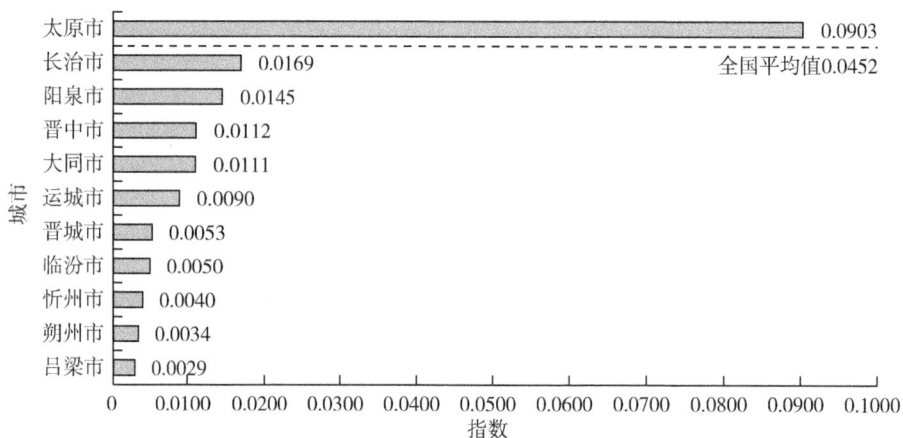

图 7-76　山西省各市创新服务指数

创新绩效一级指标，山西省各市的排名依次为太原、大同、朔州、晋城、吕梁、晋中、长治、阳泉、运城、忻州、临汾。其中，只有太原一个城市的创新绩效指数高于全国平均值（图 7-77）。

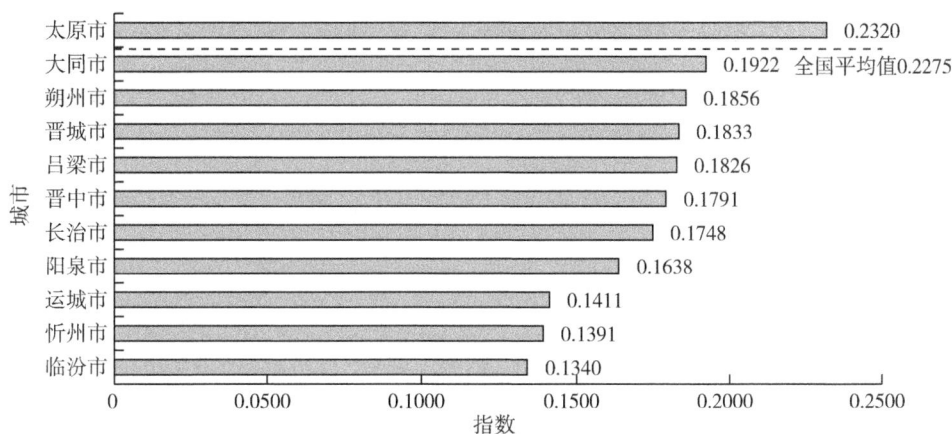

图 7-77　山西省各市创新绩效指数

二十、陕西省城市科技创新发展指数排名及分析

陕西，省会西安，下辖主要城市有西安、宝鸡、安康、汉中、咸阳、榆林、铜川、商洛、渭南、延安。陕西省各市科技创新发展指数及排名如表 7-20 所示。

表 7-20　陕西省各市科技创新发展指数及排名

城市	科技创新发展指数	全国排名	省内排名
西安市	0.3724	11	1
全国平均值	0.1503		
铜川市	0.1305	129	2
延安市	0.1103	165	3
宝鸡市	0.1042	179	4
汉中市	0.1034	180	5
榆林市	0.1015	184	6
咸阳市	0.0982	196	7
渭南市	0.0816	252	8
安康市	0.0756	271	9
商洛市	0.0745	275	10

陕西省各市科技创新发展指数的排名依次为西安、铜川、延安、宝鸡、汉中、榆林、咸阳、渭南、安康、商洛。其中，只有西安一个城市的科技创新发展指数高于全国平均值。

创新资源一级指标，陕西省各市的排名依次为西安、铜川、汉中、延安、宝鸡、咸阳、榆林、渭南、商洛、安康。其中，西安、铜川两市的创新资源指数高于全国平均值（图 7-78）。

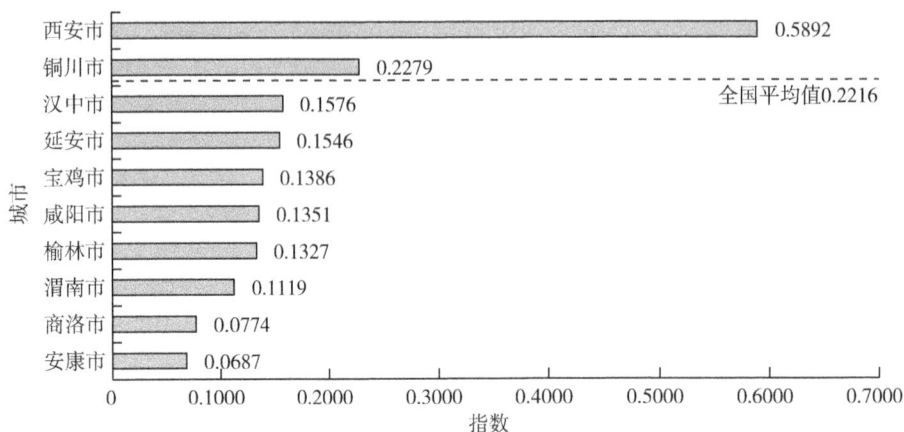

图 7-78　陕西省各市创新资源指数

创新环境一级指标，陕西省各市的排名依次为西安、铜川、宝鸡、延安、咸阳、榆林、安康、汉中、渭南、商洛。其中，西安、铜川两市的创新环境指数高于全国平均值（图 7-79）。

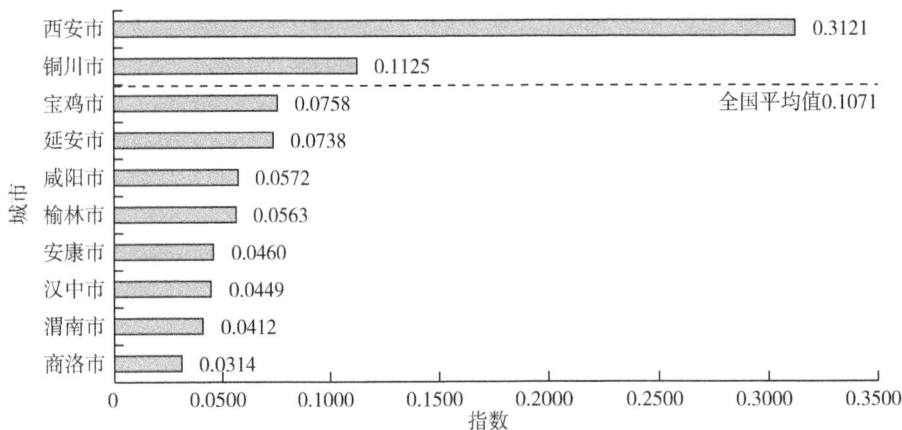

图 7-79　陕西省各市创新环境指数

创新服务一级指标，陕西省各市的排名依次为西安、咸阳、宝鸡、渭南、榆林、汉中、延安、安康、商洛、铜川。其中，只有西安一个城市的创新服务指数高于全国平均值（图 7-80）。

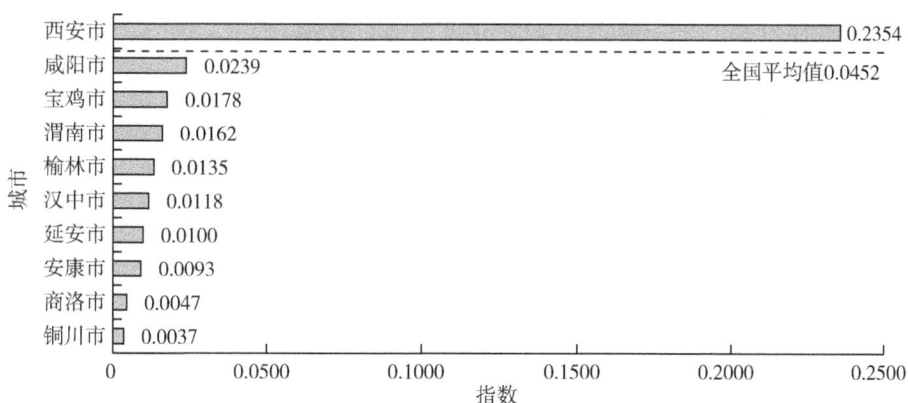

图 7-80 陕西省各市创新服务指数

创新绩效一级指标，陕西省各市的排名依次为西安、榆林、延安、汉中、宝鸡、商洛、安康、铜川、咸阳、渭南。其中，只有西安一个城市的创新绩效指数高于全国平均值（图 7-81）。

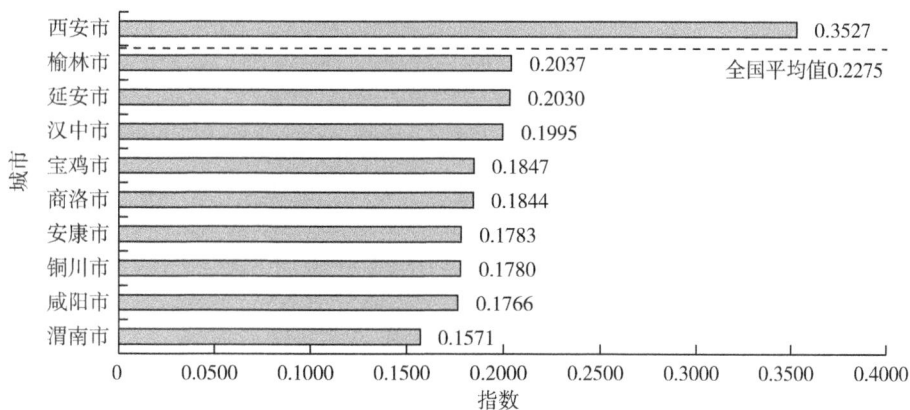

图 7-81 陕西省各市创新绩效指数

二十一、四川省城市科技创新发展指数排名及分析

四川，省会成都，下辖主要城市有成都、绵阳、自贡、广安、遂宁、德阳、内江、广元、眉山、乐山、资阳、宜宾、南充、攀枝花、巴中、雅安、达州、泸州。四川省各市科技创新发展指数及排名如表 7-21 所示。

表 7-21　四川省各市科技创新发展指数及排名

城市	科技创新发展指数	全国排名	省内排名
成都市	0.3236	14	1
绵阳市	0.1889	63	2
全国平均值	0.1503		
德阳市	0.1296	131	3
攀枝花市	0.1186	144	4
遂宁市	0.1146	152	5
内江市	0.0980	197	6
宜宾市	0.0980	198	7
乐山市	0.0976	199	8
雅安市	0.0922	219	9
自贡市	0.0886	228	10
眉山市	0.0881	231	11
广元市	0.0856	240	12
南充市	0.0849	242	13
泸州市	0.0846	244	14
巴中市	0.0776	262	15
广安市	0.0770	264	16
达州市	0.0756	270	17
资阳市	0.0749	273	18

　　四川省各市科技创新发展指数的排名依次为成都、绵阳、德阳、攀枝花、遂宁、内江、宜宾、乐山、雅安、自贡、眉山、广元、南充、泸州、巴中、广安、达州、资阳。其中，成都、绵阳两市的科技创新发展指数高于全国平均值。

　　创新资源一级指标，四川省各市的排名依次为绵阳、成都、德阳、攀枝花、雅安、自贡、宜宾、乐山、眉山、泸州、南充、广元、内江、达州、遂宁、巴中、资阳、广安。其中，绵阳、成都两市的创新资源指数高于全国平均值（图 7-82）。

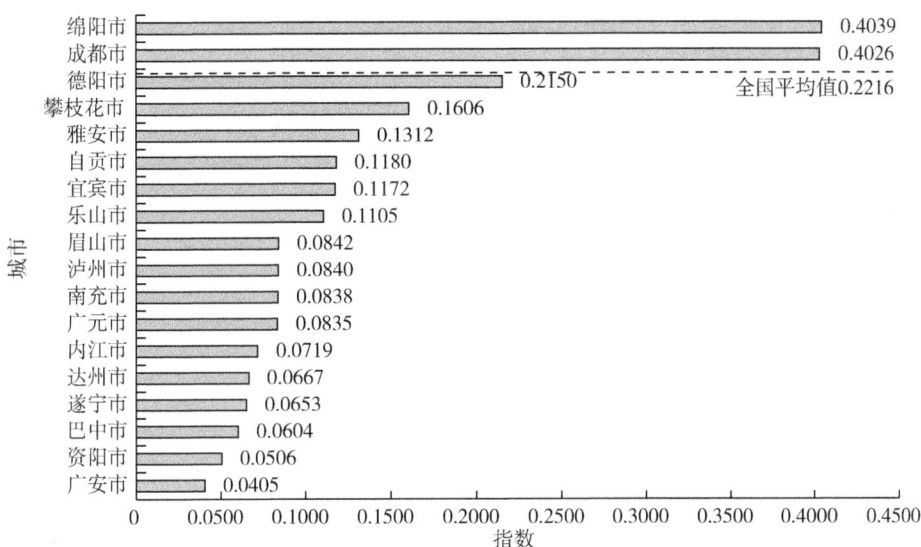

图 7-82　四川省各市创新资源指数

创新环境一级指标，四川省各市的排名依次为成都、遂宁、内江、乐山、攀枝花、宜宾、绵阳、广安、德阳、南充、眉山、自贡、泸州、广元、巴中、资阳、达州、雅安。其中，成都、遂宁、内江三市的创新环境指数高于全国平均值（图 7-83）。

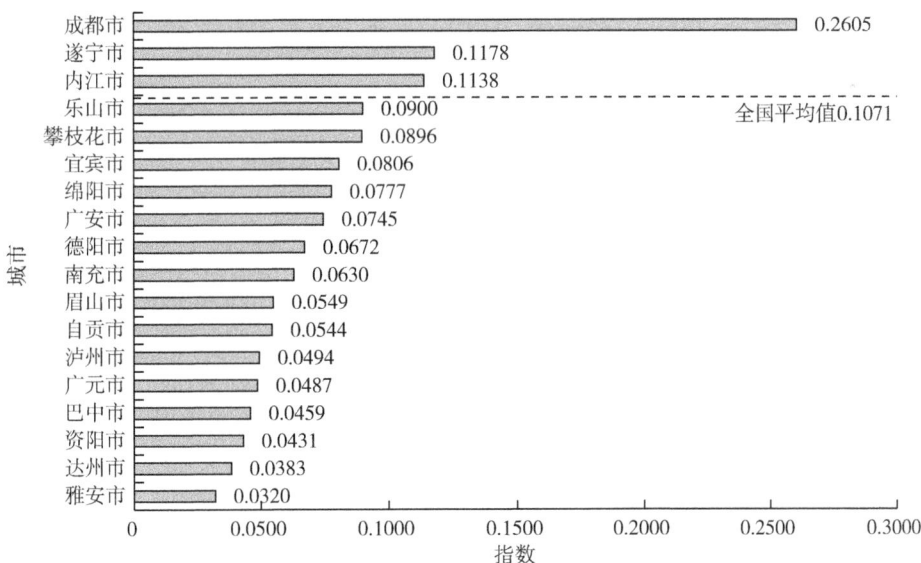

图 7-83　四川省各市创新环境指数

创新服务一级指标，四川省各市的排名依次为成都、绵阳、宜宾、德阳、泸州、眉山、遂宁、达州、内江、南充、广元、乐山、巴中、自贡、攀枝花、广安、雅安、资阳。其中，成都、绵阳两市的创新服务指数高于全国平均值（图 7-84）。

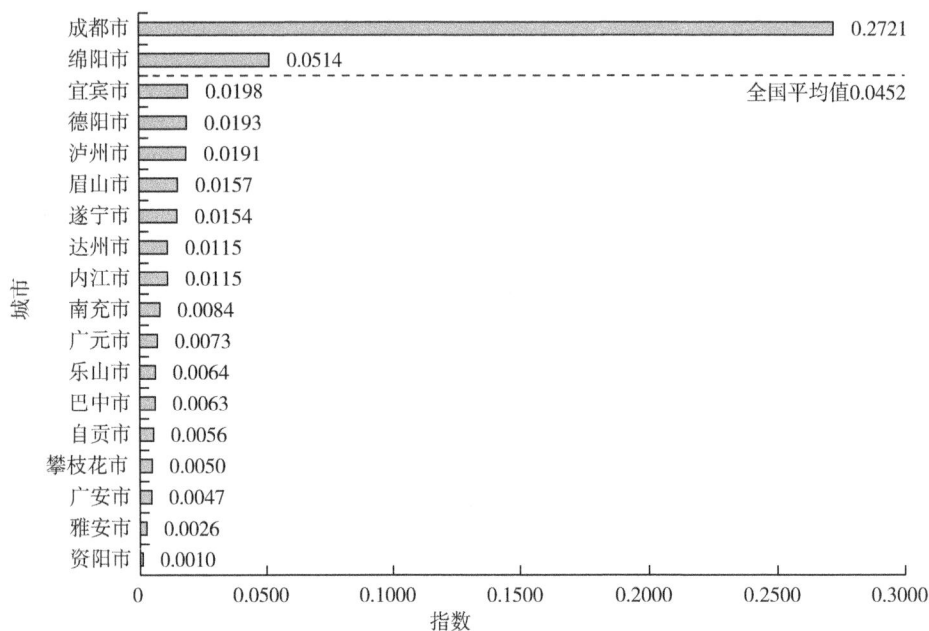

图 7-84　四川省各市创新服务指数

创新绩效一级指标，四川省各市的排名依次为成都、遂宁、绵阳、攀枝花、德阳、资阳、雅安、广元、巴中、眉山、内江、广安、达州、泸州、南充、乐山、自贡、宜宾。其中，成都、遂宁两市的创新绩效指数高于全国平均值（图 7-85）。

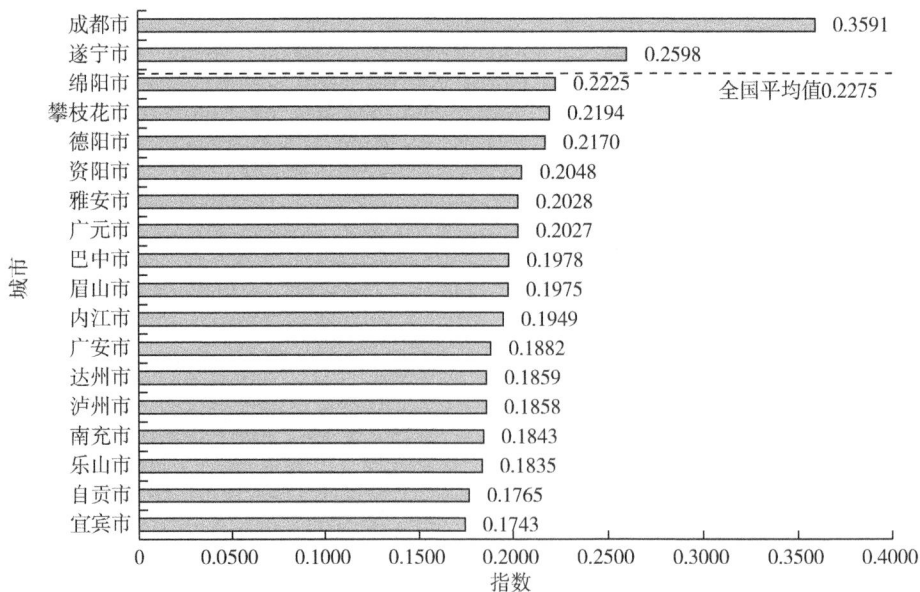

图 7-85　四川省各市创新绩效指数

二十二、云南省城市科技创新发展指数排名及分析

云南，省会昆明，下辖主要城市有昆明、普洱、曲靖、丽江、玉溪、保山、临沧、昭通。云南省各市科技创新发展指数及排名如表 7-22 所示。

表 7-22　云南省各市科技创新发展指数及排名

城市	科技创新发展指数	全国排名	省内排名
昆明市	0.1951	58	1
全国平均值	0.1503		
普洱市	0.1250	141	2
玉溪市	0.1069	174	3
曲靖市	0.1001	188	4
丽江市	0.0972	200	5
保山市	0.0842	246	6
临沧市	0.0699	280	7
昭通市	0.0648	286	8

云南省各市科技创新发展指数的排名依次为昆明、普洱、玉溪、曲靖、丽江、保山、临沧、昭通。其中，只有昆明一个城市的科技创新发展指数高于全国平均值。

创新资源一级指标，云南省各市的排名依次为昆明、普洱、玉溪、丽江、曲靖、保山、临沧、昭通。其中，只有昆明一个城市的创新资源指数高于全国平均值（图 7-86）。

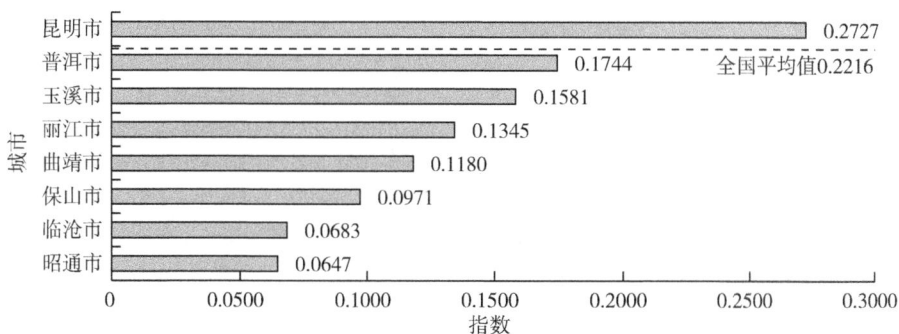

图 7-86　云南省各市创新资源指数

创新环境一级指标，云南省各市的排名依次为昆明、普洱、曲靖、保山、昭通、玉溪、丽江、临沧。其中，昆明、普洱两个城市的创新环境指数高于全国平均值（图 7-87）。

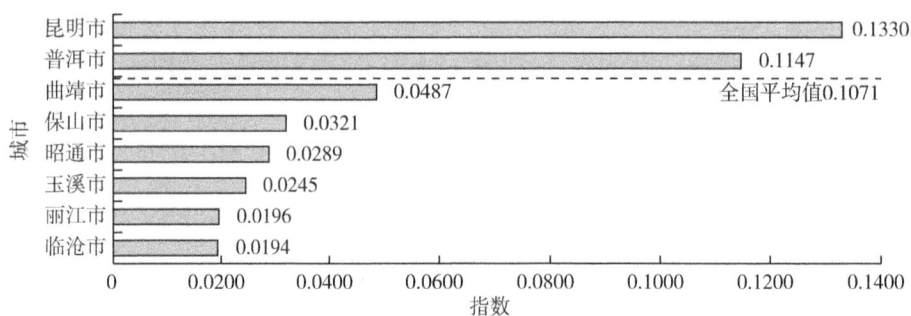

图 7-87　云南省各市创新环境指数

创新服务一级指标，云南省各市的排名依次为昆明、曲靖、玉溪、临沧、普洱、保山、丽江、昭通。其中，只有昆明一个城市的创新服务指数高于全国平均值（图 7-88）。

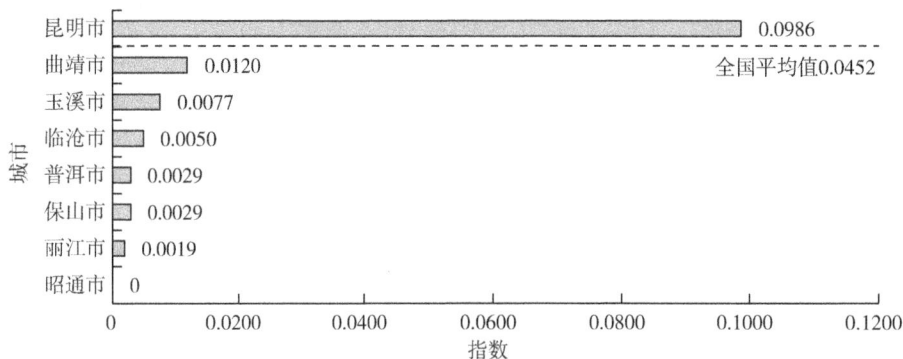

图 7-88　云南省各市创新服务指数

创新绩效一级指标，云南省各市的排名依次为昆明、玉溪、丽江、曲靖、普洱、保山、临沧、昭通。其中，昆明、玉溪、丽江三市的创新绩效指数高于全国平均值（图 7-89）。

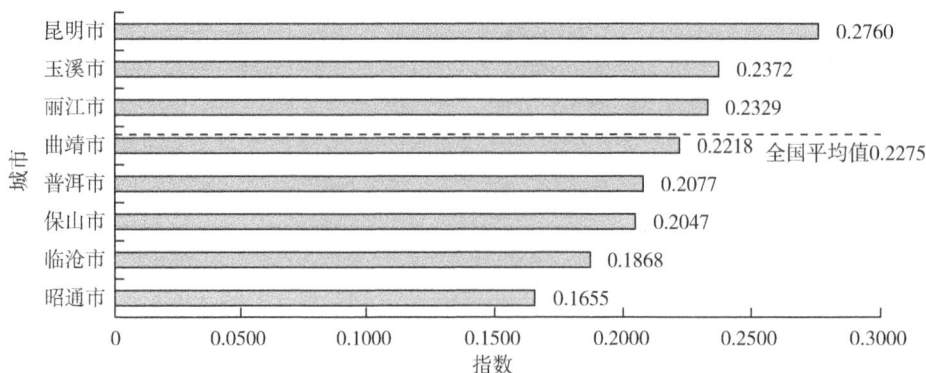

图 7-89　云南省各市创新绩效指数

二十三、浙江省城市科技创新发展指数排名及分析

浙江，省会杭州，下辖主要城市有杭州、嘉兴、宁波、舟山、温州、金华、绍兴、湖州、台州、丽水、衢州。浙江省各市科技创新发展指数及排名如表 7-23 所示。

表 7-23 浙江省各市科技创新发展指数及排名

城市	科技创新发展指数	全国排名	省内排名
杭州市	0.4440	5	1
宁波市	0.3134	19	2
嘉兴市	0.2824	25	3
温州市	0.2482	28	4
绍兴市	0.2441	30	5
湖州市	0.2433	31	6
台州市	0.2199	38	7
金华市	0.2007	54	8
舟山市	0.1965	56	9
衢州市	0.1686	77	10
丽水市	0.1603	87	11
全国平均值	0.1503		

浙江省各市科技创新发展指数的排名依次为杭州、宁波、嘉兴、温州、绍兴、湖州、台州、金华、舟山、衢州、丽水。所有城市的科技创新发展指数都高于全国平均值。

创新资源一级指标，浙江省各市的排名依次为杭州、宁波、嘉兴、温州、湖州、绍兴、金华、台州、衢州、丽水、舟山。所有城市的创新资源指数都高于全国平均值（图 7-90）。

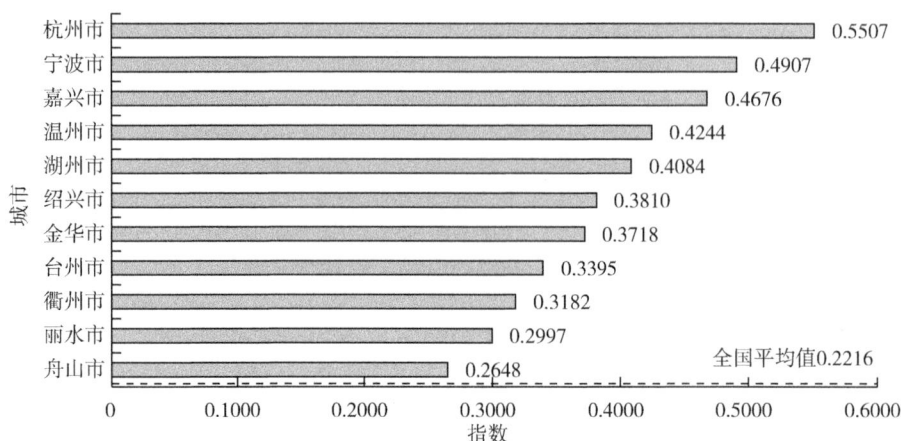

图 7-90　浙江省各市创新资源指数

创新环境一级指标，浙江省各市的排名依次为杭州、宁波、舟山、嘉兴、湖州、绍兴、温州、台州、衢州、金华、丽水。其中，杭州、宁波、舟山、嘉兴、湖州、绍兴、温州、台州八市的创新环境指数高于全国平均值（图 7-91）。

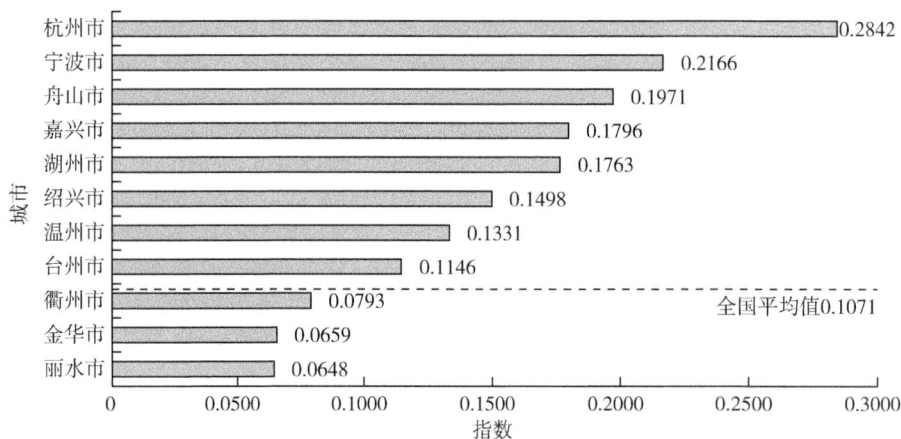

图 7-91　浙江省各市创新环境指数

创新服务一级指标，浙江省各市的排名依次为杭州、宁波、嘉兴、绍兴、台州、湖州、温州、金华、衢州、丽水、舟山。其中，杭州、宁波、嘉兴、绍兴、台州、湖州、温州、金华八市的创新服务指数高于全国平均值（图 7-92）。

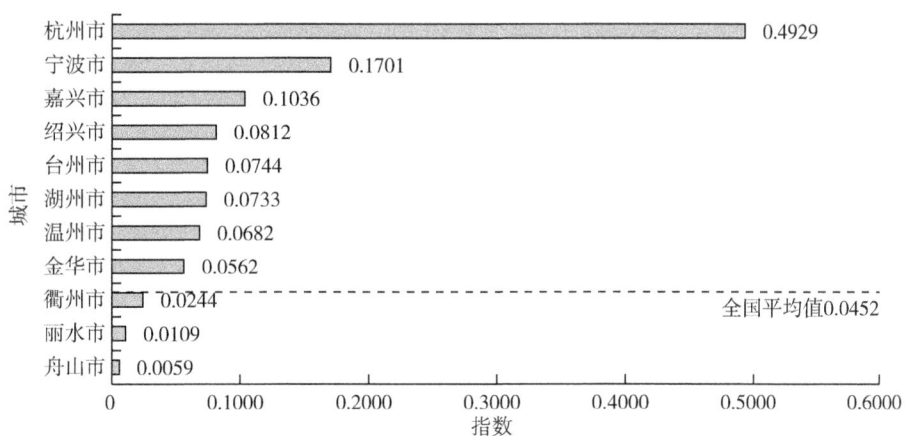

图 7-92　浙江省各市创新服务指数

创新绩效一级指标，浙江省各市的排名依次为杭州、嘉兴、宁波、温州、绍兴、台州、舟山、湖州、金华、丽水、衢州。所有城市的创新绩效指数都高于全国平均值（图 7-93）。

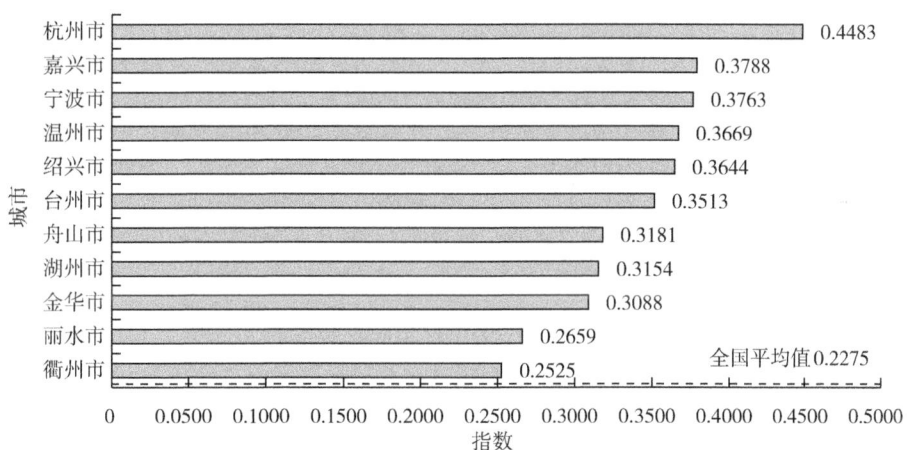

图 7-93　浙江省各市创新绩效指数

理论篇

第八章 重构城市创新地理——需求场景拉动的城市创新模式①

城市创新是各类主体为应对经济社会发展的不确定性，通过在城市内部集聚和整合创新要素，从而推动科技创新、制度创新和文化创新等，使城市竞争力不断提升、吸引力不断增强的探索过程。城市创新不仅要关注创新什么、怎样创新、哪些因素影响城市创新，更要关注在哪里创新的问题，即城市创新的空间规律问题。不同的地理空间拥有不同的资源禀赋，而如何正确看待、充分利用自身的资源禀赋，从而形成有竞争力的创新模式，则是空间创新的基础所在。

当前，全球城市创新地理正在不断演变发展，讲述着不同道路下的创新故事。城市创新地理有许多问题需要研究，尤其是在不同资源禀赋背景下城市创新的形成机制及城市创新的模式道路选择等。基于此，我们以"重构城市创新地理"为题，讲了3个需求场景拉动的城市创新故事，即"无中生有"的伦敦东区、"锦上添花"的波士顿肯德尔广场及"各美其美"的北京朝阳区，展现了3个资源不同、起点不同、路径不同但"殊途同归"的城市创新实践。基于对这些城市成功经验的总结，结合国内外理论界的研究，我们尝试构建了一个全新的分析框架——"创富（RICH）模型"，围绕资源（Resource）、动力（Impetus）、行为（Conduct）、生态（Habitat）4个方面，对比"技术供给推动"和"需求场景拉动"两类具有代表性的城市创新范式的差异，这套分析框架不仅可以回溯和验证现实，而且为我们应对城市创新地理重构中出现的"不确定性"提供一些"确定性"的考量。

在理论和实践研究的基础上，我们提出了几点思维上的"启示"，即城市在选择创新发展道路过程中要关注3个"态"——"静态""动态""稳态"。静态，即城市要根据自身的资源禀赋，做出合适的创新道路选择；动态，城市可以在供需两侧发力，但要关注发力点的先后顺序，即先走哪条道路的问题；稳态，即不同城市在进行道路选择的过程中，在区域空间内潜移默化地形成了创新策略的互补格局。

最后，我们尝试给出了一套城市通过需求场景拉动创新可能采取的"1+5+10"策略，包括锚定"现代化科技都会"1个核心定位，践行"远谋战略""优化场景""权衡有道""深耕生态""砺金琢玉"五大发展路径，以及抓好"明道""重行""布面""燃点""抓大""放小""融链""筑圈""强基""固本"10个战略支点，鼓励那些有意愿在创新发展道路上寻求突破而基础研究资源相对匮乏的城市，坚定不移地走需求场景拉动创新的道路。

---

① 由首都科技发展战略研究院课题组完成，执笔人为关成华、赵峥、刘杨、邱英杰等。

一、实践：需求场景拉动的城市创新案例

（一）"无中生有"：伦敦东区

为什么有些城市在先天不具备创新资源禀赋的条件下仍然可以实现创新发展？这一问题的关键在于城市创新道路的选择，在于理解和利用城市的竞争优势。纵观全球主要创新城市和区域，有不少需求场景拉动创新的成功案例，其中伦敦东区就具备很强的代表性。在过去，伦敦东区是贫民、移民的聚集区，第二次世界大战后重建为以服装、印刷为主的轻工业区。自20世纪90年代开始，英国政府实施至今的"城市更新"策略，彻底扭转了伦敦东区的命运。如今，伦敦东区已从历史上的欠发达地区一跃转型成为英国科技企业最密集、全球人才密度最高的创新区，完成了"无中生有"的跨越式发展和蜕变。大批新兴科技公司聚集在伦敦东区的老街（Old Street）和肖尔迪奇区（Shoreditch）中间一个被称为"硅环岛"（Silicon Roundabout）或"东伦敦科技城"（East London Tech City）的区域，截至2022年，该区域吸纳了1800多家企业入驻，汇聚了谷歌、脸书、英特尔、思科等科技企业，成为美国硅谷之外的又一个国际科技创新中心。

1. 主要做法

一是独特的空间与区位优势，促进伦敦东区成为"创意之城"首选地。伦敦东区尽管被称为"东区"，实际上距离伦敦市中心非常近。1997年，英国政府提出了"新英国"构想，伦敦的定位是成为"创意之城"，伦敦东区也成为"创意之城"首选地之一。在政府扶持下，加之廉价、共享的社区环境满足了创意人群对租金性价比的现实需求，伦敦东区很快吸引了一批新锐设计师。创意活动的开放氛围，又使伦敦东区自身的强大吸引力逐渐形成，伦敦东区创意经济自此开启。

二是强烈的区域转型发展需求，促使科创产业成为伦敦东区重点产业。创意经济的到来使得伦敦东区吸引了大批的艺术经销商、收藏家、艺术家和年轻的艺术系学生，伦敦东区迅速成为国际知名的艺术家聚集地。这一阶段，正值第一次互联网经济兴起时期，伦敦东区独特的旧工业建筑环境和优越的地理位置提供了灵活、经济、便捷的工作空间，吸引了一些科技公司于此创业。

三是明确的政策指引和扶持，加速伦敦东区构建起创新"生态圈"。伦敦东区科技转型一开始就瞄准国际市场，通过人才和市场定位的国际化，结合伦敦作为世界国际大都市的地位，更好发挥城市国际化人才资源集聚和国际化人才溢出的优势，将伦敦科技创新推向全世界。为了让伦敦东区原有的产业集群更具规模，2011年英国政府颁布了一项支持"迷你硅谷"发展的计划，将包括奥林匹克公园在内的伦敦东区建造成高科技产业中心，命名为"东伦敦科技城"。同年11月，英国政府以"硅环岛"为核心，投入4亿英镑打造"东伦敦科技城"，制定优惠政策并确保把新建筑中的一部分空间用作孵化区。同时，英国政府提出了一系列战略，包括成立专门的管理机构"科技城管理公司"等，支持创业及中小规模企业在"硅环岛"周边集聚来吸引大型国际投资者。

四是坚实的金融业发展基础，助推"东伦敦科技城"创新要素集聚。伦敦作为国际金融中心，拥有一个触手可及的庞大市场和众多金融机构，通过"东伦敦科技城"的复兴吸引众多初创企业将总部设立在伦敦，加速推动着金融科技的发展。在"东伦敦科技城"发展过程中，谷歌成为入驻的第一家高科技巨头企业。谷歌的入驻给全世界的企业和投资人带来了很大信心，随后大批高科技巨头企业跟进，微软、IBM 等公司相继落户伦敦东区。与此同时，各大金融机构争相进入伦敦东区，纷纷买房置业、开设分支机构，并且借鉴了美国硅谷银行与硅谷投行的做法，在伦敦东区开设类似的科技银行和科技投行机构，瞄准中小微科技企业，围绕高科技巨头企业建起的价值链开展各类创新服务。

2. 经验启示

伦敦东区是区域创新"无中生有"的国际典范，通过响应特定的经济和社会需求，不仅成功转型成为全球领先的科创中心，也为城市复兴和经济创新提供了宝贵的经验。具体来看，伦敦东区的创新发展实践，有以下三点经验启示：

一是在不具备高等院校、大型研究机构和实验室等创新资源的区域，良好的营商环境、优秀的企业家和产业基础就是该区域的基础资源。伦敦东区就是在缺乏主力学术机构带动情况下，政府通过对区域进行重新规划，不断加大财政政策和税收政策支持力度，为不同发展阶段的科创企业提供资助，最终促进伦敦东区科技创新企业的入驻并逐步构建起世界一流的科创生态系统。

二是区域发展过程中社会和市场的现实需求，是需求场景拉动创新的关键动力。伦敦东区在发展过程中，从最初创意经济的繁荣发展，变为全球金融危机导致伦敦东区对创意人群的吸引力减弱，这时伦敦东区的发展需求就转向了创新型经济，这是伦敦东区科技创新转型发展的最重要动力，也最终促成了"东伦敦科技城"的诞生。

三是需求场景拉动创新的模式中，政府强有力的发展规划、政策支持是构建创新场景、凝聚创新资源的关键之举。伦敦东区的发展历程中，英国政府为"东伦敦科技城"企业提供了各类税收减免服务，同时，"东伦敦科技城"与周边的高校建立了科研合作关系，"东伦敦科技城"内部企业之间互帮互助，浓郁的创新氛围和良好的创新生态为伦敦东区科技创新提供了重要支撑。

（二）"锦上添花"：波士顿肯德尔广场

波士顿肯德尔广场位于美国马萨诸塞州"大波士顿"地区的剑桥市。这里除了拥有世界顶级名校麻省理工学院外，还聚集着麻省总医院、布罗德研究所、福赛思研究所、科赫研究所等一流科研院所，云集了诺华、辉瑞、赛诺菲、谷歌、微软等 2000 多家生物医药、信息技术领域的知名企业和 600 多家行业领先初创公司，被誉为"全球最具创新性的一平方英里"。但在自 19 世纪到 20 世纪初的相当长时间里，这个区域主要以生产自行车轮胎、肥皂、钢琴、乒乓球拍和冰淇淋为主，似乎与科技创新并无直接关联。那么，是什么原因，让一个传统意义上的工业区转变为现代意义上的创新区？如何认识和理解这个"全球最具创新性的一平方英里"的空间创新模式？我们通过研究，将其概括为"锦上添花"，即在过去一个多世纪的空间创新模式演变和发展中，肯德尔广场既靠供给"织锦"，又靠需求"添花"，通过借助供需两侧发力，"锚定"了资源禀赋，拓展了应用场景，塑造了空间的创新竞争力和影响力。

1. 主要做法

一方面，"锚机构"的存在为区域创新发展持续赋能。2014年，美国知名智库布鲁金斯学会曾发布报告《创新区的崛起：美国创新的新地理》，在分析众多城市发展的基础上提出"创新区"（Innovation Districts）的概念，并认为依托高校、院所等"锚机构"形成"锚定加"（Anchor Plus）效应是构建创新空间的重要模式之一，肯德尔广场在报告中被作为"锚定加"空间创新模式的典型案例。回顾历史，肯德尔广场之所以能够成为全球最具影响力的创新空间之一，的确与麻省理工学院这一"锚机构"的创新资源"赋能"和持续的创新成果供给密不可分。

麻省理工学院成立于1861年，以教研结合和技术能力著称，与加州理工学院、帝国理工学院、苏黎世联邦理工学院并称"世界四大理工学院"。其校训是"Mind and Hand"（手脑合一），与中国文化中的"知行一体"有相通之处，不仅在教学科研过程中强调科学探索与实用性的融合，更注重科学技术成果的转化与应用。1916年，麻省理工学院迁址至肯德尔广场附近，在之后的一个多世纪，特别是第二次世界大战后的时间里，都深刻地影响着肯德尔广场的创新发展。例如，20世纪60年代，麻省理工学院陆续接收了肯德尔广场区域内的废弃工业厂房，将其改建为科研与工业结合的"科技广场"综合办公楼。20世纪80年代，麻省理工学院通过发挥癌症等重点实验室创新外溢效应，进一步推动区域向全球生命科学和生物制药行业集中地转型。20世纪90年代，麻省理工学院依托雄厚的控制论、人工智能、计算机语言、机器学习、机器人技术、加密技术实力，把握互联网蓬勃发展机遇，推动电子计算机科学成果转化，使得肯德尔广场成为众多互联网企业的最佳选址地。2000年以后，麻省理工学院则围绕创新人才和企业对生活和交往功能的强烈需求，致力于开发公共区域和公共服务设施等，打造多功能的城市综合创新区。

另一方面，企业和社会创新需求场景的牵引促进了科技成果的高效转化应用。肯德尔广场的发展，得益于麻省理工学院等一批著名高校和科研院所源源不断的研发成果供给支持，但同样离不开企业和社会创新需求场景的牵引和拉动。不断地感知需求、适应需求、满足需求，不仅实现了科技成果的高效转化应用，也为大胆的科学假设和前所未有的科学发现，提供了试验、扩展和产业化的最佳平台，激发了区域科研供给潜能，显著地提升了空间整体创新效能。

目前，麻省理工学院有超过20%的研究中心由企业出资创立，类似媒体实验室（Media Lab）等著名科研平台均有明确的企业服务目标并以获得企业的科研资助为重要考核指标。同时，这种企业创新需求驱动的正向效应也被更多院校所重视。例如，同城的哈佛大学，在北奥尔斯顿开发建设新校园项目时，就试图复制目前肯德尔广场的成功模式，拟开发一个占地36英亩的园区，旨在吸引私营公司入驻促进科研成果转化。

2. 经验启示

具体来看，波士顿肯德尔广场的创新发展实践，有以下两方面经验启示：

一是供给"织锦","锚定"资源禀赋实现凤凰涅槃。总的来看，尽管肯德尔广场在重塑创新空间的过程中，也曾遭遇过美国国家航空航天局电子研究中心关闭的挫折，但是，得益于"锚定"麻省理工学院这一创新资源禀赋和持续不断的科技成果供给，肯德尔广场得以不断接受高水平创新资源和研究能力的辐射带动，并通过释放创新资源集聚效应，培育和吸引大量全球顶尖的创新企业，仍然得以重塑空间创新地理，实现区域创新发展的凤凰涅槃。

二是需求"添花"，拓展应用场景增益创新效能。恩格斯曾说过，"社会一旦有技术需要，这种需要会比十所大学更能把科学推向前进"。从企业创新需求看，肯德尔广场聚集的众多企业一直担当着科研成果"商业化"的引领者角色，它们拥有敏锐的创新嗅觉，并按照市场规则将资本、人才等资源配置到可以形成经济价值的创新活动当中，引导着科研机构形成更具针对性的行业问题解决方案。从社会需求看，波士顿是肯德尔广场诸多新技术的积极倡导者和率先使用者。例如，麻省总医院、波士顿儿童医院和布莱根妇女医院这些在全美医院评比中名列前茅的临床医院，就对新药品、新仪器、新器械有着巨大需求，不仅是肯德尔广场医药企业的主要科研合作伙伴，也是支撑医药研发与生产的重要客户群体。

（三）"各美其美"：北京朝阳区

近年来，北京朝阳区依托 CBD、中关村朝阳园、奥运功能区、国家文化产业创新实验区等功能区，发挥规模庞大、丰富多元的国际资源、技术需求和科技场景特色优势，以新时代首都发展为统领，充分衔接北京"两区"建设、全球数字经济标杆城市建设、国际消费中心城市建设等重大发展战略，形成"原始创新看海淀，应用创新看朝阳"的新局面。朝阳区在体制机制、企业主体、科技创新、产业配套、市场规模等方面表现突出，具有国际化、高端化、高水平开放的创新资源和科技成果应用场景优势，这些也是具有朝阳特色的现代化国际创新城区建设之路，显著区别于海淀区以"大院大所"集聚为核心的技术供给推动型城市创新模式，在区域范围内形成了"各美其美"的城市创新地理格局。

1. 主要做法

一是从资源禀赋来看，朝阳区在跨国公司地区总部、国际组织、外资金融机构等指标上均具有较大比较优势。截至目前，朝阳区集聚了除俄罗斯外的全部外国驻华使馆，北京市 90% 的国际传媒机构，80% 的国际组织、国际商会，70% 以上的跨国公司地区总部，65% 以上的外资金融机构，50% 以上的国际性会展，以及半数以上的"夜京城"地标和商圈；高等院校、科研院所、重点实验室均占全市 1/5 以上；拥有众多世界 500强企业研发中心及各类孵化机构 100 余家。

二是从动力来源来看，朝阳区的市场需求和消费规模具有比较性优势。朝阳区是国际消费中心城市主承载区，具有诸多的新兴消费场景，在消费带动需求方面有着显著优势。根据北京市区域统计年鉴 2022 年公布的最新数据，朝阳区 2021 年商品交易市场达到 81 个，在全市遥遥领先。截至 2022 年，朝阳区引进首店 1588 家，占北京的 57%。

朝阳区有 16 个高品质商圈，即嵌套有多元化消费场景的商业综合体。2023 年 1—7 月，朝阳区实现社会消费品零售总额 1904.7 亿元，对全市的增量贡献率达 27.8%，居全市首位，且相比于历史数据有上升趋势。

三是从行为特征来看，朝阳区的科技创新呈现典型的"场景吸引—企业聚合"特征。改革开放后，朝阳区坚持"对外实行开放，对内搞活经济"，城市基础设施日益完善，多次承担国际接待活动，逐步成为首都重要的对外窗口区。亚运会、世界妇女大会、奥运会、冬奥会等大型国际活动为朝阳区持续注入新的动能，朝阳区也逐步成为集金融服务、文化休闲、商贸服务等功能为一体的多元复合区域。进入 21 世纪，CBD 迎来巨大发展机遇，基本形成以国际金融为龙头、高端商务为主导、国际传媒聚集发展的产业格局。

四是从生态体系来看，朝阳区有着更为多元的现代化产业基础和配套设施。朝阳区在新中国成立初期，就诞生了纺织、化工、电子、机械制造、汽车五大工业基地，为朝阳区留下如今的大批工业建筑遗产和创新空间。朝阳区拥有诸多国际饭店、外交公寓等便于吸引留住国际人才的国际化公共和商业设施。朝阳区数字经济引领高质量发展优势显著，2022 年朝阳区数字经济总营收达 4807 亿元，位列全市第二，占全区 GDP 比重由 2019 年的 33% 提升至 2022 年的 36% 左右。近年来，朝阳区积极建设国际领先的数字基础设施，以工业互联网、人工智能和数字安全等为核心，前瞻发展未来产业，数字消费、数字文旅、数字金融、数字服贸等新模式、新业态不断涌现，着力打造具有国际竞争力的数字经济产业集群。

2. 经验启示

显而易见，朝阳区的大院大所规模数量及科技人才的密度无法与海淀区媲美，但朝阳区依托自身资源禀赋走出了符合自身实际情况的独特道路，显著区别于海淀区以大院大所集聚、科技人才密集优势起家的原始创新策源地特征，实现了区域创新"各美其美"实践的新范式，为中国式现代化城区建设提供了更加多元化的道路选择。具体来看，朝阳区的创新发展实践，有以下三点经验启示：

一是在传统创新资源不足的情况下，依靠前瞻性的顶层设计和优越的基础配套设施，吸引了大量的国际组织及科技型企业集聚。传统创新资源主要体现在高校、科研院所，与海淀区相比，朝阳区此类资源不足。但朝阳区依托自身使馆区、CBD 等基础优势，持续完善基础配套设施及相关服务，吸纳了大量的国际组织及科技型企业在此集聚，从需求端带动科技创新发展。

二是在创新发展过程中，形成了诸多消费场景、应用场景和需求场景，成为拉动技术创新的关键。朝阳区作为国际消费中心城市的主承载区，在发展的过程中，规划和打造了诸多知名商圈，并形成了一种消费场景多元、应用场景丰富、需求场景充足的特殊市场结构，并走出了一条"以场景驱动牵引技术创新，以科技创新引领经济高质量发展"的道路。

三是良好的创新生态体系，成为区域保持可持续繁荣的重要驱动和引擎。朝阳区具有以金融业、租赁业和商务服务业为主导，高新技术产业支撑、文化创意产业集群发展的多元化产业格局，且创新服务不断提升，营商环境持续改善，良好的创新生态体系，成为区域保持可持续繁荣的重要驱动。

二、理论：城市创新的内涵、范式及特征

城市创新是各类主体为应对经济社会发展的不确定性，通过在城市内部集聚和整合创新要素，从而推动科技创新、制度创新和文化创新等，使城市竞争力不断提升、吸引力不断增强的探索过程。理论界将技术供给推动和需求场景拉动总结为两种最具代表性的城市创新范式，二者在资源禀赋、动力来源、行为特征、生态体系等方面有着各自特点。在创新经济时代，需求场景拉动范式将在城市创新"黑箱"中扮演更加重要的角色，可能成为未来城市创新的主流范式。不同地区要结合自身实际，选择具有区域特色的创新发展道路。

（一）城市创新是什么？

城市发展有其历史规律和逻辑。最早的城市由乡村集镇发展而来，如公元前 4000 年左右开始形成的、代表两河流域文明的苏美尔城邦，以其丰富的农业和手工业产品闻名，也是世界上最早的一批城市。随着工业的不断发展完善，逐渐形成以工业为中心、农业为外围的城市发展形态，生产要素在城市中心集聚，曼彻斯特、伯明翰、格拉斯哥等一批工业城市迅速成长起来。随着城市规模的扩大和空间的蔓延，大城市开始出现环境污染、交通拥堵、房价上涨、社会分化等问题，"逆城市化"现象涌现，"多中心"和"都市圈"的城市发展形态开始出现。进入后工业时代以来，城市从外延式扩张向内涵式发展转变，创新经济和企业家精神开始成为城市长期繁荣、可持续发展的关键驱动力，创新也解决了很多"大城市病"，更好地服务人类的美好生活，纽约、旧金山、东京、伦敦、北京、波士顿等均因创新而强。

20 世纪 20 年代，熊彼特（Schumpeter）首次将创新引入主流经济学界，从企业角度定义创新，认为企业家精神带来的"毁灭性创新"是经济增长的内在动因。20 世纪 80 年代，理查德·尼尔森（Richard. R. Nelson）等提出了综合技术创新和制度创新的国家创新系统（National Innovation System）理论，认为创新不只是企业的行为，而是不同创新主体的互动网络。20 世纪 90 年代后，很多研究发现创新发展呈现明显的区域化特征，针对该现象，库克（Cooke）等学者提出区域创新系统（Regional Innovation System）理论，系统地阐述了区域创新的组合环境和组织特征。

在区域创新系统发展的过程中，城市功能的重要性日益显现，城市创新作为一个关键研究领域，近几十年来引起了学者们的广泛关注。学术界逐渐形成城市创新理论（City Innovation Theory）框架，其中"技术供给"与"需求场景拉动"成为其两个核心概念。城市创新理论，最早体现在创新对城市经济发展的影响中，把城市作为知识的来源地和产业的聚集地，凸显其在资源整合和产业集聚方面的重要功能，同时产业的集聚和创新又对城市经济的发展产生积极影响。雅各布斯（Jacobs）和卢卡斯（Lucas）都曾对此加以论述。随着城市化进程的加快，知识、技术、人才、资本等创新要素逐渐在

城市汇聚，为创新要素的扩散和流动创造了条件。

我们对创新有着一个定义，即"人类对未知领域的有益探索"①。结合对创新的定义和对城市创新理论的理解，我们可以赋予"城市创新"一个具有一般性的定义——"城市创新是各类主体为应对城市发展的不确定性，通过合理地集聚和整合创新要素，从而使城市竞争力不断提升的探索过程"。

（二）如何理解城市创新的主要范式及其特征？

理论界将技术供给推动范式（S范式）和需求场景拉动范式（D范式）总结为两种最具代表性的城市创新范式。

S范式将创新界定为从基础研究到应用开发，再到产业化和市场化的线性过程②。该概念最早由奥斯本·雷诺斯（Osborne Reynolds）在20世纪60年代提出，其理论着眼于技术创新的推动作用③。20世纪70年代初，克里斯廷·弗瑞曼（Christopher Freeman）在其著作《技术变革与经济理论》中进一步深化了这一概念，认为技术创新是经济发展的基础，技术供给是城市创新的关键动力之一。这一范式强调基础科学、工程技术和研发活动的关键性，即重大科学发现、重大理论突破及重要技术方法的创新，对于国家和产业塑造核心竞争优势具有关键性的驱动作用④。城市需要投资和支持高等院校科研机构、实验室、高科技企业，以培养创新型人才和促进技术创新，硅谷就是这类城市的代表⑤。

D范式认为对于大部分的企业和科研机构来说，市场需求型的创新在实际中占据很重要的位置，该范式是从生产需要或市场需求开始，经过研究开发、生产和销售，将创新引入市场⑥。该概念由Schmookler教授于1966年率先提出，认为创新活动的方向与速度取决于市场潜力和市场增长⑦。莱纳德·沙普（Leonard Schapiro）在20世纪80年代提出，市场需求是创新的源泉。这一理论的深入研究始于大卫·特里克（David Teece）等学者的工作，特里克指出，市场需求的不断变化和演进激发了企业创新，从而推动了经济发展。城市作为一个复杂的社会经济系统，内部涌现出多样化的需求，这些需求既来自市场的消费需求，也来自城市自身的社会、文化、环境等方面的需求，这些

① 关成华. 科学认识创新本质，助推创新型城市建设 [J]. 人民论坛·学术前沿，2021(13): 106–113.

② LYNN L H, MOHAN REDDY N, ARAM J D.Linking technology and institutions: the innovation community framework[J].Research policy, 1996, 25(1): 91–106.

③ REYNOLDS O. The concept of technological supply: a pioneering perspective on the driving force of technological innovation in the 20th century [J]. Journal of technological innovation and research, 1962, 4(1): 45–58.

④ 柳卸林，何郁冰. 基础研究是中国产业核心技术创新的源泉 [J]. 中国软科学，2011(4): 104–117.

⑤ 硅谷（Silicon Valley）以其在半导体和信息技术领域的技术创新而著名，是S范式的经典案例，这也表明大量高科技公司和研究机构的聚集有助于技术创新的发展。

⑥ TEECE D J. Profiting from technological innovation: implications for integration, collaboration, licensing and public policy [J]. Research policy, 1986, 15(6): 285–305.

⑦ SCHMOOKLER J.Invention and economic growth[M].Cambridge: Harvard University Press, 1966.

多样性的需求催生了各类创新活动，从而形成了城市创新的独特动力机制。

D 范式侧重于市场需求和社会需求对城市创新的驱动作用，属于追求利润的经济活动。城市创新是为了解决实际问题、提供新产品和服务，以满足人们的需求。城市需要鼓励创业家和企业家，帮助他们发展创新解决方案，以满足市场需求。麻州 128 号公路（Massachusetts Route 128）是 D 范式的代表，军事科技领域的需求催生了该地区的繁荣。

随着城市创新理论的发展，S 范式和 D 范式逐渐融合形成了综合性的理论体系。城市创新不再被简单地看作技术的引入和市场的反应，而是技术与需求相互作用的复杂过程。技术的快速发展为满足不断增长的城市需求提供了可能，而城市需求的不断演进也激发了技术的创新。技术供给推动与需求场景拉动相互促进，构建了城市创新的双轮驱动机制。

三、模型：城市"创富（RICH）"模型

S 范式和 D 范式都强调发挥城市的资源禀赋比较优势，通过不同的途径降低创新成本，建立遵循科技创新规律的创新范式。S 范式强调科学技术和知识产业的发展，通过利用城市内部的研发和创新资源，推动技术创新，降低创新成本，增加创新产出。D 范式则聚焦于市场需求的增长，通过满足市场需求吸引企业和创新者，降低市场准入门槛，提高创新收益。尽管两者路径不同，但它们都旨在最大限度地利用城市的独特资源和优势，以推动创新和经济增长。

S 范式和 D 范式突出了城市创新的不同动力和侧重点。本研究尝试构建一个全新的分析框架——"创富（RICH）模型"，基于资源（Resource）、动力（Impetus）、行为（Conduct）、生态（Habitat）4 个方面对比两类城市创新范式差异，具体情况如表 8-1 所示。

从资源禀赋看，S 范式强调城市创新需要具备足够的技术和研发资源供给，如高等院校、研究机构、实验室等；D 范式侧重于市场主体规模的增长，需要企业家、金融资源及良好的营商环境。从动力来源看，S 范式强调技术创新和研发投入是主要驱动力；D 范式的动力主要来自市场、社会和消费者的需求。从行为特征看，S 范式注重科技变革引发的原始创新，依托高等院校和科研院所培养创新人才和推动科技进步，促进高科技产业和创新企业的兴起；D 范式强调市场需求带来的应用型创新和场景型创新，通过创造市场需求、社会场景吸引人才和企业聚集于城市，推动创新。从生态体系看，S 范式下的城市更多聚焦于高新技术产业和未来产业；D 范式往往会发展更广泛的先进制造业和现代服务业，以满足不同市场的需求。

表 8-1　城市创新理论框架下的 S 范式和 D 范式对比

"财富（RICH）"模型	S 范式	D 范式
资源禀赋（Resource）	高等院校、科研机构、实验室	企业家、金融资源、营商环境
动力来源（Impetus）	基础研究、技术创新和研发投入	市场需求、社会场景和消费者行为
行为特征（Conduct）	资源集聚—知识外溢	场景吸引—企业聚合
生态体系（Habitat）	更聚焦，如高新技术产业和未来产业	更广泛，如先进制造业和现代服务业

四、思维：城市创新地理的"静态动态稳态"格局

结合以上理论研究和案例分析，我们认为城市在选择创新发展道路过程中要关注 3 个"态"：静态，即城市要根据自身的资源禀赋，做出合适的创新道路选择；动态，城市可以在供需两侧发力，但要关注发力点的先后顺序，即先走哪条道路的问题；稳态，即不同城市在进行道路选择的过程中，在区域空间内潜移默化地形成了创新策略的互补格局。

从静态来看，城市创新可以依靠需求场景拉动，也可以依赖技术供给推动，关键在于厘清比较优势和资源禀赋，选择适合自身的发展道路。在 S 范式下，在具有先天要素供给条件的地区，高校和研究院所的集聚可以形成先发创新优势，吸引研发投资以实现科技创新和产业创新。在 D 范式下，在市场资源和需求充沛的区域，依赖市场活跃度和创新生态系统的建设，也可以塑造竞争优势，实现后发赶超。我们认为，先发和后发同等重要，技术进步和市场需求两股动力相辅相成、相互依托，两种城市创新范式本质上没有优劣之分。选择和努力也同等重要，成熟的城市创新生态系统通常会综合考虑这两种模式的特征，并根据自身情况，因地制宜选择创新发展范式，实现可持续的城市创新和发展。

从动态来看，在城市创新发展的过程中，供需两侧的发力都至关重要，但需明晰发力点的先后顺序。若城市的基础研究资源有限，则应优先考虑从市场需求端出发，这不仅可以增强城市应对市场变化的能力，还能确保创新活动始终与市场需求保持同步，进而提升创新的效率和效益。在创新经济时代，随着人工智能等技术的突破和应用，城市的发展将更加需要创新，更加需要适应不断变化的功能需求，更加需要加快完成从功能城市到场景城市的转变，而 D 范式也将在城市创新的"黑箱"中扮演更加重要的角色，甚至可能成为未来城市创新的主流范式。当然，在关注市场需求的同时，城市创新也不应忽视技术供给的重要性，城市可以分阶段与各类研究机构建立合作关系，引进外部优质资源，逐步积累自身的基础研究能力，从满足市场需求向引领市场方向转变。

从稳态来看，城市发展的道路选择绝不能、也不该是"千城一面"，不同城市在结合自身情况和发展目标选择具有特色的创新发展道路的过程中，实际上也在区域范围内潜移默化地塑造了城市的创新分工，在更高一级维度上形成了区域创新的"稳态"。在每个特定的区域内，既需要由"大院大所"锚定的创新发展模式所造就的城市，也需要由市场需求赋能倒推的"场景创新之城"。各类城市通过自发选择道路，在空间和策略

上形成了互补性的创新格局，提升了整体区域的创新力和竞争力，实现了更加稳定和可持续的发展。

五、策略：需求场景拉动城市创新的"1+5+10"路径

对于那些有意愿在创新发展道路上寻求突破而基础研究资源相对匮乏的城市而言，需求场景拉动的创新范式不仅是一种新的可能、更是一种必然。为进一步提出 D 范式的现实实践路径，本研究提出明确 1 个核心定位、践行五大发展路径、抓好 10 个战略支点的总体思路。

（一）明确 1 个核心定位

坚定发展思路。以习近平新时代中国特色社会主义思想为指导，全面贯彻落实党的二十大精神，深入贯彻习近平总书记重要讲话精神，完整、准确、全面贯彻新发展理念，主动服务和融入新发展格局，以高质量发展为牵引，以创新、协调、绿色、开放、共享的内在统一来把握发展、衡量发展、推动发展，将中央的战略决策与城市的创新资源和模式紧密结合，将历史的积淀与未来的发展道路有机统一，坚持"商务经济 + 创新科技"双轮驱动，"需求拉动 + 场景驱动"双管齐下，"原始创新 + 应用创新"双措并举，"高新技术 + 现代服务"双翼齐飞，坚定不移走需求场景拉动创新的道路。

明确核心定位。充分发挥市场主体的支撑作用、投资的关键性作用、消费的基础性作用和外资外贸的促进作用，在"需求场景"上挖资源、做文章，以"用"带"研"，以"需"拉"供"，系统搭建内需引领、技术迭代、场景拓展、消费创新的创新生态体系，不断开辟发展新领域新赛道，塑造发展新动能新优势，努力推进全链条、全领域场景创新，促进全球前沿科学和技术成果的应用和消费，打造"现代化科技都会"，为我国在全球科技革命和产业变革中抢占制高点、掌握主动权做出新的更大贡献。

（二）践行五大发展路径，抓好 10 个战略支点

坚持"远谋战略"。一是"明道"。城市创新是一项需要方方面面通力配合、统筹协作的系统工程，不能局限于"一城一池""一兵一卒"的得失成败。城市要避免陷入盲目引进"大院大所"、执着于高端资源争抢的困局，从全局和长远的视角出发，坚持走需求场景拉动创新道路，做好城市创新发展道路的顶层战略规划，努力打造"现代化科技都会"。二是"重行"。D 范式下的城市创新需要一套全新的解决方案。在创新经济时代，城市需要精心设计应用场景，以适应不断变化的技术和市场需求，包括发展数字经济、绿色经济、健康经济、智能经济、低空经济，积极培育智能家居、文娱旅游、体育赛事、国货"潮品"等新的消费增长点等。同时，城市创新需要注重发展视角的转变，要以企业为主体推动创新，营造有利于企业家成长、市场需求增长的营商环境，不断激发企业的创新活力。此外，要优化创新决策咨询机制，可考虑设立科技创新咨询

委员会、创新场景建设咨询委员会等，邀请高端智库参与其中，为战略决策提供智力支持。

坚持"优化场景"。一是"布面"。要利用好城市现有应用场景优势，在城市治理、生态保护、产业经济、社会服务、政务服务、市场监督等领域充分发掘场景建设需求，支持"平台式"场景建设。要不断开拓、挖掘、创建符合区域发展及功能定位的新应用场景，积极与高校、科研机构和企业合作，打造场景创新平台和"场景孵化器"，为企业提供全方位的支持和服务，构建多场景联动发展的新局面。二是"燃点"。要以区域内重点园区、街区为引擎，打造具有世界影响力的国际创新园区和街区。不断创新发展模式，引领城市乃至全国的科技创新场景体验潮流，如多维度、多点位策划打造全球科技首店、创新体验街区、创新Citywalk等。要鼓励本地自媒体发展，抢抓短视频风口，加大力度创作讲述"城市故事"的文艺精品，推出更多个体微观视角的短视频、微电影的精品和爆款，将艺术、人文、潮流等元素融入文旅消费新场景，推动定制消费、体验消费、粉丝消费等新型消费模式，助力城市实现借势"出圈"。

坚持"权衡有道"。一是"抓大"。城市要确定产业创新发展的"大"基调，充分利用资源禀赋和区位优势，紧跟市场需求，聚焦新制造、新服务、新业态，加快形成新质生产力。要积极布局科技城和高新园区，加快构建以先进制造业为支撑的现代产业体系。要促进科技服务业发展，推动服务业向现代化、专业化、品牌化发展，为城市创新注入新动力。二是"放小"。要建设"服务型"政府，在企业管理、涉企政策、民生配套等领域实施"放手"的策略，主动下放政府管理的"小权"。要聚焦市场关切，瞄准货物贸易、服务贸易、数字贸易、知识产权、竞争中性、国企改革、政府采购、数据流动等敏感场景开展压力测试，推进制度型开放。在风险可控的前提下，要针对重点科技型企业、科技人才的需求，创新开发特色政策产品，给予市场主体足够的自由发展空间，形成"有为政府"和"有效市场"的有机结合。

坚持"深耕生态"。一是"融链"。要推进创新链、人才链、金融链、产业链融合，构建"宏观"创新生态体系，使各链条各环节一体化推进部署，持续优化配置要素资源。要提升科研资源与经济社会发展的匹配度，支持龙头企业与国家科研机构、高水平研究型大学、中央企业等共建高水平创新联合体，提升行业共性技术攻关能力。要以市场换技术，吸引跨国公司在华设立研发中心。要探索设立科技银行，通过推出科技保险、绿色债券、绿色基金等方式，促进科技金融更好地服务实体经济。要完善需求导向、市场导向的人才引进机制，鼓励用人主体靶向引进战略科技人才、青年科技人才。二是"筑圈"。要着眼建设"创新人"圈层的生活、工作和社交环境。要注重国际化"微尺度"空间营造，积极布局"创新咖啡"、创意工作室和创投机构，精心打造创新型街区和创新型商业圈，增加不同创新主体中"创新人"的社会交往频率。要围绕大数据、人工智能、物联网等新兴产业需要，支持龙头科技企业与高校、科研院所合作，通过"引企入校""引教入企"等形式，探索建设一批现代产业大学（学院），为城市"主航道"企业培育及输送优秀人才。

坚持"砺金琢玉"。一是"强基"。城市的创新发展离不开"公众创新"，人的现代化是城市发展之"基"。要加快推进"学习型社会"建设，完善政府统筹、教育牵头、部门协同、社会参与的全民终身学习推进机制。要为"人均可创新""人人可创新"提供制度保障，拓展市民参与城市创新的路径和制度空间，推动以"参与型创新"为核心的组织结构变革，更好地容纳市民共创、共建的客观需求，放大城市创新的公共性和人民性。二是"固本"。人文精神、创新精神与改革开放精神等是城市创新的底蕴和根本。要通过硬件建设、文艺创作等形式推动特色文化沉淀，打造保留记忆、特色鲜明的城市公共空间，做好新时代城市人文精神的更新阐释。要开展具有影响力的国际大型文体赛事活动，举办具有国际影响力的艺术演出活动，提高城市的国际化程度和文化吸引力。要塑造相互尊重、相互包容、相互帮助的城市精神，营造鼓励创新、宽容失败的创新创业氛围，让市民自愿自觉成为城市经济发展、社会进步、文化传承的主体，通过综合提升素质和文化层次实现由个体到整体的提档升级。

第九章 巩固创新跨越新优势 努力实现高水平科技自立自强 ①

改革开放以来，我国高度重视科技创新，在综合研判国际形势、准确把握科技创新内在规律的基础上，先后提出"科学技术是第一生产力""中国式现代化关键在科技现代化"等重要论述。尤其是党的十八大以来，以习近平同志为核心的党中央高瞻远瞩、举旗定向，把创新摆在国家发展全局的核心位置，制定了向世界科技强国迈进的顶层设计和系统谋划。党的十九大进一步确立了到 2035 年跻身创新型国家前列的战略目标，党的二十大报告则提出，到 2035 年实现高水平科技自立自强，进入创新型国家前列。2023 年是中国改革开放 45 周年，站在新的历史节点上，总结科技创新演进的内在规律，回顾中国改革开放以来科技创新发展的历程，立足当前国内外形势与现有格局，进一步提出中国式现代化建设背景下科技创新事业发展的建议，对于创新型国家建设具有重要价值和意义。

一、后发国家科技创新演进的主要阶段及内在规律

与一般战略不同，科技创新战略具有多层性和组合性，从单一维度来看，后发国家科技创新演进往往会采取 3 种创新策略的不同组合以实现创新战略目标，即"模仿型""赶超型""领先型"3 种创新策略；从阶段划分来看，其可以分别简称为"跟跑阶段""并跑阶段""领跑阶段"。3 个阶段和 3 种创新策略并非绝对对应关系，而是不同阶段各有侧重，呈现不同特征和规律。

（一）跟跑阶段：以"模仿型"创新策略为主，积极补短板，重在"人有我有"

跟跑阶段，后发国家因自身技术、资源、知识等匮乏，以"模仿型"创新为主，对市场上现有产品、技术进行引进、模仿和学习，以期实现"人有我有""人有我用"的目的。一般而言，一项新技术、新产品从诞生到市场饱和需要一定时间，所以创新型技术或产品投放市场后还存在一定的市场空间，使技术模仿成为可能。跟跑阶段，后发国家自主创新能力偏弱，主要是引进先发国家的先进技术进行消化、吸收和应用，并探索和孕育"二次创新"。此种方式容易使本国对他国的产品和技术形成惯性依赖。为了

---

① 由首都科技发展战略研究院课题组完成，执笔人为关成华、高海洋、刘杨。

避免陷入长期的产品和技术依赖，后发国家会根据自身技术、资源、知识等储备情况逐步往"赶超型"创新策略转移，强化"二次创新"能力，以期通过"二次创新"逐步实现产品的国产化、技术的自主化和产业链分工的升级。一方面，沿着产品价值链的"微笑曲线"攀爬，将附加值低的环节放弃或外包，逐步转向附加值高的环节；另一方面，沿着产业链往上游延伸，愈加重视研发阶段的创新成果产出。

（二）并跑阶段：以"赶超型"创新策略为主，开拓新蓝海，重在"人有我优"

并跑阶段，后发国家已然具备了一定的技术、资源、知识储备，虽然与先发国家相比尚有较大差距，但经过前期积累，在特定领域或赛道已经拥有了一定的创新能力和竞争优势，以期实现从"人有我有"到"人有我优"的过渡。该阶段的发展策略逐步由"模仿型"创新过渡到"赶超型"创新，侧重于"二次创新"能力的强化和提升，即在引入他国技术后，经过汲取其成功的经验和失败的教训，进一步开发创造出更富有竞争力的产品或技术。并跑阶段，后发国家的创新意识和创新能力愈加增强，与追赶目标国的创新差距越来越小，技术引进的空间越来越小。此时，后发国家对外可能面临先发国家的竞争甚至技术上的局部压制，很容易陷入价值链上的"低端锁定"。从历史实践经验来看，只有部分国家完成了创新赶超。一方面，后发国家在原有的技术赛道上依靠强大的"二次创新"能力获得新的技术突破，实现"后来居上"，侧重于"渐变型"创新范式；另一方面，后发国家基于前沿技术和市场需求，直接识别、采纳该时点最新、最成熟的技术，站在较高的技术起点进行快速创新，获取尚未被先发国家占领的市场，最终实现创新赶超。这种模式一般被称为后发国家的"蛙跳模式"，侧重于"突变型"创新范式。

（三）领跑阶段：以"领先型"创新策略为主，勇闯无人区，重在"人无我有"

领跑阶段，后发国家已经有了体系化的技术优势、丰富的知识储备及人才队伍优势，在特定领域相比于先发国家已经拥有比较优势，以期通过进一步努力实现从"人有我优"到"人无我有"的过渡。该阶段的发展策略逐步由"赶超型"创新过渡到"领先型"创新，侧重于"原始创新"能力的培育和强化，即逐步进入无人区，无技术可模仿、无经验可参照，完全在人类现有认知的基础上进行自主创新，一旦实现突破，就拥有了强大的比较优势和领先优势。领跑阶段，后发国家的后发优势充分彰显，因为在部分领域或赛道的突出表现和创新成就对先发国家造成了较大程度的影响，先发国家为保持自己的比较优势和核心竞争力，通常会对后发国家的科技创新进行不同形式的围追堵截。此种情况下，后发国家面临着严峻的外部挑战，需要时刻应对各种发难。从历史实践经验来看，突破"中等技术陷阱"约束是跻身世界头部科技强国之列的必经之路。

二、中国改革开放以来的科技创新跨越发展历程

纵观中国改革开放的 45 年，科技创新实践与演变历程呈现了"模仿型"创新、"赶超型"创新和"领先型"创新等创新策略特征，不同时期侧重点不同，更多时候兼顾了多种策略，且在不同发展阶段、不同产业领域呈现不同特征。

（一）逐步嵌入全球科技创新网络，体制机制创新不断迈上新台阶

自 1978 年以来，中国逐步嵌入全球科技创新网络，发展策略以"模仿型""赶超型"为主，体制机制创新不断迈上新台阶。

一是开放合作大门打开，科技创新事业迎来历史发展契机。1978 年召开的党的十一届三中全会，揭开了中国改革开放的序幕，同年召开的全国科学大会通过了《1978—1985 年全国科学技术发展规划纲要》，为改革开放新时期发展科学技术的基本方针政策奠定了理论基础。此后，邓小平先后访问日本、美国，中国开放合作的大门逐步打开，不断从发达国家引进先进技术和工业。1985 年，《关于科学技术体制改革的决定》发布，科技创新重点逐步由原来的国防科技向经济社会发展转变。

二是外资进入，为中国科技创新事业注入新鲜血液。1986 年，《国务院关于鼓励外商投资的规定》正式发布，明确规定了"吸收外商投资，引进先进技术"，鼓励外资入境。1993 年，全国人大常委会通过并颁布了《中华人民共和国科学技术进步法》，为我国科技法制建设奠定了重要基础。1994 年，国务院发布的《90 年代国家产业政策纲要》提出"为了换取关键技术和设备，允许有条件地开放部分国内市场"。1995 年，中共中央、国务院发布了《关于加速科学技术进步的决定》，在全国科学技术大会上首次正式提出实施科教兴国战略。1996 年，《技术创新工程纲要》《中华人民共和国促进科技成果转化法》《关于"九五"期间深化科学技术体制改革的决定》相继出台。

三是明确了创新型国家的建设目标，科技创新事业迈上新台阶。2006 年发布的《国家中长期科学和技术发展规划纲要（2006—2020 年）》首次提出"自主创新"一词，并确定了"自主创新，重点跨越，支撑发展，引领未来"的 16 字指导方针，鼓励创新主体开展二次创新，并提出中国建设创新型国家的定量目标。同时，完善了相关领域的法律政策体系，为技术创新和产业的良性发展夯实环境基础。

（二）改革进入攻坚期和深水区，部分科研成果逐步展现领先优势

党的十八大以来，中国创新型国家建设进入一个新的历史阶段，"赶超型""领先型"创新策略在局部得以彰显成效，一些前沿技术进入并跑、领跑阶段，部分科研成果初步具有全球领先优势，且取得重大历史成效。

一是中国科技创新发展进入全面深化改革阶段。2012 年，《中共中央、国务院关于深化科技体制改革加快国家创新体系建设的意见》发布，总结了中国在参与全球科技竞

争中面临的主要问题，明确了发展原则和主要目标。2016年，国务院印发《国家创新驱动发展战略纲要》，明确提出世界科技强国建设"三步走"战略，确立了"到2050年建成世界科技创新强国"的建设目标。

二是科技创新进入快速发展阶段，创新成果不断涌现。"天眼FAST"落成、C919大型客机首飞成功、"墨子号"成功发射、中国光量子计算机诞生、"复兴号"动车组列车顺利运行、天舟一号货运飞船顺利交会对接、001A型国产航空母舰顺利下水、可燃冰试采成功、中国首台泵后摆火箭发动机首次试车成功等，每一项关键核心技术的突破，每一项重大装备的成功运行，无不彰显着我国科技创新的辉煌成就，系列重大科技创新成果的涌现标志着我国科技创新已然进入快速发展阶段。

三是5G等先进技术引领全球，中国在细分赛道自主创新初步具备领先优势地位。从2013年工业和信息化部、国家发展改革委、科技部共同支持成立IMT-2020（5G）推进组，到2018年3GPP 5G NR标准SA方案在3GPP第80次TSG RAN全会正式完成并发布，标志着首个真正完整意义的国际5G标准正式出炉，中国在5G等细分赛道初步具备自主创新领先优势地位。

（三）创新驱动发展战略深入实施，科技创新发展不断实现新跨越

党的十九大以来，党中央、国务院准确把握世界新一轮科技革命和产业变革大势，深入实施创新驱动发展战略，科技创新发展不断实现新跨越。

一是研发投入强度持续增长，为科技创新再攀高峰提供了强有力的保障。2022年，中国研究与试验发展（R&D）经费支出30 870亿元，研发经费投入强度为2.55%，基础研究经费支出1951亿元，国家自然科学基金资助项目为5.19万个，与2018年相比，增幅分别为57.0%、17.0%、74.5%、16.6%，持续增加的研发投入为科技创新事业发展提供了重要的资本要素保障。

二是科技创新基础设施持续完善，为科技创新事业提供了重要载体和平台。截至2022年末，中国拥有国家重点实验室533个、国家工程研究中心191个、国家级科技企业孵化器1425家、国家备案众创空间2441家，与2018年相比，增幅分别为6.4%、44.7%、45.4%、25.3%，系列创新载体为科技创新成果的顺利转化落地提供了重要支撑。

三是科技创新交流与合作更加活跃，创新成效不断实现新跨越。2022年，中国专利授权量为432.3万件，PCT专利申请受理量为7.4万件，签订技术合同77万项，技术合同成交额为47 791亿元，与2018年相比，增幅分别为76.7%、34.5%、86.9%、170.1%，科技创新成果涌现，区域科技创新交流合作更加密切，创新成效不断实现新跨越。

三、将改革开放进行到底，保持创新跨越良好势头

改革开放以来，中国科技创新取得了巨大成就，在新发展格局下，需以深化改革开

放为抓手，保持创新跨越良好势头，助力实现高水平科技自立自强。

（一）始终坚持改革开放不动摇，进一步构筑国际科技创新合作新范式

中国在科研人才队伍锻造及创新生态系统塑造方面与发达国家依然有较大位势差，要始终坚持改革开放不动摇，直面问题和挑战，进一步构筑国际科技创新合作新范式。

一是营造具有国际竞争力的开放创新生态。打破各种壁垒，促使人才、资金、技术、知识等各类创新资源要素能够在不同创新主体之间实现无障碍、低成本的自由流动与配置，以期发挥最大效能。

二是在国际治理合作中寻找细分赛道，贡献中国智慧。中国在部分新兴技术领域已经具备一定领先优势，应以此为抓手，加强国际合作，积极参与到相关规则和标准的制定中去，贡献中国方案，提升国际话语权，助力新兴技术在国际范围内的裂变。

三是探寻国际科技人文合作新路径。不断创新体制机制，在新形势下开展多元化、多层次、多领域、多维度的国际科技人文交流合作。既要做好与全球科技强国的友好互动交流，又要与关键国家及其他后发国家做好合作交流，搭建长期稳定的科技创新合作交流平台，不断扩大共识范围，在共同应对挑战方面把合作推深走实。

（二）充分发挥新型举国体制优势，以深化改革为引擎破局"中等技术陷阱"

充分发挥新型举国体制优势，持续锻造科技创新内核能力，以深化改革为引擎破局"中等技术陷阱"，在实现中国式现代化道路上行稳致远。

一是要充分激发企业、高校、科研院所等创新主体的活力。深化科技创新评价体系改革，明晰产权制度，为科技成果转化扫清制度阻碍；注重平衡不同主体间的收益，充分照顾科研人员利益，激发科研人员的创造性与主动性。同时，通过政策鼓励企业自主创新，为企业提供自主创新的原动力，助力企业摆脱对模仿型创新模式的路径依赖。

二是加大科技创新人才队伍建设投入力度。加快创新人力资本积累，在开放合作中不断完善创新人才引进和培育体系，提升创新人力资本配置效率。完善相应的技术移民政策，引进优秀国际科技人才，为人才体系建设开辟新源泉。以区域创新高地为依托，汇聚和吸引全球科技人才。

三是充分发挥市场在资源配置中的决定性作用。加快推进金融市场改革，降低科技型企业的融资成本，引导民间资本向科技创新领域汇聚，为科技创新提供资金支持。加快完善产权保护制度，与科技创新体制机制改革协同配合，提高技术创新的市场价值。

（三）抓住全球科技革命新机遇，闯出一条具有中国特色的科技自立自强之路

中国要紧紧抓住新一轮全球科技革命和产业变革带来的新机遇，保持战略自信和定力，以市场需求为导向，联动科技与经济双向融合发展，闯出一条具有中国特色的科技自立自强之路。

一是把"四个面向"作为科技创新的行动指南。以"四个面向"为行动指南，持续

提升科技创新能力，强化基础研究的同时坚持需求导向，努力实现技术推动与需求拉动的双轮驱动创新发展格局。

二是开放创新过程中要妥善把握政府与市场关系。政府做好科技创新引导与服务工作，为市场构建公平的创新制度环境，明确产业发展的优先级，把科技创新摆在首要位置，久久为功，能够依靠市场机制解决的问题尽可能地交由市场解决，充分发挥市场在资源配置中的决定性作用。

三是联动科技与经济融合发展。按照现代化产业体系建设要求，依托完整的工业体系、总量丰富的科技人才队伍、相对成熟的金融生态等基础优势，持续完善一体化创新体制机制，促进创新链、产业链、人才链、资金链的协同互动与高效配置，联动实现科技创新与实体经济的融合发展。

第十章 城市数字治理的理论逻辑与优化路径 ①

城市数字治理是国家治理体系和治理能力现代化的重要内容。随着互联网、物联网、大数据、云计算、区块链、人工智能、无人终端、元宇宙等数字技术的迭代创新和数字中国建设进程的持续加快，我国城市发展的数字化、网络化、智能化趋势日益明显。与之相应，城市数字治理格局逐步形成，有力地增强了城市治理效率，降低了城市治理成本，提升了城市治理能力。同时，截至 2023 年末，我国城镇常住人口为 93 267 万人，乡村常住人口为 47 700 万人，常住人口城镇化率已达 66.16%，进入城镇化的中后期发展阶段。在我国从封闭、狭小、静止、熟悉、分割的乡村小社会转入开放、陌生、多元、流动、联系的城市大社会的过程中，公共事务则从小到大、从少到多、从简单到复杂。在此背景下，城市经济社会结构转型速度加快，公众诉求日趋多样，各类治理难题更易频发突发，对充分利用数字技术提升城市治理水平和治理能力，提出了诸多迫切要求。长远来看，城市数字治理不是简单的对数字技术工具的利用及推广复制，而是涉及人与城市、城市与技术、人与技术、政府与社会等各方关系的一项复杂系统工程。特别需要厘清其发展和演进的内在逻辑，关注和防范潜在风险，明晰优化路径和治理策略，以推进城市数字治理体系与治理能力现代化。

一、城市数字治理的理论逻辑："目标—行动—保障"分析框架

城市数字治理是通过数字技术嵌入，重塑城市治理体系、强化城市治理能力的过程。从现有文献看，一些学者已经从研究数字治理能力与城市治理现代化的关系，构建"创新—理念"理论框架，归纳城市治理数字化的价值逻辑、技术逻辑、效能逻辑和制度逻辑，分析"技术—组织—职能"要素等角度，就认识和理解城市数字化转型和数字治理内涵做出了积极探索。笔者认为，城市数字治理问题是一个理论与政策实践结合的重要命题，不仅要考虑其自身蕴含的学理逻辑，也要能够反映国情现实并体现政策导向。本书构建了"目标—行动—保障"的城市数字治理逻辑框架，认为城市数字治理的基本内容包含了城市数字治理目标、城市数字治理行动和城市数字治理保障 3 个方面。每个方面分别具有独特的内在要求和实现路径，同时三者之间存在内在一致性和高度关联性，通过实现三者良性互动、相互支撑，共同推动城市数字治理体系与治理能力

---

① 由首都科技发展战略研究院课题组完成，执笔人为赵峥。

现代化，并更好地促进城市高质量发展和高品质生活。其中，城市数字治理的目标逻辑在于"寓治理于服务"，通过数字技术改善城市公共服务品质，让更多、更广泛的城市居民切实享受到城市发展的获得感、幸福感和安全感，更好地体现和实现治理与服务的统一。城市数字治理的行动逻辑在于形成"高效的组织体系"，通过数字技术深度应用与融合，有效发挥城市政府在城市数字化转型中的引领带动作用，提升社会公众参与城市数字治理的积极性和能动性，强化城市数字治理组织体系的领导力和协同力，更好地体现和实现一体与多元的统一。城市数字治理的保障逻辑在于"驱动技术向善"，通过法治建设和伦理指引，规范技术应用的方向和标准，约束和激励城市数字治理各主体行为，更好地体现和实现秩序与活力的统一（图10-1）。

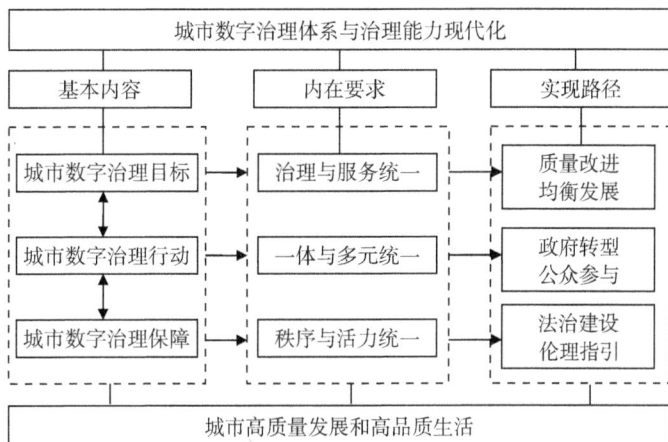

图10-1　城市数字治理的逻辑框架

（一）城市数字治理的目标逻辑

城市数字治理目标逻辑的核心在于以服务为导向，利用新一代信息技术和算法支撑，通过信息收集、反馈、分析、决策和干预等途径，拓展城市公共安全、社区管理、交通、医疗、教育、科技、就业等城市公共服务应用场景，优化城市公共产品和服务的供给规模和效率，促进城市各类公共资源合理配置，满足城市居民对更加美好生活的向往和诉求。其表现形式主要包括治理与服务的"质量改进""均衡发展"两个方面。具体来看，治理与服务的"质量改进"，主要是指通过数字治理工具和手段的应用，城市公共服务部门可以更好地促进公共服务的标准化和精细化，并通过"减环节""减材料""减时限""减成本"，更为便捷地预见、感知、满足市民需求，大幅提升城市各类公共服务的供给质量。治理与服务的"均衡发展"，则主要表现为通过发挥数字技术的时空穿透和广域渗透优势，克服传统意义上地域、系统、层级限制所带来的城市公共产品和服务资源的"错配"问题，使得城市居民，特别是特殊群体分享"数字红利"的机会和渠道得以增加，从而增强和提升城市发展的包容性和均衡性。

（二）城市数字治理的行动逻辑

城市数字治理行动逻辑的核心在于利用数字化重塑城市治理体系并强化治理主体的行动能力。重点在于适应城市数字化发展需要，推动城市政府自身数字化转型和组织变革，引领和调动多元主体参与城市数字治理全领域、全过程，更好地形成政府和社会合力，提升城市治理效能。其表现形式主要包括城市政府的数字化转型和社会公众的有效参与两个方面。具体来看，城市政府的数字化转型是增强城市数字治理行动能力的前提条件，通常有"设新""改旧"两种模式。就"设新"模式而言，主要是组建城市数字治理"新"机构。例如，增设城市数据管理局或相应部门，一体化推进城市各领域大数据开发利用和政策实施制定。"设新"模式有助于上级部门的公共政策意图被下级部门理解、支持和执行，下级部门分散的公共信息更有效地被上级部门整理并用于决策，确保政府内部政策目标相容、政策工具协调。"改旧"模式主要是利用数字技术的连通性改变城市政府部门间及层级间关系，从而协调不同部门间、不同层级间乃至不同行政区划间的治理资源和行为。社会公众的有效参与是提升城市数字治理行动能力的必然要求。在政府的统一领导下，最大限度地将社会组织、公众个人纳入决策参与主体，形成政府负责、多主体协同参与的城市数字治理格局，不仅可以有效提高治理效率，还会为城市治理注入不可或缺的数字共创力，体现数字治理的"人民城市"属性。

（三）城市数字治理的保障逻辑

城市数字治理保障逻辑的核心在于确保数字技术在城市治理中的良性应用，规范城市数字治理各主体的行为边界，抑制"技术作恶"并鼓励和支持"技术向善"。其表现形式主要包括法治建设和伦理指引两个方面。具体来看，各类城市治理主体要能够有效运用法治思维和法治方式研发和使用数字技术，把城市治理各领域的数字技术应用行为纳入合法性范畴。同时，技术伦理是城市数字治理需要遵循的价值理念、社会责任和行为规范，有助于使城市治理主体由法治"他律"走向道德"自律"。在借助数字力量提升城市治理水平、释放城市治理主体活力的同时，也特别需要坚持"技术向善"的价值导向，引导和激励治理主体主动履行社会责任，明确包括数据伦理、算法伦理、人工智能伦理等在内的一系列技术伦理规范，对数字技术应用过程中尚存在科学上不确定性的潜在损害和因果联系进行主动干预，应对数字技术"错用""误用"所带来的城市治理挑战，保障城市数字治理规范有序。

二、城市数字治理的 3 种主要风险情景

蓬勃发展的新兴技术不仅是经济增长的源泉，也可能形成"潜在的副作用"，是导致风险社会形成的重要因素。目前数字技术对城市治理的积极作用已经得到实践证明，但受到数字技术预见的局限性、城市治理问题的复杂性和不同主体认知与能力的

差异性等影响，城市数字治理的不确定性也十分突出，其所带来的风险往往"未知大于已知"，造成的损害不容忽视。其集中体现在公共服务领域的"数字技术偏见"风险、组织实施领域的"数字技术依赖"风险和行为规范领域的"数字技术滥用"风险3个方面。

（一）公共服务领域的"数字技术偏见"风险

城市数字治理的目标在于通过"好的治理"形成"好的服务"，从而实现"好的发展"。数字技术已经突破时空限制，不断渗入城市公共服务领域并深刻地改变了传统的城市公共服务模式，使得城市公共服务供给效率和品质都有了极大提升。例如，在城市就业服务方面，各类数字化就业公共服务平台的广泛应用，不仅可以令城市用工主体更加精准地对接就业者需求，也使得城市公共就业服务机构可以更好地根据供求双方信息提供个性化帮扶服务，从而有效提升城市就业市场的供需匹配度。但同时，城市公共服务领域的"数字技术偏见"风险仍然存在。特别是以机器学习带动的人工智能技术，其特殊的类人性、交互性和自主决策能力，使得原本就存在的数据和算法偏见变得更为突出且隐蔽。由于城市中不同群体之间的收入水平及数据信息获取、数字技术认知与利用能力上存在差距，就可能因"数字技术偏见"形成"数字弱势群体"。"数字技术偏见"使部分人群在分享数字化城市公共服务方面"被边缘化"，其对数字技术使用过程中所造成的个人权益受损也缺乏识别和防护能力，不仅不利于城市数字治理目标的实现，还加剧了城市社会阶层的分化，影响社会秩序稳定。

（二）组织实施领域的"数字技术依赖"风险

治理现代化的关键是平衡好各方面的权责益关系，提高多元复杂诉求下的协同治理能力。城市数字治理也是一个协同治理的过程。例如，我国许多城市基于数据信息技术而建立的政府服务热线、平台企业紧急求助热线、智慧城市综合管理平台等，就使得城市公安、信访、交通、应急管理、卫生健康等不同职能部门和个人、企业的公共安全数据，能够实现更大程度的互联互通、更加敏捷的反馈交流、更广范围的共享共用，有效地实现了基于数据的协同治理。同时，数字技术赋能城市治理关键在于为人所用、为人服务。但在城市数字治理组织实施过程中，一些城市"唯技术至上"，更重视数字治理的"力度"而忽视了数字治理的"温度"，存在着"数字技术依赖"风险。城市数字治理过度依靠数据、平台等技术工具而忽略了治理中人的价值和作用，导致诸如城市基层工作人员被各种形式的软件所"捆绑"、"数字形式主义"、"线上热线下冷"、社会公众参与热情不高等现象，不仅降低了城市治理，特别是基层治理应有的灵活性，还影响了不同治理主体间的联系，不利于各方权责关系的平衡，反而增加了城市治理成本。

（三）行为规范领域的"数字技术滥用"风险

数字技术本身具有中立属性，没有主观价值偏好，但其在实践应用中可能形成"双刃剑"效应，既可以被有效利用增进城市居民福祉，也可能对城市数字治理形成"数字技术滥用"风险，对既有的规则体系、价值观念、道德规范等造成冲击，侵犯个人权利，扰乱城市经济社会发展秩序。我国已经为数字技术在城市治理中的应用进行了顶层设计并划定了诸多底线要求。随着《中华人民共和国数据安全法》《中华人民共和国个人信息保护法》的先后颁布实施，"建设数字规则治理体系""建立和完善数字技术应用审查机制和监管法律体系""开展技术算法规制、标准制定、安全评估审查、伦理论证工作""明确人工智能、区块链等关键应用法律主体及相关责任"等相应规范性要求日益完善。然而，从科学技术演变规律来看，创新的未知领域经常处于"无人领航、无既定规则、无人跟随"的"三无"状态。这与正式治理规则的稳定性往往存在天然矛盾，而相应的法律法规的修订或出台通常具有时滞性。例如，智能化城市基础设施、以大模型为代表的通用人工智能、移动采集传感器、无人驾驶车辆等新技术、新产品迭代迅速，在细分领域可能并没有完全匹配的法律法规，如果相关企业缺乏正向的价值理性，就容易造成社会公众生理、征信、生物识别、行踪轨迹等个人信息泄露。诸如此类的"数字技术滥用"风险，不仅对进一步加快法治化进程与明确数字技术在城市治理中应用的范围、事类、程序、期限、授权主体、授权程序等提出更高要求，也对如何主动适应技术变革、加强科技伦理建设形成更多挑战。

三、城市数字治理的优化路径

城市数字治理应立足"目标—行动—保障"的逻辑框架，围绕治理与服务的统一、一体与多元的统一、秩序与活力的统一的内在要求，统筹"总量"与"结构"、"工具"与"人为"、"法治"与"伦理"，提升城市数字治理的服务水平、协同水平和规范水平，增强数字技术促进城市治理体系和治理能力现代化的正外部性，减少和防止各类风险带来的负外部性。

（一）统筹"总量"与"结构"，提升城市数字治理的服务水平

兼顾"优质"与"均衡"双重目标，在不断增强公共服务质量的基础上，更需要充分考虑城市不同群体的自身条件、价值偏好与利益诉求，统筹"总量"与"结构"，提升城市数字治理的服务水平。在总量层面，充分发挥基于我国城市发展规模所形成的应用场景优势，主动、快速地响应不断变化的城市居民、企业的现实和潜在需要，以"用户导向"持续不断地开发智慧就业、智慧医疗、智慧住房、智慧文化、智慧养老等方面的高质量城市数字化公共产品和服务。同时进一步提升城市公共服务的精准化水平，通过数字技术"画像"、历史分析和平台数据集成共享，精确细分生产、生活、生态的差异化、个性化需求，推进"高效办成一件事"基本覆盖城市公共服务高频事项，提升"微"治理和"微"服务品质。在结构层面，着力提升面向城市特殊群体的数字化服务能力，借助数字技术为更多外来务工人员和新市民提供更多"好用、够用、管用"的基本公共服务。面向老年人和生活困难群体开展数字技术普及工作，不断缩小"数字鸿

沟"。持续提升城市间、地域间公共服务数字化智能化水平，推进城市数字公共服务的标准化、便利化，促进优质公共资源跨时空共享，提升服务资源覆盖面和均衡普惠度。

（二）统筹"工具"与"人为"，提升城市数字治理的协同水平

城市数字治理的效果不仅取决于数字基础设施的完善程度和数字政府的建设力度，更取决于城市治理过程中数字技术与人的结合深度和公众参与程度。推动城市数字治理，需要不断加强智能化综合性数字信息基础设施建设，打造"物联、数联、智联"的城市数字底座，构建统一规划、统一架构、统一标准、统一运维的城市运行和治理智能中枢，发展基于人工智能等技术的智能分析、智能调度、智能监管、辅助决策系统，推动城市开展服务手段、服务模式、服务理念的适数化变革，更好地利用数字技术"工具"提升政府在城市治理中的组织领导能力。同时，城市数字治理也需要更好地发挥"人为"的作用。一方面，在数字政府建设过程中，防止技术赋能"单打一"，将数字政府建设与政府组织流程优化结合起来，推动技术变革与组织变革同步进行，推动政府自身业务架构、办事流程与权责体系的重塑，并赋予政府部门，特别是基层部门工作人员更多的技术应用选择性和灵活性。另一方面，要充分利用数字技术增强政府与社会的协同治理水平。一是增强城市数字治理的透明度。在将技术引入城市数字治理的情景选择、过程监督、绩效评价等环节，通过门户网站、公众号、自媒体等方式实现信息共享，切实保障城市居民的知情权和监督权。二是注重激发城市数字治理不同主体的能动性。例如，充分发挥行业协会商会类组织在城市数字治理标准制定、行业自律、政策倡议、民主协商等中的重要作用。鼓励和支持公众提升数字技能，遵守数字文明规范，积极参与数字化监督，全方位参与城市数字治理。三是完善线上线下协同治理机制。在利用网络议事厅、在线会议室等线上虚拟空间拓展多元主体的利益诉求表达渠道的同时，完善基于网络平台和线下实施的一体化议事机制、决策机制、评估机制、实施机制、反馈机制等，不断培育和释放城市居民的参与活力。

（三）统筹"法治"与"伦理"，提升城市数字治理的规范水平

城市数字治理法治建设的关键在于立法和执法。应聚焦"十五五"时期城市治理重点任务，着眼防范风险、维护稳定、构筑和谐、促进公平、激发活力等方面，加快推进城市应急管理、风险管理、治安防控、矛盾化解、公民隐私保护、网络空间治理、社会组织发展等重点治理领域数字技术应用的专项立法。围绕数据资源的使用、存储、传输、交易等环节，聚焦数据生产者、持有者、控制者、使用者等相关主体的责、权、利关系，加快对《中华人民共和国数据安全法》《中华人民共和国个人信息保护法》等法律、法规和《信息安全技术　个人信息安全规范》等条例、标准进行修订和完善。健全算法决策、新技术的安全管理标准与人机交互等关键风险领域的法律法规。同时强化各类算法评估和审查，防止违法获取、传播和交易数据，加强对破坏计算机信息系统、侵犯公民个人信息、非法泄露买卖数据、侵犯数字产权等数字犯罪行为的打击。城市数字

治理需要加强伦理指引。重点要加强科技伦理风险研判，深入探索技术与文明、技术与治理、价值理性与工具理性的辩证关系和理论机制，为伦理指引实践提供思想基础。倡导"负责任"的数字伦理，鼓励城市行业组织加快制定大数据、算法、区块链等科技伦理规范，引导城市企业加强科技伦理日常管理。充分借鉴生命科学领域伦理审查经验，探索开展城市数字治理过程中部分数字技术使用的伦理审查。强化行业自律，健全问责机制，加大对城市政府部门、科研机构、科技企业在参与城市数字治理过程中违反科技伦理行为的惩戒力度。广泛开展科技伦理知识的宣传教育，提高社会公众科学素养，引导城市居民树立理性科学的科技伦理观。

专题篇

第十一章 新时期、新优势、新跃升，北京国际科技创新中心建设从引领到卓越——首都科技创新发展指数 2023 解读 [①]

党的二十大报告提出"统筹推进国际科技创新中心、区域科技创新中心建设"。习近平总书记指出："要加快建设北京国际科技创新中心和高水平人才高地，着力打造我国自主创新的重要源头和原始创新的主要策源地""北京要充分发挥教育、科技、人才优势，协同推进科技创新和制度创新，持续推进中关村先行先试改革，进一步加快世界领先科技园区建设，在前沿技术创新、高精尖产业发展方面奋力走在前列"。2023 年 5 月，科技部等 12 部门印发《深入贯彻落实习近平总书记重要批示精神 加快推动北京国际科技创新中心建设的工作方案》，确立了"到 2025 年，北京国际科技创新中心基本形成，成为世界科学前沿和新兴产业技术创新策源地、全球创新要素汇聚地"的发展目标。

为了客观、翔实、公正地评估首都科技创新发展水平，支撑北京建设科技创新中心的系列工作，首都科技发展战略研究院发挥"小核心、大网络"的智库平台作用，整合国家部委、科研机构、高等院校、国际组织和社会各界的资源，自 2012 年起研究并每年发布"首都科技创新发展指数"（简称"首科指数"）。"首科指数"是全国首个针对城市的科技创新评价指标体系，该指标体系连续、动态地跟踪和度量首都科技创新发展的进展情况，被媒体誉为全社会了解首都科技创新的一扇"新窗口"、首都科技创新发展的"全景图"，以及客观反映首都科技创新发展水平和趋势的"晴雨表"。"首都科技创新发展指数 2023"全面展现了北京国际科技创新中心建设全景，为北京更好地推动率先建成世界主要科学中心和创新高地、有力支撑科技强国和中国式现代化建设提供决策参考。

一、数读"首科指数 2023"

2014 年以来，北京持续强化"四个中心"功能建设，全面实施创新驱动发展战略，科技创新中心建设取得显著成效。进入新时期，首都科技创新发展指数主要指标"两快

---

① 由首都科技发展战略研究院课题组完成，执笔人为关成华、赵峥、张亮亮等。

两慢、四优一缓"，总体呈速稳质优、行稳致远之势。科技创新中心建设正处于加快提升自主创新和原始创新能力，以满足世界科学前沿和新兴产业技术创新策源地建设需要的攻坚期，已进入有条件有能力进一步深化科技创新体制机制改革、营造更优质创新生态、形成全球创新要素汇聚地的窗口期，也到了压力叠加、突破自我、厚积薄发，率先建成国际科技创新中心的关键期。

首都科技创新发展水平稳步攀升。从总指数看，"十二五"中期到"十四五"中期，首都科技创新发展指数增长态势明显（图11-1），首都科技创新发展水平不断提高，支撑首都经济社会高质量发展成效显著。首都科技创新发展指数总指数得分从2013年的102.16分增长到2022年的187.79分，增幅达83.81%，年均增长8.56分，年均增长率达6.99%。2022年，总指数得分增速为6.30%，明显低于前5年（2017—2021年）的增速平均值7.25%，同时，也低于前10年（2012—2021年）的增速平均值7.24%。

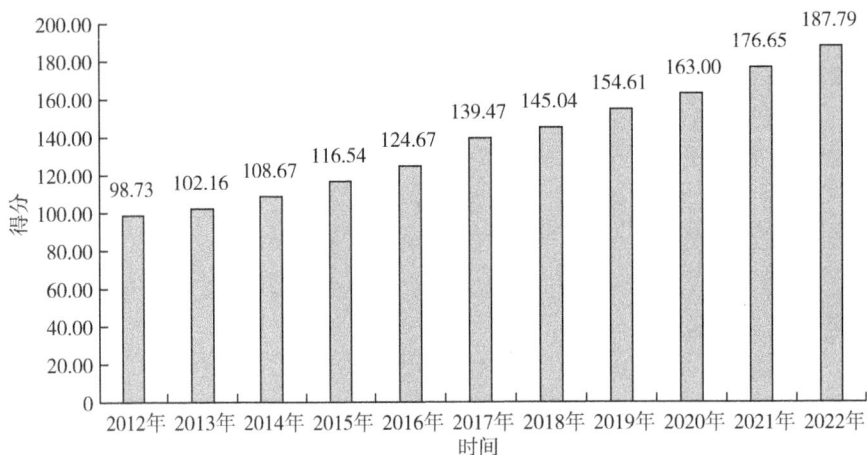

图11-1　2012—2022年首都科技创新发展指数总指数得分

新时期北京国际科技创新中心建设提质增效跃上新台阶。从分项指数看，"十二五"中期到"十四五"中期，首都在创新资源、创新环境、创新服务和创新绩效4个方面都有明显改善。其中，创新绩效改善最为明显，总体增幅达111.55%，从2012年的112.44分增长到2022年的237.87分，年均增长12.54分；创新服务总体增幅达92.39%，从2012年的101.39分增长到2022年的195.07分，年均增长9.37分；创新环境总体增幅达52.20%，从2012年的92.11分增长到2022年的140.19分，年均增长4.81分；创新资源总体增幅达38.44%，从2012年的92.43分增长到2022年的127.97分，年均增长3.55分。

此外，我们参考《全球创新指数》研究方法，引入"创新效率比"（Innovation Efficiency Ratio）概念，基于投入产出理论，采用产出类指标与投入类指标的比值，反映创新效率。本报告的"创新效率比"用创新绩效得分除以创新资源得分来表示。

结果显示，近10年来，首都科技创新发展实现创新效率"三级跳"。从创新效率比来看，党的十八大以来，首都创新效率比整体呈现持续增长态势，2022年比上年虽略有回落，但仍稳定在 1.8 以上（图 11-2）。值得关注的是，首都创新效率比"十三五"中期较"十二五"中期提高约 23%；而"十四五"中期较"十三五"中期再度提高约 23%，首都创新效率比新时期实现新跃升。

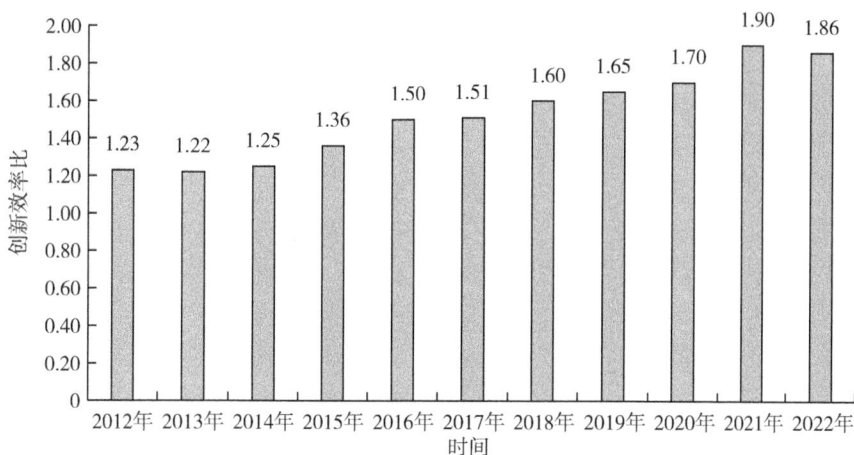

图 11-2　2012—2022 年创新效率比

就首都科技创新发展指数 2023 而言，与上期相比，呈现四大一级指标增速"两快两慢"、主要二级指标增速"四优一缓"的特点。创新资源快、创新环境快、创新服务慢、创新绩效慢，创新人才优、政策环境优、技术市场优、科技成果优、辐射引领缓，首都科技创新发展稳步向前、厚积待发的态势持续巩固。

二、新时期北京国际科技创新中心建设亮点纷呈

（一）创新资源加速集聚，高水平人才高地加快形成

高水平人才高地建设成效显著，为北京率先形成国际科技创新中心奠定了坚实基础。2022 年，首科指数一级指标中，创新资源年度增幅最大，为 8.47%，与上期相比增速提升 6.83 个百分点。二级指标中，创新人才增幅显著，达 14.44%，人才整体规模和质量显著提升。截至 2022 年底，北京地区人才资源总量达到 796.8 万人，较 2013 年增长 36.7%。专业技术人才占比达到 57.1%。全市从事研究与试验发展（R&D）的人员规模 2022 年达到 37.32 万人年，是 2013 年的 1.54 倍。2022 年，每万名从业人口中从事 R&D 人员数为 477.49 人，比 2013 年增长了 60.92%；万名人口中本科及以上学历人数为 3396 人，比 2013 年增长了 58.76%。高水平人才加快汇聚，科技领军人才规模量级持续提升。近年来，北京市实施"海聚工程"、"高创计划"、中关村"高聚工程"等一系列高层次人才引进计划，通过北京市科技新星、北京杰青基金项目、中关村高聚工程、雏鹰计划、朱雀计划等一系列人才工程集聚科技人才，吸引国内外高层次科技人才来京工作和创新创业。截至 2022 年，科技新星计划共遴选支持青年科技骨干 2979 人，

北京杰青基金项目共遴选支持 173 人。自实施国家高层次人才特殊支持计划以来，北京聚集了全国近 1/2"两院"院士、近 1/3"高被引"科学家。北京入选 2023 年度"高被引"科学家达 411 人次，首次居全球城市首位。

（二）创新环境显著优化，高品质政策环境加快完善

创新环境全面优化，政策环境系统完善，注重打造市场化法治化便利化国际化的营商环境，市场主体获得感和满意度显著提升。2022 年，首科指数一级指标中，创新环境年度增幅位居第二，为 6.50%，与上期相比增速提升 3.91 个百分点。二级指标中，政策环境增幅显著，达 14.34%，比上期增速提升 9.1 个百分点，显示出新时期北京推行各项重点改革任务取得显著成效，创新环境进一步优化，政策环境进一步完善。2023 年，北京市更加积极营造企业更有获得感的营商环境，完成 6.0 版改革任务，制定实施"北京服务"意见和促进民营经济发展壮大行动方案，完善"服务包""服务管家"机制，全市新设企业数增长 20.3%，总数突破 211 万家，创历史新高。2023 年，新设外资企业 1729 家，同比增长 22.8%。

科技创新政策体系进一步完善，科技资源优势有效转化为创新发展优势。科技部、北京市人民政府等联合印发实施《深入贯彻落实习近平总书记重要批示精神 加快推动北京国际科技创新中心建设的工作方案》。中央科技委第三次全体会议审议通过《关于新时期进一步加强北京国际科技创新中心建设的实施意见》。深化科技体制改革取得新进展。推进中关村高水平科技自立自强先行先试改革 24 条政策落实，国家和市级部门累计出台配套政策 50 余项，推动具备条件的改革措施在示范区全域推广。出台首都科技条件平台与科技创新券新规，提高科技资源利用效率；提出 18 项举措鼓励科技企业孵化器创新发展；印发《北京市碳达峰碳中和科技创新行动方案》，提升与超大型城市特征相适应的碳减排碳达峰科技支撑能力。印发实施《北京市科技计划项目（课题）管理办法》，赋予科研人员更大的自主权。加快推动高水平人才高地建设，开展外籍"高精尖缺"人才地方认定标准试点，推动外国人来华工作许可审批权下放，开展科学家创业CEO 培养工作。

（三）创新服务持续提质，高标准技术市场实现突破

创新服务提质增效，技术市场实现新突破，金融供给量质齐升，首都科技创新服务体系不断完善，特色突出、支撑有力。2022 年，首科指数一级指标中，创新服务年度增幅有所放缓，为 4.75%，与上期相比增速降低 1.34 个百分点；二级指标中，技术市场大幅攀升，达 7.28 %，比上期增速增加 14.01 个百分点，同时，这一增速创下历年最高，标志着技术市场实现新突破。近年来，北京市技术市场管理服务体系日趋完善，技术交易主体活力持续释放。2023 年，北京市技术合同认定登记实现"双突破"，认定登记技术合同总量首次突破十万项，达 106 552 项，比上年增长 12.1%；成交额突破 8000 亿元大关，达 8536.9 亿元，比上年增长 7.4%。2022 年，"三城一区"输出技术合同项数占

全市的七成，成交额占全市的五成，近八成为高精尖领域。2022 年，落地北京市技术合同 35 361 项，成交额达 2333.1 亿元，占全市的 27.3%，主要集中在电子信息、航空航天、新能源与高效节能等高精尖领域。此外，二级指标金融服务也是一大亮点，年度增速达 23.66%。金融业占全市地区生产总值和财政收入的比重均达到 20% 左右，是首都经济的第一大支柱产业。党的十八大以来，北京作为国家金融管理中心，金融事业发展取得丰硕成果，服务国家金融管理工作能力持续增强，服务实体经济水平不断提升，支撑经济发展作用日益显著。中央银行等 9 部门批复建设中关村科创金融改革试验区，会同北京市地方金融监督管理局印发实施方案，推动成立 50 亿元社保基金中关村自主创新基金，设立人工智能、医药健康政府产业投资基金。截至 2023 年 12 月末，北京辖内科创企业贷款余额为 9577 亿元，同比增长 18.4%。

（四）创新绩效稳步提升，高质量科技成果不断涌现

2013—2022 年，"创新绩效"在首科指数四大一级指标中整体增幅最大，达 111.55%，但 2022 年受疫情影响，年度增速放缓，为 6.32%，与上期相比增速降低 6.93 个百分点。2022 年，二级指标中，增幅最为显著的是科技成果，年度增速达 13.60%，且 2018—2022 年年度增速均为两位数。从研发产出看，全市 2022 年 PCT 国际专利申请受理量达 11 463 件；截至 2023 年末，全市有效发明专利量为 57.4 万件，同比增长 20.2%，万人发明专利拥有量为 262.9 件，同比增长 20.4%。原创性引领性科技攻关取得新突破。印发实施本市关键核心技术攻坚战行动计划和基础研究领先行动方案。聚焦基础研究和前沿技术研发，涌现出超大规模智能模型"悟道 3.0"、新一代量子计算云平台、新一代 256 核区块链专用加速芯片等重大创新成果。科技创新提升高精尖产业核心竞争力。2023 年，高技术产业增加值为 11 875.4 亿元，同比增长 7.1%，占地区生产总值的比重为 27.1%，占比较上年提高 0.4 个百分点。科技成果影响力辐射力持续增强。2022 年，首科指数二级指标辐射引领年度增速达 7.57%。科学研究国际影响力不断提升。世界知识产权组织发布的全球百强科技创新集群榜单中，北京位列第四。北京持续发挥对津冀的辐射带动作用。2023 年，北京流向津冀技术合同成交额达 748.7 亿元，增长 109.8%，占流向外省市的 15.1%。

三、北京国际科技创新中心建设仍需防范四大风险

（一）应对创新发展增速放缓，避免"资源诅咒"风险

"资源诅咒"（Resource Curse）又被称作"富足的矛盾"，指的是一个国家或城市拥有大量的天然资源，却反而形成工业化低落、产业难以转型、过度依赖单一经济结构的窘境。对一个城市的创新发展而言，也可能存在资源诅咒，资源密集不是成功的充分必要条件。北京作为首都，集中了全国最好的教育、科技和人才资源。但当我们回顾历年首都科技创新发展指数，发现增长速度正在放缓。2022 年，首科指数总指数得分增速

为 6.30%，明显低于前 5 年（2017—2021 年）的增速平均值 7.25%，同时，也低于前 10 年（2012—2021 年）的增速平均值 7.24%（图 11-3）。对于放缓的原因，一方面，体量越来越大，基数越来越高，放缓是一种正常现象；另一方面，也提醒我们，要避免陷入创新的"资源诅咒"。

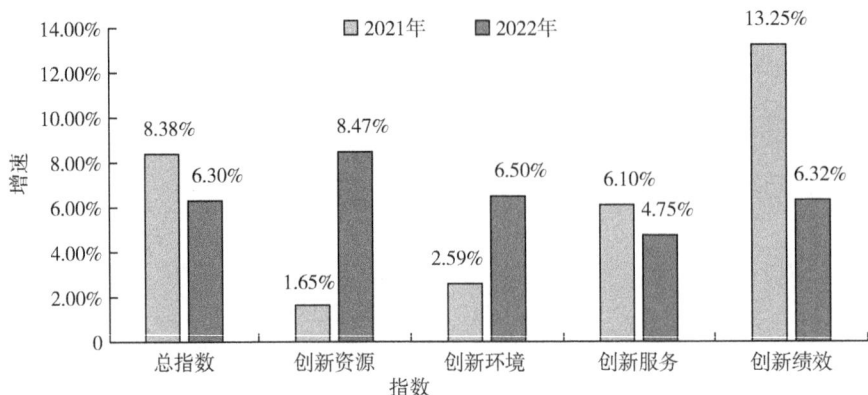

图 11-3　首都科技创新发展指数总指数及分项指数得分年度增速

（二）应对创新模式群体模仿，避免"羊群效应"风险

"羊群效应"可以理解为一种从众心理，跟风、随大流，别人干什么，我也干什么。市场主体有从众心理，一般在一个竞争激烈的领域，当一个领头羊占据了主要注意力，那么整个羊群就会模仿领头羊的一举一动，领头羊到哪里去吃草，其他的羊也去哪里。而盲目从众往往会陷入困境或遭到失败。北京是全国科技创新中心，按照中央和北京市的决策部署，要加快打造世界主要科学中心和创新高地，率先建成国际科技创新中心，为实现高水平科技自立自强和建设科技强国提供战略支撑。同时，北京也是超大城市，无论是在地理特征、经济发展上，还是在创新资源上，不同城区之间有较大差异。北京城区科技创新发展指数显示，核心区和城市副中心、中心城区、平原新城、生态涵养区的创新发展各有优势、各有特色，创新资源禀赋跟海淀区并不相同，不能都去走海淀区的创新路径，追求原始创新策源。"科技创新中心"本身也蕴含着科学、技术和创新 3 个层面的含义，各区需要选择符合自身特征的特色化、差异化发展道路，最终殊途同归，通过提升自身的创新竞争力，增强首都全国科技创新中心、国际科技创新中心的影响力和辐射力。

（三）应对创新体系发展演进，避免"黑箱陷阱"风险

首都科技创新发展指数是从创新资源、创新环境、创新服务和创新绩效等 4 个维度，考察北京整个城市的创新体系发展演进情况。在技术创新理论中，新古典学派把技术创新看作经济增长的决定性要素，但将技术创新的过程看成一个"黑箱"，不研究

"黑箱"内部的运行机制。而新熊彼特学派则对技术创新的条件和环境、市场主体组织行为对技术创新的影响等"黑箱"内部运作机制进行了研究。也就是说,从投入创新资源到产出创新绩效,要经历创新环境和创新服务等多方面因素的影响过程。很多创新资源进了这个"黑箱",并不见得就一定能产生绩效。从 2022 年首都科技创新发展指数总指数一级指标看,创新环境和创新服务的改善程度也在放缓(图 11-4)。以创新服务为例,2022 年增速为 4.75%,明显低于前 5 年(2017—2021 年)创新服务的增速平均值 9.40%,同时,也低于前 10 年(2012—2021 年)的增速平均值 9.96%。同时,创新效率尽管上了新台阶,但也较上年略有降低。如果将首都创新体系看作一个生态系统,则当前的创新生态系统已演化出新的特征,新时期应进一步深化改革,实施高水平开放,采取新举措应对创新增长停滞的风险。

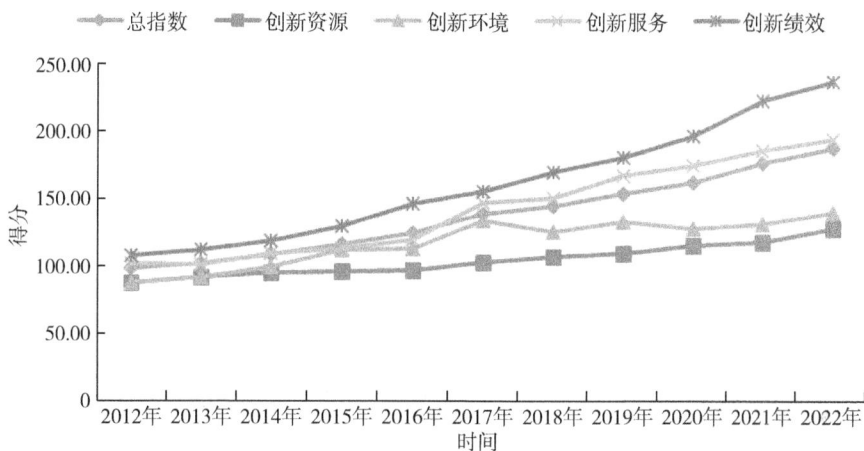

图 11-4　2012—2022 年首都科技创新发展指数总指数及一级指标得分

(四)应对创新治理跨域协同,避免"水土不服"风险

跨区域资源配置在全世界都是焦点问题。创新资源的跨区域配置尤其重要,因为能产生高附加值,其更不愿在行政力量干预下,直接被调配到其他区域中,这会引发"水土不服"的现象,甚至使整个创新治理陷入窘境。京津冀的跨区域资源配置问题,是京津冀协同发展最大的问题和核心问题。京津冀协同发展进程,尤其是类似支持雄安新区建设这样的跨区域创新资源转移也会带来风险。目前,按照中央部署,首都部分创新资源正分批向雄安转移,但应注意,疏解到雄安的高校、科研院所、央企等单位隶属关系不同,协调难度较大,同时其与雄安本地创新主体间也缺乏互联互动;京雄之间基于市场导向的资源流动性较差,由于两地在资源禀赋、产业层次、创新能级等方面呈现很大落差,雄安本地企业的技术创新能力不强,也难以承接和吸收疏解高校、科研院所和央企丰富的科技资源带来的创新外溢效应。因此,亟须增强雄安与北京创新的联动性,提升疏解单位的根植性,防止高端创新资源出现"水土不服"的风险。2012—2022 年全市技术合同成交额及流向京外占比如图 11-5 所示。

图例：
- 技术合同成交额
- 流向京外技术合同成交额占北京市技术合同成交总额比重

图 11-5　2012—2022 年全市技术合同成交额及流向京外占比

四、对策建议

（一）聚焦创新动能突破，蓄势筑基发展新质生产力

加快以科技创新推动产业创新，特别是以颠覆性技术和前沿技术催生新产业、新模式、新动能，发展新质生产力，培育创新发展新动能，在原有基础上进一步寻找、培育新的增长点。一是充分利用北京国际科技创新中心、中关村世界领先科技园区等都市协调机制，积极试点建设未来产业科技园等特色创新平台，孵化以未来产业为代表的新质生产力制造业；二是用好"两区"建设突破性政策，重视前沿技术在服务业的应用拓展，发展以高附加值生产性服务业为代表的新质生产力服务业；三是抓住全球数字经济标杆城市建设机遇，以及城乡二元之间与城区内部二元之间在经济、社会、文化、生态等方面的融合中所衍生的融合式创新和可持续创新机遇，培育数字经济新业态。

（二）聚焦创新路径突破，各展其长挖潜区域新动能

北京最大的优势就是首都作为"四个中心"，可以获得国家相关资源和政策倾斜，科技和人才的资源优势、高附加值产业优势和北京城区优势决定了北京的城区不必都锚定海淀模式，它们有条件有潜力走出适合自身的特色化差异化创新之路。城区创新发展在发展战略上不仅要考虑区域战略本身，还应重点思考战略融合问题，以体制机制创新为抓手，充分发挥协同发展、结对协作等机制作用，推动国家、首都、城区发展战略融合，形成创新驱动合力。一是跨部门方面，创新路径特色与北京国际文化中心、国际交往中心、国际科技创新中心，"两区"建设，以及国际消费中心城市、全球数字经济标杆城市、奥运城市等首都战略及功能定位融合；二是跨区域方面，发展目标定位及政策举措与京津冀协同发展、京津冀协同创新共同体等战略规划进行融合；三是北京市内，利用场景创新、飞地孵化等协同创新模式，进一步深化城区结对协作，推动城区与"三

城一区"国际科技创新中心建设主平台开展战略协同。

（三）聚焦创新服务突破，深化改革释放创新能动性

借助北京新一轮科技创新体制机制改革，进一步走在全国深化科技体制改革和创新生态培育的前沿，夯实科技自立自强根基，释放创新活力。一是进一步提升开放创新水平，增强科技服务综合能力，营造开放、包容、国际化的创新环境。积极主动从制度和规则层面进行改革，适应国际规则新变化，扩大规则、规制、管理、标准等制度型开放，全面推进外贸、外资等领域管理体制便利化，促进创新要素的双向流动，有效利用全球科技资源和市场。二是形成切实有效的激励机制，鼓励企业加大研发投入，支持创新型人才向企业集聚。总结现有人才计划、工程及荣誉称号等经验，进一步提升企业科技人才的荣誉和待遇，引导高校和科研院所科研人才为企业服务、向企业转移，促进产学研融合，推进教育、科技、人才"三位一体"发展，消除科技成果转化堵点。三是创新国际人才服务政策，破解国际人才工作生活便利化服务难题。在广受国际人才关注的移动支付、商务、旅行、居留许可、工作许可、教育、医疗、保险等领域出台一揽子政策，促进创新型人力资本要素的流动，推动人力资本国际化。

（四）聚焦创新机制突破，善用市场建设创新共同体

面向京津冀协同发展和"三城一区"融合发展，加强制度创新，充分利用市场机制，促进创新资源与创新要素的高效融通，建设京津冀协同创新共同体和"三城一区"创新共同体。一是优化区域协同创新机制，灵活选择协同创新形式，明确风险分担和收益共享机制，通过建立和完善囊括财税、金融、人才等一整套支持协同创新的政策体系，促进创新要素和重点产业、企业合理布局，提高创新资源配置效率。二是以共建协同创新园区为突破口，选择区位优势明显、产业特色突出的亦庄、雄安等地区，集成应用先行先试政策，共同打造协同创新园区示范样板。三是结合北京非首都功能疏解的整体部署，完善产业对接机制和利益联结机制，引导创新要素向企业集聚，以企业为主体，创新应用场景，促进国际先进技术和区域重大科技成果市场化应用，构建以企业为主体、市场为导向、产学研用深度融合的技术创新体系。

第十二章 京津冀协同创新现状、案例启示及建议[①]

京津冀地区是我国科技资源最富集的区域之一，拥有数量众多的一流院校和创新人才，是我国自主创新的重要源头和原始创新的主要策源地之一。京津冀协同发展根本上要靠创新驱动，要形成京津冀协同创新共同体，建立健全区域创新体系，整合创新资源，以弥合发展差距、贯通产业链条、重组区域资源。推动京津冀协同创新，是京津冀地区实现自身发展与国家战略融合的必然，是京津冀协同发展迈上新台阶的基础，也是京津冀地区成为中国式现代化建设先行区和示范区的关键。

一、京津冀协同创新推进现状

京津冀协同发展战略提出以来，京津冀三地立足各自资源禀赋，不断探索协同创新模式，推动创新人才协同、创新主体协同、创新平台协同、创新政策协同，协同创新共同体建设取得了积极进展。

一是初步建立了协同创新制度框架。科技部主导下的京津冀协同创新"1+3"联动工作机制日益完善，京津冀三地分别建立了推进京津冀协同发展领导小组来统筹相关工作。三地科技部门还签署了《关于共同推进京津冀协同创新共同体建设合作协议（2018—2020 年）》《关于共同推进京津冀基础研究合作协议》等系列协议，形成了联席会议制度、定期会商制度，持续推动科技资源共享和成果转移转化。三地还分别探索实施了一批创新制度，如亦庄·永清高新区探索实施"双方人员交叉任职，共建共管"的合作机制等。

二是跨区域创新平台布局持续加快。三地初步形成了以中关村创新园区为龙头的园区链。目前，中关村国家自主创新示范区企业在津冀设立分支机构 9500 余家。例如，天津滨海–中关村科技园是京津两地构建京津冀协同创新共同体的重要抓手，园区构建了智能科技、生命大健康、新能源新材料、科技服务业"3+1"产业体系；河北石家庄中关村集成电路产业基地、河北保定·中关村创新中心等则是河北省努力打造类中关村创新创业生态系统的代表。

三是首都科技成果向津冀外溢带来成效。北京流向津冀技术合同成交额由 2014 年的 83.1 亿元增至 2022 年的 356.9 亿元。河北张承生态功能区与北京共建生态涵养区，绿色产业加快落地，同时借助 2022 年冬奥会这一契机，北京的智力资源、科技资源向

---

① 由首都科技发展战略研究院课题组完成，执笔人为关成华、刘杨等。

河北扩散和渗透，对于京津冀地区冰雪产业的发展起到了很强的带动作用。截至2022年底，京津冀地区累计培育国家级专精特新"小巨人"企业1100多家，占全国比重达到12%。

京津冀协同创新积极推进的同时，也面临三方面挑战。一是京津冀地区各区域之间的创新资源和创新环境存在落差，创新合作的基础相对偏弱；二是产业链协同程度有待进一步提升，如北京的产业优势在5G、AI、工业物联网、边缘计算等新技术领域，而天津和河北的产业优势集中在先进制造业和传统工业领域；三是创新平台合作点多但面散，须进一步推动创新资源的互联互通和自由配置，形成有竞争力的创新集群。

二、国内外协同创新案例及启示

（一）国内外案例借鉴

美国波士顿城市群打造科创走廊，推动科技产业集聚发展。美国波士顿城市群沿交通廊道形成若干以高科技产业为集聚特征的发展走廊。一是被称为"美国互联网靶心"的华盛顿杜勒斯科技走廊。华盛顿杜勒斯科技走廊从华盛顿市中心到杜勒斯机场，围绕互联网产业、政务数据及信息安全管理、国防研发等形成产业集群。该区域承担了美国超过50%的互联网流量，并布局了13个根服务器中的2个。二是被称为"数字时代的诞生地"的波士顿128号公路创新廊道。128号公路创新廊道是政府、企业、大学共同发挥作用的一个创新案例，各主体相互协作形成了一个创新生态链条。128号公路创新廊道周边聚集了包括阿波罗计算机、霍尼韦尔信息系统、雷神及宝丽来等企业，同时依托哈佛大学、麻省理工学院等高校资源，聚集了一批生物医疗领域的研发企业，形成了生物医药和电子信息领域产业集群。

日本东京都市圈建立了完善的创新生态系统，为区域协同发展奠定了良好基础。东京都市圈的成功与其协同创新的经验和做法密不可分。一是重视政产学研间的创新合作。东京都市圈在推动创新发展方面非常注重政府、学术界、产业界和社会团体之间的合作，共同推动创新项目的实施。二是建立完善的创新生态系统。东京都市圈积极支持初创企业和创新团队，通过创业孵化器、技术支持和风险投资等支持措施致力于建立完整的创新生态系统。同时，还鼓励大型企业与初创企业建立合作伙伴关系，推动技术和创新的交流与合作。三是建设交通网络和基础设施。东京都市圈注重发展高效便捷的交通网络和基础设施，促进人员、资源和信息流动，进一步推动协同创新。四是积极营造开放的创新文化氛围。东京都市圈鼓励开放的创新文化，提倡多样性、包容性和创新精神，推崇自由思考和试错精神，为创新人才提供广阔的发展空间。

中国粤港澳大湾区致力于打造多极点城市，支撑区域协同发展。粤港澳大湾区城市群的"9+2"城市布局中有3个极点：第一个极点是广州、佛山都市圈，定位是国家中心城市、综合性门户城市、综合交通枢纽；第二个极点是珠海、澳门都市圈，定位是世界旅游休闲中心、中国与葡语国家商贸合作服务平台；第三个极点是香港、深圳都市圈，其中香港定位是国际金融、航运、贸易中心和国际航空枢纽，国际资产管理中心及风险管理中心，离岸人民币中心，亚太区国际法律及争议解决服务中心，深圳定位是全国性经济中心和具有世界影响力的创新创意之都。粤港澳大湾区作为对外开放的前沿阵地，意在以横琴、前海、南沙为抓手打造深度改革开放的试验田。

中国长三角城市群以G60科创走廊为抓手，全面推进协同创新。G60科创走廊已经迭代了3个版本。G60科创走廊1.0版，即上海松江G60科创走廊，依托G60、G15、G1501、S32 4条高速公路组成的高速公路网，构建以松江新城为核心的"一廊九区"空间布局和"6+X"产业功能布局。2017年7月，上海与杭州、嘉兴签订《沪嘉杭G60科创走廊建设战略合作协议》，标志着G60科创走廊2.0时代正式开启。2018年6月1日，九地市共同发布《G60科创走廊总体发展规划3.0版》，标志着G60科创走廊进入3.0时代，从城市战略上升为长三角区域战略。G60科创走廊兼具科技创新与制度创新，对于长三角城市群的发展具有重要战略意义。长三角城市群在打造世界级先进制造业产业集群方面走在前列，江浙沪皖三省一市基于制造业结构的差异性和互补性，目前形成了高端装备制造、汽车制造、医药制造等多个优势产业集群。

（二）主要经验启示

注重创新资源的跨区域整合，逐步建立有效的市场化联动机制。不同节点城市具备不同的创新资源和优势产业，跨区域整合可以实现资源的优化配置。一是通过整合不同地区的科研机构、高等教育机构、企业和创新者等创新要素，可以形成互补的创新链条，提高资源的利用效率和创新能力。二是跨区域整合创新资源可以扩大市场规模，促进创新成果的快速转化和商业化。通过整合不同地区的市场需求和资源需求，可以为创新者提供更广阔的市场和更多的商业机会，推动创新成果的市场化进程。三是跨区域整合创新资源有利于促进技术交流和协同创新。不同地区的科研机构和企业可以通过合作研发项目、共享研发设施和技术资源等方式加强技术交流与合作，实现技术的融合和创新的跨界。

打造科技创新廊道，构建内外联动的空间发展格局。在协同创新过程中，各个地区均致力于确保交通走廊内部与外部的交通网络畅通无阻。一是通过提高区域间的连接性和便捷性促进人员、物资和信息的流动，支持创新资源的跨区域流动。二是在交通走廊上建立创新节点和枢纽，如科研机构、高等教育机构、科技园区等，这些节点可以作为创新资源的集聚和交流中心，并能提供优质的创新环境和支持服务。通过在节点上集聚创新资源，吸引外围地区的创新人才和企业，形成"中心—外围"协同创新的格局。三是在交通走廊内提供创新支持和服务，帮助外围地区的创新者和企业提升创新能力和竞争力。

构建更高质量的创新服务体系，为区域协同创新提供良好环境。一方面，国内外城市群协同创新注重建立完善的科技创新生态系统，政府、产业界、学术界和金融机构等各方参与协作，共同形成一个相互依存、互补发展的创新生态系统。这种生态系统能够提供全方位的支持和服务，推动创新项目的孵化、技术转移和市场推广。另一方面，国内外城市群协同创新重视国际合作与交流，与其他国家和地区的城市群建立战略伙伴关系，开展科技创新项目合作、共同研究和人才交流。国际合作可以带来跨文化的创新思维、资源的整合与共享，进一步提升科技创新的水平和国际竞争力。

三、推动京津冀协同创新的建议

（一）以协同共享促进创新要素畅通流动

灵活、开放、多元的体制机制是激发区域创新活力、释放区域创新潜力的前置条件。具体而言，一是从跨区域视角重构要素流动配置方式，破除要素跨区域流动的壁垒，增强区域要素流动活力；二是构建灵活的要素共享机制，结合人才、技术、信息等要素特点进行跨区域优化配置，并建立创新要素协同下的利益共享机制；三是建立更加健全的要素引流机制，充分发挥北京国际科技创新中心资源优势，联合津冀创建创新经济圈，协同打造京津冀各类园区协同创新方阵，提高对国际优质创新要素的吸引能力。

（二）建立以产业链为基础的协同创新体系

围绕三地主导产业链，建设以企业为核心、市场为动力的区域产业协同创新体系，重点支持三地产业协同创新大平台、企业类研发机构、产业技术创新联盟、工程技术研究中心、技术交易平台等产业创新机构，引领和带动产业发展。一是推动高精尖产业协同创新，利用北京创新资源和高精尖产业优势，在石家庄、保定、廊坊和张家口地区建立高端孵化基地，跨学科、全链条创新攻关，突破关键核心技术；二是推动传统产业源头创新，依托河北制造业优势，与京津合作建立先进制造业研发基地，促进产业链上下游协同，构建世界级先进制造业集群；三是推动未来产业应用创新，津冀应抢抓北京未来产业布局机遇，成为北京未来产业应用转化先导区，同时在国家战略性新兴产业领域进行布局，并稳步提供制度创新供给。

（三）发挥重点区域对于协同创新的核心作用

要凸显雄安新区在京津冀协同创新共同体建设中的重要作用，布局国家级创新平台，提升创新能力，吸引优质创新要素。一是在雄安新区加快布局重大科技研发基础设施，聚焦前沿科技领域，承接高端科技创新成果；二是在雄安新区加快建设高水平中试基地和科技园区，对接京津头部企业和研发机构，推进园区共建和项目协同，形成创新集聚；三是进一步打造国家实验室和创新平台，对接京津科技创新前沿，推进跨学科、跨领域、跨区域创新联动，与京津形成密切合作的创新网络。

（四）开辟新方式、新路径，助力成果有效转化

推进京津冀协同发展，要创新承接方式模式，开辟科技成果转化新路径。一是加强供需对接，使更多科技成果在津冀两地落地转化；二是建立"清单式"成果转化承

接模式，深入了解成果转化单位的实际情况和诉求，补齐承接地的短板，提升承接能力，真正让科技成果"引得来、留得住、用得好"；三是创建科技成果转移转化"特区"，利用好河北的区位优势和经济功能，建设科技成果转移转化示范区，并给予相应政策支持。

（五）以人才流动与使用为核心创新体制机制

积极促进人才交流和联合培养，完善跨区域人才服务网络，努力实现三地工作体系相互对接、资源市场相互贯通、发展平台相互支撑。一是共同建立京津冀人才数据库，搭建三地高层次人才资源交流共享平台，同时围绕京津冀的重点产业领域开展区域人才培养计划。二是通过专兼结合的方式，聘请国内外一流科学家或学术带头人到津冀地区兼职或开展技术交流。三是鼓励三地高校院所联合选拔工程技术人才，允许在高校院所任职的人员在保留相应身份的同时在协同创新共同体相关平台兼职，实现成果共享、成本共担。坚持科研团队、运营团队共同推进，强化科技创新硬实力和软实力，进一步增强区域科技创新能力。

第十三章 如何聚焦新质生产力塑造科技创新共同体新优势——以长三角科技创新共同体为例[①]

新质生产力是创新起主导作用，具有高科技、高效能、高质量特征，符合新发展理念的先进生产力质态，是我国在新发展阶段构筑国家竞争新优势的战略选择。发展新质生产力不仅是推动长三角一体化高质量发展的必然要求，也是引领长三角科技创新共同体建设和发展的重要着力点。长三角一体化发展是以习近平同志为核心的党中央综合研判国内外形势、高瞻远瞩做出的重大部署。2018年11月5日，习近平总书记在首届中国国际进口博览会开幕式上宣布，支持长江三角洲区域一体化发展并上升为国家战略，着力落实新发展理念，构建现代化经济体系，推进更高起点的深化改革和更高层次的对外开放，同"一带一路"建设、京津冀协同发展、长江经济带发展、粤港澳大湾区建设相互配合，完善中国改革开放空间布局。

自长三角一体化上升为国家战略以来，长三角地区"三省一市"共同发力、各扬所长，积极构建科技创新共同体，强化区域科技战略布局与优势协同，在创新平台共建共享、科技成果联合转化、关键技术协同攻关、科技体制机制改革等方面取得了显著成效，为推动长三角在中国式现代化进程中走在前列，更好地发挥先行探路、引领示范、辐射带动功能提供了有力支撑。面向未来，持续深化长三角科技创新共同体建设，应紧密结合新质生产力发展要求，认真贯彻落实中共中央政治局审议的《关于持续深入推进长三角一体化高质量发展若干政策措施的意见》，始终紧扣一体化和高质量两个关键，持续培育和释放长三角科技创新共同体的自主创新、产业创新、场景创新、组织创新、开放创新五大优势，进一步凝聚"一体化"合力，以"新优势"促进"新发展"。

一、塑造自主创新的新优势

新质生产力是以科技创新为核心要素和内生动力的先进生产力。长三角地区聚集了全国1/4的"双一流"高校，拥有上海张江、安徽合肥两个综合性国家科学中心，建成和在建的重大科技基础设施有28个，2023年研发经费投入和发明专利授权量均约占全国的1/3，已经在科技创新资源、科技创新投入、科技创新绩效等方面形成了显著比较优势。按照新质生产力的发展要求，长三角科技创新共同体建设首先要在一体化增强自

---

① 由首都科技发展战略研究院课题组完成，执笔人为赵峥。

主创新能力上发力，体现服务国家高水平科技自立自强的使命担当，塑造自主创新的新优势。一是共同服务国家战略科技力量建设。推动"三省一市"创新基础优势互补，共同完善基础学科建设和基础研究系统布局，联合争取国家高端创新资源和重大科学工程项目，共建国家大科学装置等重大科技基础设施集群，共创国家实验室等国家级创新平台，促进原创性、颠覆性科技创新成果加速涌现。二是促进区域一体化创新体系建设。推动"三省一市"联合布局前沿交叉研究平台、科技基础支撑服务平台，构建跨学科、跨领域的协同创新网络，共同开展关键共性技术、前沿引领技术攻关。三是增强区域重要科技创新资源和科技基础设施的联动和溢出效应。推动上海张江、安徽合肥综合性国家科学中心协同发展，合力推进重大科学仪器设备、科技信息资源、科技基础设施共建共享。结合"十五五"规划编制，提前谋划布局以数字基础设施为核心的跨区域基础设施建设，一体化提升整体连接能力、运载能力、计算能力和存储能力，避免内部重复建设和无序竞争，增强基础设施的外溢效应。

二、塑造产业创新的新优势

加快形成新质生产力，要构建与之相适应的现代化产业体系。2023 年，长三角"三省一市"拥有的国家企业技术中心数量约占全国的 1/4，高技术制造业产值约占全国的 1/3，新能源汽车、集成电路、生物医药、人工智能等战略性新兴产业和未来产业在全国也均处于领先地位，是我国经济发展程度最高、最成熟的区域之一，具有较强的科技创新与产业创新协同能力。按照新质生产力的发展要求，推动长三角科技创新共同体建设，应更好地发挥科技在世界级先进产业集群建设中的驱动作用，统筹推进传统产业升级、新兴产业壮大、未来产业培育，塑造产业创新的新优势。一方面，加强"增量培育"。紧密结合长三角地区原始创新成果、颠覆性技术和前沿技术，围绕集成电路、生物医药、人工智能、新能源汽车、量子通信、高端装备制造、新材料等战略性新兴产业和未来产业，推动跨区域创新资源整合及科技创新与产业创新深度融合，重点发展高附加值产业、高增值环节和总部经济，加快培育以技术、品牌、质量、服务为核心的竞争新优势。另一方面，重视"存量提质"。结合长三角产业体系完备、产业配套齐全、产品种类多、产业黏合度高的制造业系统性优势，充分发挥长三角数字科技、人工智能等领域的技术优势，协同推进新一代信息技术的跨区域、全链条、多元化应用，加快推动长三角传统产业的数字化转型、智能化改造。

三、塑造场景创新的新优势

发展新质生产力，不仅要提升科技创新供给能力，还要为科技创新提供更加广阔而丰富的需求场景。长江三角洲地区位于中国长江的下游地区，濒临黄海与东海，地处江、海交汇之地，沿江沿海港口众多，是长江入海之前形成的冲积平原。历史上，长三角河川纵横、湖荡棋布、人口稠密，在农业、手工业、商业等方面处于领先地位，并较早形成了体系化的城市群。长三角地区包括上海、江苏、浙江、安徽"三省一市"，以不足 4% 的国土面积，集聚了全国约 17% 的人口，创造了全国约 1/4 的经济总量，拥有现代化江海港口群和机场群，高速公路网比较健全，公铁交通干线密度全国领先，2018—2023 年，长三角地区域内贸易额年均增长 9.3%，经济联系紧密，在国家经济地理格局中地位突出，并具有显著的人口、市场和经济集聚规模和网络融通优势。按照新质生产力的发展要求，推动长三角科技创新共同体建设，应立足和挖掘区域庞大的经济和社会需求潜力，在夯实科技创新供给能力的同时，不断提升以"需"带"供"水平，塑造场景创新的新优势。一是以应用场景牵引科技创新。聚焦经济增长、产业升级、社会治理、生态环保等领域的共同应用场景，激励"三省一市"在不同技术路线并行探索、同台竞争，通过服务场景需求推动先进科技成果的研发、应用与推广。二是强化"边缘"地区的场景创新效能。充分发挥上海、南京、杭州、合肥等中心城市创新资源供给优势，结合"边缘"地区丰富多元的场景需求，推广异地研发、飞地孵化等模式，发展"科创飞地""产业飞地"，推动科技创新资源集聚地和应用场景需求地之间实现优势互补，提升欠发达地区参与科技创新的"话语权"，增强长三角区域创新的空间均衡性。三是加强科技成果转化支撑平台建设。聚力打通链接科技创新供给与需求场景的转化途径，推动"三省一市"协同布局公共技术服务平台等功能型平台，建立长三角技术交易市场联盟，完善科技成果转移转化服务体系，推动更多科技成果高效转化，精准服务经济社会发展需求。

四、塑造组织创新的新优势

建立和完善与新质生产力发展相适应的新型生产关系，是发展新质生产力的重要保障。长三角地区是我国的区域经济增长极、发展动力源和改革试验田，历来重视创新制度的建立和完善，近年来，长三角地区持续完善一体化发展机制，形成"上下联动、三级运作、统分结合、各负其责"的区域合作机制，在促进有为政府与有效市场结合、一体化推动科技体制机制创新方面已经走在全国前列。例如，长三角 G60 科创走廊，就是"三省一市"依托空间区位、市场基础、主动谋划、联合部署、先行先试推动科技创新与制度创新双轮驱动发展的典型案例。从构建与新质生产力相适应的新型生产关系的高度，推动长三角科技创新共同体建设，需要促进有为政府与有效市场有效衔接，更加有效地组织和配置创新资源形成创新合力，塑造组织创新的新优势。一方面，围绕协调区域"竞争与合作"关系，充分发挥政府在顶层设计、战略规划、政策供给等方面的组织协调作用。重点完善中央科技委员会、国家相关部门与"三省一市"协同联动机制，强化长三角科技创新共同体建设办公室功能，不断巩固和增强共同体意识，做好创新发展战略、基础设施布局、发展改革政策的协调沟通，最大限度增强区域创新行动的一致性。另一方面，促进各项生产要素的合理流动和高效集聚。以 G60 科创走廊、沿沪宁产业创新带等为载体，进一步推动改革创新，营造公平有序的市场秩序，消除影响要素流动、资源配置的行政壁垒，构建数据要素新型市场，完善跨区域创新资源的共享方式及成本分担、利益分配机制，按照竞争中性原则，在要素获取、准入许可、政府采购、招投标、财政支持、金融信贷等方面，对各类所有制平等对待、一视同仁，促进生产要素创新性配置，激发各类创新主体协同创新、一体化发展的动力、能力和活力，并围绕促进新质生产力发展在制度建设、平台建设、动能培育等方面逐渐形成更多可复制推广的创新发展经验。

五、塑造开放创新的新优势

不断扩大高水平对外开放，深度参与全球产业分工和合作，用好国内国际两种资源，将为发展新质生产力营造良好的国际环境。长三角地区一直在我国对外开放进程中发挥着引领示范作用。2013 年，上海设立了全国第一个自由贸易试验区。宁波舟山港是全球第一货物贸易大港，中国国际进口博览会是我国主动向世界开放的重要窗口。据统计，长三角地区外资新办涉税经营主体占全国比重由 2018 年的 23% 提升至 2023 年的 28%。其中，2019—2023 年，吸引共建"一带一路"国家来长三角地区投资主体超过 8600 户，占共建"一带一路"国家来我国投资涉税经营主体数量近 50%。发展新质生产力，促进长三角科技创新共同体发展，仍然需要坚持"以开放促创新"，发挥畅通我国经济大循环的强大引擎和联通国内国际双循环的战略枢纽功能，结合区域制度型开放的基础和条件，塑造开放创新的新优势。一方面，围绕创新需求持续扩大制度型开放，聚焦世界创新高地建设目标，促进长三角一体化发展和共建"一带一路"高质量发展深度融合，充分发挥上海自贸试验区的龙头作用，加快制度创新和先行先试，协同苏浙皖各省自贸区，共同打造全球高标准自由贸易区网络，全面对接国际经济贸易和科技治理规则，一体化推动规则、规制、管理、标准等制度型开放，全力打造市场化、法治化、国际化一流营商环境，推进开放平台与创新平台融合，放大政策集成创新效应。另一方面，积极参与国际规则制定和全球科技治理。依托长三角长期积累的科技创新和产业创新优势，主动谋划、积极作为，在科技伦理治理、数据治理、人工智能治理等领域，率先组织制定相关标准、规范，引导和参与全球规则的设计和实施，牵头组织重大国际研发任务，组建国际前沿科研与治理平台，不断增强对全球创新链建设与优化的影响力。

第十四章　粤港澳大湾区科研管理规则衔接情况、问题及优化建议[①]

建设粤港澳大湾区，是习近平总书记亲自谋划、亲自部署、亲自推动的重大国家战略，是新时代推动形成全面开放新格局的新举措，也是推动"一国两制"事业发展的新实践。在全球科技竞争加剧的情况下，推进粤港澳三地科技创新，加强基础研究、强化战略科技力量是关键。提升粤港澳三地科研管理规则衔接水平、促进三地科研合作互通共融，是建设粤港澳大湾区国际科技创新中心的必由之路。当前，粤港澳大湾区国际科技创新中心建设成果斐然，但在科研项目遴选、科研经费管理和使用、科技创新平台共建及科技成果转化机制等方面仍存在一些衔接问题。如何在现有成绩基础上，进一步与国际科研管理规则深化衔接，强化粤港澳科技合作，对粤港澳大湾区国际科技创新中心建设具有重要意义。

一、粤港澳三地科研管理工作成效

近年来，各级科技主管部门坚持以粤港澳大湾区国际科技创新中心建设为"纲"，从科技创新平台建设、科技项目协同、科研管理机制、科技成果转化等方面持续深化粤港澳三地科技创新交流合作，相关工作取得显著成效。

（一）推进三地合作的科技创新平台建设

一是建设粤港澳联合实验室。广东省分三批启动建设了 30 余家粤港澳联合实验室，港澳 7 家高校约 300 名港澳科研人员参与建设。二是积极引进高端创新资源来粤设立研发机构。引进 6 所港澳高校在粤设立 11 所省级新型研发机构。三是支持港澳高校到大湾区内地合作办学。北京师范大学 – 香港浸会大学联合国际学院、香港中文大学（深圳）、香港科技大学（广州）先后营运，香港城市大学（东莞）等机构加快建设。四是建设粤港澳大湾区量子科学中心。位于河套合作区的粤港澳大湾区量子科学中心对港澳科研人员完全开放，香港高校牵头负责 3 个研究领域。五是支持重大合作平台建设各类高水平创新载体。截至 2023 年 5 月，内地依托横琴、前海、南沙、河套等重大平台促进粤港澳三地合作，在前海集聚工程技术中心、企业技术中心、工程实验室等各类创新载体 125 家，在横琴布局建设创新平台 31 家，在南沙建成高端创新平台 132 家。

---

① 由首都科技发展战略研究院课题组完成，执笔人为邱英杰、蒲刚清、李曲。

（二）支持三地创新主体联合开展科研攻关

一是推动多元化科研项目体系向港澳开放。从 2019 年起，广东省重点领域研发计划、基础与应用基础研究重大项目及深圳市深港创新圈项目、深港澳科技计划项目等面向港澳开放。二是着力推动粤港澳基础研究合作。广东省自然科学基金面上项目及青年提升项目面向港澳开放申报，已有 11 家港澳单位成为广东省自然科学基金依托单位，港澳单位共获得各类广东省自然科学基金项目资助 200 余项。三是省市两级实施科技创新联合资助计划。广东省科技厅会同香港创新科技署、澳门科学技术发展基金组织实施科技创新联合资助计划，共支持项目 300 余项。深圳市累计立项深港澳科技计划项目 200 余项，推动超 2 亿元跨境资金投入科研活动。珠海市出台《珠海市产学研合作及基础与应用基础研究项目管理办法》《珠海市珠港澳科技创新合作项目管理办法》等。

（三）破解三地科研合作项目管理堵点

一是实现财政科研资金跨境流动。2019 年，广东省在全国范围内率先实现了第一笔省级财政科研资金跨境拨付，打破"钱过境"政策堵点。二是多方协同破解专项经费审计难题。广东省技术经济研究发展中心会同会计师事务所和财务专家，解决境内外会计规则、财务凭证差异等问题，在经费审计过程中形成了易操作、可复制、宜推广的宝贵实操经验。深圳市财政局、深圳市科技创新委员会联合印发《关于在河套深港科技创新合作区深圳园区财政科研资金监管探索适用港澳审计准则的通知》，科研机构可提供依据港澳审计规则出具的审计报告。三是多方协同管理推动项目实施。打破以往项目承担单位自我管理的模式，构建了"认识统一、传导有效、执行有力"的跨境协同管理体系，对项目实施流程进行动态化问题反馈、指导和优化管理。四是探索实践境外单位牵头合作项目验收新模式。组建联合验收组，聚焦项目产出、项目管理、资金管理等维度，重点评价标志性成果的质量、贡献、影响，完成跨境验收项目。

（四）完善三地科技成果转化管理体系

一是开展粤港澳大湾区科技成果转化活动。2022 年，粤港澳大湾区 260 家高校院所以转让、许可、作价投资 3 种方式转化科技成果合同金额超 10 亿元，技术开发、咨询、服务合同金额超 110 亿元。二是优化科技成果转化激励机制。自 2019 年起，省市两级先后发布一系列政策，推动高等院校、科研机构、医疗卫生机构等创新主体完善科技成果收益分配激励制度。三是支持科技成果转化服务载体发展。截至 2023 年 5 月，广东省已建成港澳科技孵化载体超 130 家，在孵港澳创业团队和企业近 1100 个。以广东省级粤港澳科技孵化器工合空间为例，工合空间采用"创业服务平台＋国际化网络"的模式，已累计孵化创业团队 120 余个，港澳团队占 59%。四是金融赋能粤港澳大湾区科技成果转化。国家科技成果转化引导基金与国投集团、广东省人民政府共同设立 150 亿元的国投广东子基金，积极推动粤港澳大湾区与长江经济带、成渝经济圈科技成果转移转化和产业化协同联动。五是奠定技术转移专业人才基础。在广东省原有国家技术转移南方中心（深圳）基础上，已建立国家技术转移人才培养基地（广东）、国家技术转移南方中心人才培养基地广州中心等平台。

二、粤港澳三地科研管理规则衔接问题

规则衔接不畅是粤港澳大湾区建设面临的最大挑战。在"一国两制"框架下，应充分考虑大湾区的特殊性，强化体制机制创新，促进大湾区规则衔接，推动大湾区全面对接国际高标准，建设国际一流湾区。其中，科研管理规则是规则衔接的重中之重。当前，粤港澳三地在科研项目遴选和立项、科研经费管理和使用、科技创新平台合作共建和科技成果转化管理等方面的机制衔接还存在一些堵点亟待突破。

（一）科研项目遴选和立项机制

现有粤港澳合作类项目大多根据境内外的评审结果，由内地和港澳双方联合确定是否立项。粤港澳合作类项目本就有限，由于内地和港澳在课题来源、支持理念、评审指标等方面存在不同，境内外项目的遴选和立项常常出现矛盾。具体而言，内地采用"先征集、再选题、发指南，后申报"方式进行科研项目遴选和立项，项目范畴更加明确，对重点产业和潜力企业有所偏重，项目遴选和立项评审更加注重量化成果指标，对科研成果在港澳本地的影响力有所忽略。港澳地区认为其"自由探索科研"与内地"有组织的科研"间仍存在差异，港澳地区重视的项目在内地评审中往往无法通过，致使港澳地区对合作类项目遴选和立项方式争议颇多。

（二）科研经费管理和使用机制

由于内地和港澳在项目流程管理和经费审计规则方面存在差异，粤港澳合作类项目的内地财政科研经费使用限制相对较高，降低了科研人员参与项目的积极性。港澳地区科研经费管理和使用倾向于市场化方式，经费使用和报销等规定比较灵活和人性化，自主权相对更高。例如，港澳地区科研经费可全部用于劳务支出且税负较低，科研人员按照经费类别进行报销无须据实报销，进口设备采购一般不用像内地一样开展招标和商业论证流程。当前，广东省首个财政科研资金跨境项目已验收，经费管理和使用的便利程度有所提升，但机制衔接问题依旧未彻底解决。从局部区域看，河套合作区已颁发采用港澳地区审计规则的政策条例，但仍存在适用范围小、现实成功案例缺失等问题。

（三）科技创新平台合作共建机制

新型研发机构是科技创新平台的重要组成部分。由于境内外研发机构在治理体系、政府参与、产业合作方式等方面存在差异，港澳创新主体在内地建设新型研发机构面临

运营模式不匹配的问题，限制了港澳地区参与新型研发机构建设的积极性。在粤新型研发机构多为二类事业单位或民办非企业，资金来源于政府稳定资助、竞争性项目和市场化运营等多元渠道，注重市场中的技术服务、技术转移和产业化发展，而港澳地区研发机构以公司为载体且主要依靠政府拨款，对政府资源依赖度相对较高。例如，InnoHK 创新香港研发平台以政府拨款为主，香港应用科技研究院来自科技创新署的科技基金及政府资助超过收入的 80%；反观内地，部分合作共建的科研平台由于暂不满足新型研发机构评定条件，无法享受资金扶持、进口税收政策支持等。

（四）科技成果转化管理机制

粤港澳三地在科技成果管理、转化模式和利益分配等方面存在机制衔接堵点，掣肘科技成果转化成效。内地技术攻关类和合作类项目的科技成果一般归项目申请单位所有，只有软科学项目的科技成果可向社会公开；港澳地区注重公共创新外溢和企业参与积极性的平衡，平台类项目的科研成果以非排他性许可方式授权向社会公开，业界赞助项目总成本的 50% 及以上时可拥有项目形成的科技成果。港澳地区政府较少介入科技成果转化管理，一般由专业中介机构主导科技成果转化，形成"政府支持不干预、业界参与共享、学界自由发挥、中介主导转化"的模式，而内地科创管理部门参与程度较深，一般通过给予技术转移补贴等方式，直接参与科技成果转化活动。此外，近年实行的科技成果转化收益分配激励制度改革存在政策"难落实"现象，尤其在事业单位、国（央）企中更加明显，科研人员成果转化主观能动性低。

三、加强粤港澳三地科研管理规则有效衔接的建议

面临新的发展形势，建议联合粤港澳三地科技管理部门，充分摸清粤港澳大湾区科技资源情况，就进一步扩大和深化粤港澳三地科研项目协同合作、促进科研管理规则进一步衔接融合、激活科技成果转化动力活力、加快粤港澳合作的创新平台建设、营造科研创新合作生态等方面加大支持力度，继续支持和服务粤港澳大湾区国际科技创新中心建设。

（一）提升三地科研项目合作深度

一是发挥港澳高校科研优势，联合实施"有组织科研"。在广东省新一轮基础与应用基础研究重大项目中，试点由港澳高校优势学科和顶尖团队牵头，联合广东省机构共同承担。二是支持港澳高校和科研机构参与广东省重点领域研发计划项目和广东省自然科学基金项目。三是优化实施粤港、粤澳科技创新联合资助计划，按需增加立项数量，在指南编制、项目申报、项目评审、项目管理等方面深化规则衔接、机制对接。四是谋划实施粤港高校联合资助计划。在香港科技大学、香港中文大学、香港浸会大学等试点，广东省财政科研资金同步支持，入选团队项目视同广东省科技计划项目。

（二）促进科研管理规则链接衔接

一是建立内地与港澳并轨的科研项目遴选、立项机制。改变内地长期以来由政府主导设置项目申请指南，探索实施申请单位自由立项、自主命题的科技项目立项机制，探索实施统一的"群策群力"联合评审机制或基于项目分工内容的双边评审机制。二是探索高度自由开放的科研经费管理模式。按照"不设科目比例、总额包干、超支自付、结余留用"的原则，赋予科研人员更大的经费使用自主权。三是探索适用港澳的审计和评价准则。对港澳科研人员承担的科技计划项目，探索适用港澳审计准则，按照合同约定进行管理和验收。实行与国际接轨的评价评审规则，探索更加符合国际通行做法的重要奖项评审制度和重大创新平台管理机制，支持把更多港澳专家纳入国家和省市的专家评审库。

（三）搭建科技创新合作平台载体

一是探索建立"事前约定、落地授牌、事后审查"的粤港澳新型研发机构引进机制，加速港澳科研机构在粤落地、建设、发展。二是试点由香港和澳门高校牵头、粤方机构参与，三地政府财政共同出资、共同建设的科技创新平台。三是支持港澳高校和科研机构参与大设施、大装置、大平台的建设和运行，探索共建粤港澳大型科学仪器设施共享平台，推动三地科研仪器、设备、科技资源等开放共享。四是支持建设国际知识产权合作平台，吸引国际知识产权在粤落地转化，支持开展知识产权质押、知识产权证券化业务。

（四）激发三地科技成果转化活力

一是落实和加大对粤港澳新型研发机构科研人员科技成果转化的激励力度，鼓励科研人员加大成果转化力度。例如，对成果转化后3年内取得的现金奖励，适当减免个人所得税。以某香港独资企业在河套合作区设立的研究院为例，其科技成果转化成功后科研团队占有30%的股权，并根据市场交易当月发放现金激励，极大激发了科研团队成果转化活力。二是搭建粤港澳科技成果综合数据库。将三地高校、科研机构、企业的科技成果以专利和研究报告等多种形式统一形成数据库，为技术需求方提供访问渠道。三是提高科技成果转化和产业化水平，打造粤港澳联合科技成果转移转化平台、技术交易平台和公共技术服务平台，引导企业更好地与高校、科研院所对接，推动更多科技成果转化为现实生产力。

第十五章 东北老工业基地文旅创新转型范式与路径 ①

2023 年 9 月 7 日，习近平总书记在主持召开新时代推动东北全面振兴座谈会时首次提出"新质生产力"，并强调要加快形成新质生产力，增强发展新动能。次日，在听取黑龙江省委和省政府工作汇报时，习近平总书记再次强调要整合科技创新资源，引领发展战略性新兴产业和未来产业，加快形成新质生产力。《中共中央关于进一步全面深化改革　推进中国式现代化的决定》中也明确提出要"健全因地制宜发展新质生产力体制机制"。东北老工业基地是我国重要的工业基地之一，长期以来为国家的经济发展做出了重要贡献。然而，随着国内外经济形势的变化，这些地区面临着许多问题和挑战，需要进行转型以实现可持续发展。本文旨在通过对国内外老工业基地转型模式的深入研究，为东北老工业基地的可持续发展与转型提供借鉴和参考。

一、东北老工业基地城市转型的现状与挑战

东北老工业基地是我国重要的工业和农业基地，拥有一批关系国民经济命脉和国家安全的战略性产业，为我国形成独立完整的工业体系和国民经济体系，做出了历史性重大贡献。然而，近年来，东北老工业基地的发展速度有所放缓，支柱产业，如化工、黑色金属冶炼等，相继被东部发达地区赶超，其在全国的占比不断萎缩。

进入 21 世纪以后，随着我国产业结构的变化，东北地区经济增速开始放缓。而到了 2010 年以后，随着国家经济结构调整，东北地区进入深度的产业转型升级期，经济增速出现快速下降。2012—2022 年的 10 年，辽宁的 GDP 从 11 937 亿元增加到 13 070 亿元，名义增速为 9.49%，低于全国经济平均增速 120%。同样 10 年时间内，黑龙江的 GDP 从 13 691 亿元增加到 15 901 亿元，名义增速为 16.14%，低于全国经济平均增速 116%。21 世纪初，黑龙江的经济总量位于全国十强省行列，2012 年下滑到全国第 17 名，2022 年黑龙江的经济总量已经下降至全国第 25 名。2013—2022 年，吉林的经济总量在全国的排名由第 22 名下滑至第 26 名，产业转型升级进入深水区。总体来看，东北的自我发展能力在不断下降，依赖中央财政的趋势愈加明显，逐渐与西北地区并列成为中央补贴最多的地区。此外，东北地区的市场化程度不高，国有企业活力仍然不足，民营经济发展不充分；科技与经济发展融合不够，偏资源型、传统型、重化工型的产业结

---

① 由首都科技发展战略研究院、城市绿色发展科技战略研究北京市重点实验室联合课题组完成，执笔人为张艺昕、宋涛。

构和产品结构不适应市场变化，新兴产业发展偏慢；资源枯竭、产业衰退、结构单一地区（城市）转型面临较多困难，社会保障和民生压力较大。

尽管面临重重挑战，东北地区没有消极等待，而是积极寻求发展路径。例如，东北地区正在实施创新驱动发展战略，推动经济稳中向好，释放振兴发展积极信号。同时，东北老工业基地也正在进行产业结构调整和转型升级，如数字辽宁建设、信息技术与制造业融合发展等，2023 年黑龙江也对大力发展数字经济进行了部署。产业结构从以前的重工业为主逐渐转向多元化发展，包括服务业、科技产业等。东北老工业基地城市也正在进行大规模的更新与改造，包括旧城区的改造、新城区的建设等，以适应新的经济发展需求。与此同时中央政府对东北老工业基地的政策支持仍在继续，包括财政转移支付、专项补贴和项目资金等，以帮助东北地区的经济发展。

总的来说，东北老工业基地的发展现状是复杂的，既有发展的挑战，也有转型的机遇。未来，东北地区需要进一步加强市场化改革，推动科技与经济的融合，优化产业结构，实现经济社会的全面振兴。

二、国外老工业型城市转型基本范式与案例

老工业基地的转型问题，不是中国所特有的。西方国家曾出现过很多老工业型城市成功转型的案例，整理归纳国外老工业型城市转型发展的基本范式，并研究其成功的典型案例，对于我国老工业型城市转型发展具有重要意义。

（一）国外老工业型城市转型的基本范式分析

国外老工业型城市转型大致可以归纳为 4 种模式，分别是产业升级型模式、旅游开发型模式、政策引导型模式和环保推动型模式。

1. 产业升级型模式

采用此模式的城市，具备依托矿产资源培育出下游制造业的基础，在后期城市转型中，聚焦制造业中高附加值领域发力。例如，法国的洛林拥有煤、铁等矿产资源，拥有完善的冶金产业链，在进入衰退期后，大力发展汽车板材、镀锌板等高附加值材料领域，成为欧洲汽车生产制造中心；此后，又延伸到合金材料和塑料复合材料的研发生产领域，通过高精尖材料领域的高附加值实现转型。无独有偶，德国鲁尔区发展计划内容之一也是重点对能耗高、污染大的煤炭和钢铁厂采取改建、合并、技术改造实现技术升级、产业转型等形式进行治理，通过价格补贴、税收优惠、投资补贴、政府收购、矿工补贴、环保资助、研究与发展补助等一系列优惠政策扶持并改造煤钢业。涵盖曼彻斯特、利物浦等传统工业城市的英国西北部地区则是通过建设制造咨询中心，为中小企业提供一种手把手教授最新制造技术业务的新型服务方式，并且增加新产品种类，引进最新的专利和技术以提高产品附加值。

2. 旅游开发型模式

德国鲁尔区充分挖掘工业遗产的旅游开发潜力，开创博物馆模式、公共游憩空间模

式、购物旅游相结合的综合开发模式、区域性一体化模式等，将工业遗产转变为第三产业开发资源。与之类似的上海 1933 老场坊、北京 798 街区等也都是工业厂区再开发的成功案例，目前已经成为重要的城市旅游名片。除了对人造工业的改造，还可以充分发挥当地的自然资源，因地制宜打造差异化旅游 IP。例如，哈尔滨充分发挥自身冰雪资源，发展冰雪旅游，促进冰雪经济的发展。除此之外，也可以充分挖掘城市自身特色文化，哈尔滨宣传其多民族、中西方融合的文化，斩获大量流量。与之类似，英国曼彻斯特政府通过推行一系列的城市文化复兴计划和持续的文化基础设施建设，促进了创意产业、媒体产业、体育产业、教育产业、生物医疗产业等知识型、创意型、休闲型产业的繁荣，通过持续的文化驱动和城市营销，曼彻斯特被提振为英国乃至欧洲重要的以文化、创意、旅游为特色的都会。

3. 政策引导型模式

这种模式主要是政府通过制定产业政策和规划，引导和推动城市的产业升级和转型。美国联邦政府估算，2001—2005 年，实行向老企业废旧厂房和土地投资可以抵减企业应税额的政策，吸引大约 70 亿美元的私人投资用于 1800 家老企业的重建。而日本为促进北海道地区发展，专门制定《北海道开发法》，设立北海道开发厅和北海道开发银行，并设立北海道开发事业费预算和专项补贴，仅 1999 年就投入 14.57 万亿日元开发事业费。此外，还对北海道开发实施补贴倾斜政策，如高速公路建设补贴比其他地区高 13%，河流改造补贴比其他地区高 13%，港口建设补贴比其他地区高 35%。政府的投资在新产业发展初期具有重要作用，德国鲁尔区积极创办相应的新产业培训项目、提供技术咨询、建立技术中心等为实现产业转型升级提供了必要保障。英国在进行西北地区工业改造的过程中则是投资了一个以太阳能光电发电的项目为核心的 10 年期"绿色"技术研究计划，希望此技术能帮助该地企业找到新的发展机会。

4. 环保推动型模式

这种模式主要是通过发展环保产业，如可再生能源、绿色交通等，来实现城市的可持续发展。例如，德国的埃森，这座曾经的煤炭和钢铁城市，通过发展环保产业，如风力发电、垃圾处理等，成功实现了城市的绿色转型。德国鲁尔区也对高污染、高能耗企业进行重点清理整治，提高产品技术含量，加大环保设施建设、废弃厂房再利用力度，由此鲁尔区的生态环境得到了恢复，如今随处可见的是环境优美的公园绿地、幽雅的产业园区。

国内外有一些城市经历过与东北地区类似的困境。从它们成功转型的案例中，我们可以进行情景化分析并总结经验，为己所用。

（二）从"铁锈地带"到"锈带复兴"的转型之路

美国城市匹兹堡在 19—20 世纪是美国中西部的一个工业和制造中心。煤矿的发现，为匹兹堡工业制造提供了价格低廉的燃料，推动了匹兹堡工业在 20 世纪初期兴起。1910 年，匹兹堡产出美国超过 60% 的钢材，有美国的"钢都"之称。但是，随着工业化进程的进行，环境污染也随之产生。20 世纪中叶，匹兹堡由于空气污染问题而臭名昭著。1948 年，在匹兹堡市郊发生的多诺拉烟雾事件成为世界上著名的空气污染事件之一。工厂大量排放含有二氧化硫和金属微粒的气体，这些气体在气候条件异常的情况下在山谷中积聚不散，形成了严重的空气污染。在这场烟雾事件中，有近 7000 名多诺拉镇的居民患病，其中 20 人死亡。自 1950 年以来，钢铁企业的集中分布和尾气排放造成了严重的环境污染，到了 20 世纪 70 年代钢材需求下降，日本和韩国的钢铁业兴起，匹兹堡出现钢铁产能过剩，导致大量的工人下岗，整个城市都进入萧条期。

面对这种窘境，匹兹堡逐渐创新发展模式，进行产业转型升级，把经济重心转移到教育业、旅游业、服务业，尤其是高科技行业，如医药和机械制造业。政府在这场变革中起到了很大的作用，该州政府买下了原来的钢铁厂，并将其移交给市政府，将其改造成一个新的技术中心，以吸引计算机软件、生物技术和机器人等领域企业的入驻。匹兹堡的工业改造，不但增加了工作岗位，而且给匹兹堡的经济注入了新的生机。匹兹堡的机器人与自动化产业取得了重要进展。比如，Gecko 公司研发了一种用于自动化维修基础设施的工业机器人技术，以往需要人工进行的危险作业如今可以被 Gecko 公司生产的机器人取代，确保了工人的人身安全。

三、特色文旅产业助力东北老工业基地转型发展

黑龙江省哈尔滨市是我国东北老工业基地代表城市之一。作为"共和国长子"，哈尔滨在新中国历史上发挥了极为重要的作用。

作为全国第一个解放的大城市，哈尔滨曾担负着新中国"兵工厂"的重任。"一五"计划时期，哈尔滨因具备重工业发展基础，加之毗邻苏联的地理优势，被确定为重点建设的工业基地城市。苏联援助的 156 项重点工程中，有 13 项建在哈尔滨。哈尔滨生产出了坦克、炮弹和我国第一架直升机，并有全国最大的电站集团。1960 年，哈尔滨全市工业总产值仅次于上海、北京、天津、沈阳，列全国第五位。

但是，计划经济导致哈尔滨的产业结构单一，主要集中在重工业和农业领域。这种单一的产业结构使得哈尔滨在市场竞争中处于劣势，难以应对外部环境和市场需求的变化。随着中苏关系的破裂和"大三线"政策的实施，工业重心向中西部转移。而中国经济也逐渐开始向高质量发展转型，由于传统重工业面临环境污染、资源消耗过大等问题，国家开始推动产业升级和转型。在这个过程中，一些传统重工业企业没有能够及时转型，导致竞争力下降。再加上地缘环境的封闭性，东北在市场经济的商业竞争中越来越缺乏竞争力。此外，长期受计划经济的影响，东北人民更倾向于体制内稳定生活，与沿海地区相比缺乏商业创业精神，人们的思想落后于市场经济的浪潮，这也成为限制地区经济创新与发展的因素之一。

为了应对产业结构单一、发展动力不足等问题，哈尔滨积极寻求转型发展之路，大力发展新质生产力，赋能冰雪经济，给这座城市带来了勃勃的生机。

习近平总书记强调，冰天雪地也是金山银山。黑龙江近年来把发展冰雪经济作为现代化产业体系建设的重要产业来抓，带动形成了大批冰雪产业项目，努力让冰雪旅游带

动冰雪经济的发展，用"冷资源"涵养出"热产业"，为实现东北老工业基地全面复兴开辟一条新的转型发展之路。除了政策铺路，冰雪经济本身也具有巨大发展潜力，冰雪经济具有投资少、能耗低、污染小、效益高等显著优势，冰雪经济发展覆盖的产业链条较长，可以调整优化产业结构，促进生态资源转化为资本，提高居民的生活品质。大力发展冰雪经济可以推动冰雪旅游、冰雪运动、冰雪装备制造等相关产业的发展，同时能够带动就业，推动冰雪运动、文化、装备、旅游等全产业链的发展，提高地方经济水平，具有显著的经济效益和社会效益，为地方经济的发展注入新的活力。哈尔滨拥有丰富的冰雪资源，得益于纬度位置和气候条件，发展冰雪旅游的优势得天独厚，为冰雪经济的开发提供了良好的基础。

充分挖掘新质生产力的内涵，哈尔滨探索出一条以冰雪旅游为契机，助力冰雪经济发展的路径：

一是加强冰雪经济发展规划，推动产业发展升级。党的二十届三中全会关于新质生产力的论述中提到要健全现代化基础设施建设体制机制，健全提升产业链供应链韧性和安全水平制度。在交通物流、冰雪设施、冰雪装备、旅游路线、宾馆酒店建设等方面加大投入，加快基础设施建设，对冰雪经济发展产业链进行全链条整体推进，畅通产业链条中的每一个节点，不断拓展冰雪旅游产业、冰雪装备制造产业、冰雪文化服务产业等发展空间和质量，在要素供给上最大限度满足冰雪经济发展需求。积极引导社会资本参与冰雪经济发展，挖掘市场潜力，扩大市场规模，充分释放市场效应。

二是以高标准冰雪赛事推动转型升级。抢抓发展机遇，积极争取引进国际和国内高级别赛事资源，积极申办冰雪项目国际高水平专业赛事。比如，承办亚洲冬季运动会、世界大学生冬季运动会等国际赛事，以高质量的大型比赛活动推动冰雪场地设施建设不断升级、推动冰雪装备制造业取得新突破。同时，注重谋划实施冰雪赛事引领、冰雪培训创新、大众冰雪普及等专项行动，激发市场发展活力，促进办赛主体多元化，提高冰雪赛事活动市场化运作水平。

三是提升市场营销水平，扩大市场发展空间。比如，在文旅发展方面，着力培育新型冰雪文旅产品，提高冰雪文旅的体验性、参与性、娱乐性，打造重点旅游区域和重要旅游节点，构建形成产品体系、营销体系、诚信体系、监管体系。在产业发展上，深入推进供给侧结构改革，提升冰雪产品市场竞争力，在实践中探索出一条实现"冰天雪地"转化为"金山银山"的路径。

四是注重人才培养，夯实冰雪产业发展基础。按照发展新质生产力要求，黑龙江省始终注重畅通教育、科技、人才的良性循环，完善人才培养、引进、使用、合理流动的工作机制，多年来，培养了大批冰雪产业人才队伍，也为全国冰雪产业发展输送了大量人才。随着冰雪经济的发展，人才培养的重要性更加突显。比如，培育冰雪产业教育人才、管理人才、经营人才、营销人才，让更多的人参与冰雪经济、冰雪产业的发展。

通过发展冰雪经济，积极培育新质生产力，推动特色文旅高质量发展，哈尔滨的转型发展之路无疑是非常成功的。2023年，"今冬到哈尔滨旅游"成全网热点话题，"南方小土豆""尔滨，你让我感到陌生""哈尔滨旅游后劲儿太大"等多个话题接连登上热搜，引发大量关注。据哈尔滨市文化广电和旅游局提供的大数据测算，元旦三天假日，哈尔滨累计接待游客 304.79 万人次，实现旅游总收入 59.14 亿元。游客接待量与旅游总收入达到历史峰值。据携程发布的《2024 年元旦跨年游旅游洞察》报告，以哈尔滨为目的地的元旦假期订单量同比增长 631%；去哪儿网数据显示，截至 2023 年 12 月 26 日，2024 年元旦期间哈尔滨酒店预订量同比增长 25.7 倍。在元旦小长假实现一场冰雪游成为不少游客的新选择。

哈尔滨通过优质旅游产品不断创新和服务供给不断优化，让服务和产品与流量匹配，做到了真正留住人心，实现了"流量"到"留量"，最终形成"能量"的转变。通过不断擦亮旅游服务业的"金字招牌"，助推文旅事业高质量发展，为哈尔滨带来各行各业的"人气"；再以旅游业为起点辐射带动其他产业转型升级，最终实现老工业基地城市的成功转型。哈尔滨旅游业的爆火，以及对其他产业的辐射作用，无疑给东北老工业基地改革提供了一个很有借鉴意义的优秀范本，对于东北地区其他老工业城市的转型，具有非常重要的参考价值。

第十六章　如何发展城市低空经济？——从"四缺"到"四有"竞逐发展新赛道 [1]

　　"低空"是指真高在 1000 米以下的空域范围，根据各地区的实际需求和特点，具体高度范围可划设至 3000 米以内。2023 年，我国发布了《中华人民共和国空域管理条例（征求意见稿）》及其配套文件《国家空域基础分类方法》，标志着空域管理进入了全新阶段。低空空域作为国家的重要战略资源，如同珍贵的国土资源和富饶的海洋资源，蕴含着巨大的经济潜力。

　　而"低空经济"正是基于这一资源，以低空飞行活动为引领，辐射带动相关领域融合发展的综合性经济形态。当前，我国很多城市都在积极推动低空经济发展，但同时面临一些突出挑战，迫切需要在尊重产业发展规律和地方实际的基础上，破题"四有"，培育新赛道上的新优势。

一、低空经济：富有潜力的"新赛道"

　　全球低空经济正处于提速增长的早期阶段。目前，各国纷纷投入力量，试图充分利用新兴技术优势，探索和挖掘低空经济潜力。据罗兰贝格管理咨询公司的预测，到 2050 年，全球低空经济市场的规模预计将超过 60 万亿元，这一数字足以彰显其巨大的增长潜力和对全球经济的重要影响。

　　在推动低空经济发展的进程中，美国和日本的做法尤为引人关注。两国在政策制度及基础设施建设领域均采取了有力措施，这些措施以国家层面的顶层设计为指引，地方政府积极牵头引导，市场主体则负责开展实际建设。这种三位一体的模式，不仅体现了国家对低空经济发展的高度重视，也为全球低空经济的繁荣提供了宝贵的经验和启示。

　　我国低空经济在宏观政策指引下呈蓬勃发展之势。"低空经济"在 2024 年全国两会上首次被写入政府工作报告。2024 年 3 月，工业和信息化部、科技部、财政部、中国民用航空局印发《通用航空装备创新应用实施方案（2024—2030 年）》，提出到 2030 年，推动低空经济形成万亿级市场规模。

　　截至 2023 年底，全国已有 26 个省（自治区、直辖市）发布了低空经济相关政策，专门的政策文件有 30 多份，18 个省份将低空经济写入 2024 年地方政府工作报告。全国

---

① 由首都科技发展战略研究院课题组完成，执笔人为李淑敏。

无人机运营企业有 1.8 万多家，年产值达到 1520 亿元，注册无人机总数为 101 万架，总飞行时长约 2000 万小时。从经济发展规模上看，据预测，到"十四五"末，我国低空经济对国民经济的综合贡献值将达到 3 万亿～5 万亿元。

国内城市低空经济竞争日趋"白热化"。我国具备低空发展条件的城市都在着力推进低空经济发展布局。据不完全统计，我国已有北京、深圳、南京、苏州、沈阳、武汉、天津等数十个城市提出了低空经济发展目标。从深圳的"天空之城"到北京的"低空经济产业创新之都"，各地都高度重视低空经济发展并将其视为提升城市竞争力的"新赛道"。还有一些城市，如南京等，明确规划了低空经济应用场景。值得一提的是那些低空资源丰富的欠发达地区，如阜新等城市，也意识到低空经济的重要性，并将其视为实现区域跨越式赶超发展的重大机遇。

二、"四缺"：城市低空经济发展面临的挑战

在国家政策支持和引导下，我国城市低空经济发展势头十分迅猛。但作为一种新型经济形态，其本身发展仍需要耐心观察，特别需要法规标准、商业模式、技术能力等多维支撑，才可能实现从概念向产业发展的飞跃。就目前情况而言，要通过发展低空经济为城市"振翅高飞"助力，还面临以下四大挑战。

（一）挑战一："缺规范"

城市低空经济发展的法律法规与行业标准的完善性不足。当前，低空经济领域的法律法规尚不成体系，监管存在空白，且技术标准与规范仍未统一，尚未建立起切合行业发展特征的统计体系。这导致对城市低空经济规模的准确评估相对困难，产业发展缺乏明确的基线和指引。

（二）挑战二："缺管理"

城市空域管理技术与手段的精细化程度有待提高。城市低空经济发展具有异构、高频次和高复杂性等特点，对空域管理提出了更高要求。然而，当前我国在低空管理方面仍存在一定短板，特别是在无人机低空飞行的精准管理上，尚缺乏高效智能的运营平台和前沿的管控技术，数字化、信息化、智慧化水平亟待提升。

（三）挑战三："缺模式"

城市低空经济发展的市场需求与商业模式的成熟度不足。当前，城市低空市场需求尚未被充分激发，缺乏稳定的市场需求、成熟的商业模式和盈利模式，导致市场开发动力不足。空中游览、跳伞飞行、私人飞行等城市低空消费类飞行尚处于开发阶段，相关产业服务，如文化传媒、信息、租赁、保险、中介代理、社团服务等，也远落后于国外市场。

（四）挑战四："缺技术"

城市低空经济发展的核心技术支撑水平亟待加强。在硬件方面，我国通用航空领域存在显著的技术短板，整机和发动机主要依赖进口，低空核心零部件及关键材料的研发能力尚显不足。这严重制约了城市低空经济的自主创新能力和发展速度。

三、"四有"：推动城市低空经济高质量发展的关键

培育城市低空经济新动能，谋划低空经济发展新赛道，应立足高质量发展主线，尊重产业发展的客观规律，充分发挥有效市场和有为政府的作用，在"有规可依""有据可用""有景可飞""有技可托"上着力。

（一）"有规可依"：加强城市低空经济制度建设

进一步加强顶层设计，加强国家层面宏观指导，并结合未来产业发展需要，制定相对全面细致的低空经济发展战略规划并推动相应法律法规修订。各城市应因地制宜，尽力而为、量力而行，在充分结合自身发展基础条件的前提下，编制和实施符合现实的低空经济发展规划，推动低空经济发展。鼓励和支持有条件的城市（如经济特区），率先开展低空经济立法实验，先行先试推动低空经济发展制度创新。同时，鼓励和支持各城市建立行业认证标准与统计体系，为低空经济的稳健发展提供标准支撑。

（二）"有据可用"：打造城市低空飞行数据平台

打造城市低空飞行数据平台，集成大数据、地理信息、人工智能等核心技术，为空域划设、航线规划等领域提供实时精准的动态数据支持。夯实城市低空数字智联网络数据底座，融合尖端技术，实现通信、导航、监测等多重功能的互联互通，确保低空飞行的安全性、高效性与智能化。此外，完善城市微气象观测数字系统，为低空飞行提供精准的气象保障，助力飞行安全与效率双提升。

（三）"有景可飞"：拓展城市低空经济应用空间

以政府端为切入口，深化和拓展低空经济应用空间。重点在应急处置、医疗救护、消防救援、巡检巡查、国土调查监测、工程测绘、交通治理、城市管理、农林生产等领域，积极开展低空经济发展示范。同时带动商业端应用空间创新及"行业＋航空"应用空间推广，共同构筑起低空经济的多元化应用格局，激发低空经济市场活力。

（四）"有技可托"：依靠需求场景驱动低空技术创新

充分发挥我国城市的大规模、大市场优势，通过需求场景驱动低空技术创新。在北京、上海、深圳、南京等科技创新资源丰富的城市，加快培育通用航空器核心零部件研发和生产企业。在一些产业基础较好、市场需求旺盛的城市率先布局应用技术平台。同时，鼓励科研机构、高等院校和企业共同研发先进的低空空域操作系统，积极构建城市低空空域数字孪生系统，推动城市低空经济、城市低空管理的一体化数字化转型。

第十七章　打造城市科创品牌　助力城市高质量发展 ①

进入 21 世纪，城市品牌化理论与实践快速兴起，被公认为提升城市竞争力的有效手段。城市品牌是城市最重要的无形资产和软实力，对引领城市高质量发展、高品质生活和高效能治理具有重要的时代意义，品牌战略已成为国家战略。

一、科技创新品牌

品牌不能从一个维度看，它是一个立体结构，不同的学科、不同的职业，对品牌的理解不同。从营销角度看，品牌是一种战术、一种博弈；从金融角度看，品牌可以理解为一种资产，可以抵押、质押和变现。有的管理学者认为，品牌是一种文化、一种价值；地区决策者或企业决策者把品牌作为一项战略。比如，三星公司原本是日本的代工厂，它的决策者面对企业生死存亡的压力，决定打出自己的品牌，加入与索尼、松下的竞争，最终我们见证了一个巨头的崛起。

谈到品牌背后的顾客，科技创新品牌背后是科学家、创新团队、企业家、精英界、政府和其他需求者，他们是直接主体或间接主体。此外，品牌对于一个地区还有背书功能。对于城市来说，科技创新品牌在全球创新体系、区域创新、创新链中有着不同的角色、地位，在企业品牌中则有原创级效应。从法律角度看，品牌是对无形资产权利的保护和维护，是法律概念、管理概念，也是管理策略，要把每一个维度的功能放在不同的位置上。一提到品牌就要说产品，品牌要有产品和服务的实质性支撑，要有产品力。现在很多品牌非常注重宣传，但这占战术的很少一部分，它不能构成单独的维度，因此品牌是不等同于宣传的。

对于城市科技创新品牌建设也应有相同的认识，就是要有整体观念、城市观念、高质量发展观念。科技创新品牌与文化品牌、旅游品牌不同，一个城市一旦拥有科技创新品牌，它就是一个引领趋势的城市、一个拥有未来的城市，如旧金山、斯德哥尔摩等。

二、如何打造城市科创品牌

首先，打造一个地区和城市的科创品牌，要有结构化意识，包括产品结构、发展的目标结构、治理结构等。从目标结构来说，有的城市有大院大所、高校资源，而且

---

① 由首都科技发展战略研究院课题组完成，执笔人为刘彦平。

行政级别也比较高，而更多的城市可能缺乏这样的资源，但是创新发展对它们来说同样非常重要。

其次，城市科创品牌要在国家创新战略及区域创新链中找准自己的定位，这是一个必要的路径。科技创新品牌定位逻辑要从国家、区域到城市，在治理方面要有组织、有管理、有推广。同时，科创品牌又是一个产品和服务结构，其结构体系包括科技创新的故事、优秀的产业。有些城市不仅有高科技产品，还有大国重器、完善的政策体系 / 平台、典型的应用场景、明星科技企业和人物，乃至城市 IP 体系等。

再次，如果把科创品牌作为城市品牌的子品牌来看，实际上还有至少 5 个子品牌与其并行，即城市文化品牌、城市旅游品牌、城市投资品牌、城市宜居品牌和城市开放品牌。要把科创品牌作为一个核心，5 个平行维度的子品牌与其有千丝万缕的联系。因此，谈及一个城市不能把文化、旅游、投资、宜居等与科创分开，它们是一个城市整体的品质特色。

文旅是科创品牌的人气场，宜居和产业是科技创新的基础环境，而开放则是科技创新的活力源。如果说文化是一个城市的灵魂，产业相当于筋骨，宜居相当于容貌，而科创品牌就相当于眼睛。眼睛是灵魂的窗口、思想的窗口、境界的窗口，所以一个城市是不是有灵气、有未来、有潜力，从它的科创品牌就能看出来。

最后，城市的发展跟科创品牌是息息相关的。要打造一个创新城市，就要在城市的方方面面营造有利于创新的功能、场景、载体、文化来与创新协同建设和联动。从方法上来讲，就是从文旅、产业、科创、宜居、开放等维度拓展，能够营造一个良好的创新环境。品牌深化是科技创新的话语权，结合这个时代要全面贯彻新发展理念，做好创新发展、协调发展、绿色发展、开放发展、共享发展，也就是做好了高质量发展。

三、若干工作机制构想

第一，科技创新涉及诸多主体，如政府、园区、企业、社会组织等，包括科技领域的一些融媒体，都有可能成为主体，每一个主体都可以做这些事情，但是要通过专门的组织做品牌推广，这个组织要有治理机制，可组织工作坊或研讨会，定期讨论，制订阶段性计划，找出挑战和解决方法。

第二，要规划科创品牌的愿景、目标、时间表、路线图及联动策略。要结合城市实际需要和实际情况，把这种策略、路径规划出来作为行动的指南。

第三，打造重点品牌的画像。首先将品牌画像作为科技创新主管部门、相关部门的绩效考核指标之一，可以通过设立 Logo、口号、广告语、数字人、虚拟形象代言、IP 打造等方式去打造画像。

第四，科技创新方面的人物、企业、园区、机构，以及城市科创 IP 的海选、评选、表彰活动也是很重要的。

第五，科技创新的数字资产管理。这涉及大数据资产、各种各样无形资产管理。

第六，做好科技创新的国内外交流活动，讲好城市故事。这区别于以往的科技交流、科技合作，其中媒体的互动式传播非常重要。例如，哈尔滨和"凡尔赛"在社交媒体上的联动就是互动共创的一个效应。

第七，智库合作。各类智库报告，包括首都科技发展战略研究院的《首都科技创新发展报告》等，对北京的科技创新品牌来说已经成为一个重大产品。要监测品牌的发展，要有反馈、有改进，如果能出专门的科技创新品牌报告就更好了，对地方品牌建设更有利。

就像人们买产品一样，有品牌的产品和没有品牌的产品对我们的购买决策影响非常大。如果一个城市下定决心发展，通过科技创新改变城市命运，那就需要把品牌作为战略性抓手。

第十八章　塑造城市人才品牌：实践短板与优化路径 ①

在城市发展模式由"人口红利"驱动向"人才红利"驱动转型的新阶段，如何有效吸引、集聚和充分利用各类人才，已成为推动城市高质量发展、创造城市高品质生活、实现城市高效能治理的内在要求，是提升城市综合竞争力的关键举措。作为城市品牌的重要组成部分之一，城市人才品牌不仅是城市人才核心价值精准定位和有效传播的关键载体，也是链接和整合城市创新、产业等各类资源，增强城市凝聚力、吸引力和辐射力的有效平台，其直观反映了城市的人才发展理念，并从品牌建设的角度为更好地推动人才友好型城市建设提供了解决方案。

一、国内外城市塑造人才品牌的实践探索

当前，全球城市人才竞争格局正在经历着深刻变革。城市人才在空间上"集中聚集"与"分散聚集"态势并存，城市文化、口碑、形象等"非经济"因素在人才"引育留用"方面的作用日益突出。城市人才品牌可以将城市人才发展战略进行可视化和符号化浓缩，对内有利于提升人才的向心力和凝聚力，对外则是城市人才竞争力的核心展现"窗口"，是城市软实力的重要组成部分。越来越多的城市开始深入挖掘自身人才品牌的深层内涵，并积极推动城市人才品牌建设，以此作为提升城市人才吸引力和核心竞争力的关键策略。

国际范围内，一些城市已经进行了积极的城市人才品牌建设实践。例如，韩国首尔自 2002 年起，基于其施政愿景和人才吸引策略，推出了集人才引进和文化推广于一体的城市品牌战略——"Hi Seoul"，并设立城市营销部门进行专业化运营，成功吸引大批金融服务、信息通信技术密集型和文化创意产业领域的优秀人才。全球金融中心指数报告显示，首尔在人才资源方面的竞争力表现强劲，在 121 个城市中位列第 8。加拿大的埃德蒙顿市，于 2012 年推出了"Make Something in Edmonton"（在埃德蒙顿大有可为）的城市人才品牌，并设立埃德蒙顿经济发展公司（EEDC）为专业运营机构，成功将这个位于相对偏远地区的城市，塑造为一个富有创新精神和良好环境的创业繁荣地，显著提升了其对全球创业人才的吸引力，还在 2016 年于英国伦敦举行的城市国家广场论坛上荣获"最佳场所品牌标识表达"奖项。法国文化名城里昂市，自 2007 年起，积极推行"ONLYLYON"（唯有里昂）城市品牌策略，致力于将里昂定位为欧洲在创新、

① 由首都科技发展战略研究院课题组完成，执笔人为赵峥、文艺璇。

创业和文化方面的领先城市。通过构建"ONLYLYON"城市品牌生态系统，结合高效专业的品牌治理框架，里昂成功实施了一系列创新的城市品牌项目、活动和营销策略，使得里昂一跃成为国际投资者和人才关注的焦点。《IBM 全球位置趋势 2015 年度报告》（IBM Global Location Trends 2015）显示，里昂在全球最具国际投资吸引力的城市中位列第 19，领先于纽约、法兰克福、曼彻斯特等。《2014 年大都市吸引力与就业研究报告》（Etude APEC sur l'attractivité des métropoles et de l'emploi 2014）也指出，里昂是法国除巴黎外对企业高管最具吸引力的城市。

随着我国从"人口红利"阶段加速迈入"人才红利"时代，各大城市为增强竞争力，纷纷采取降低落户门槛、提供租房购房优惠、设立创业奖励、发放人才补贴等措施，积极投身于日趋激烈的"人才争夺战"。在此背景下，构建独具特色的人才品牌战略不仅顺应了时代发展的必然趋势，更是城市持续发展、繁荣的核心需求。为确保城市人才品牌能精准地传达城市的核心价值和特色，各城市通过深入分析人才需求与城市发展优势，因地制宜推出了各具特色的城市人才品牌。在此基础上，还制定一系列精准有效的人才引进与培养计划，不仅包含优惠政策和激励措施，更着眼于为人才提供长期、稳定的发展环境。同时，加强与高校、科研机构等机构的紧密合作，搭建多元化的人才交流与合作平台，为人才提供广阔的发展空间和机会。此外，还注重提升市民的归属感和参与感，通过公开征集城市人才品牌标语、IP 形象等活动，广泛吸纳市民智慧和创意，共同塑造城市人才品牌的独特魅力。据笔者统计，截至 2023 年底，我国已有超过 60 个城市成功打造了专门的城市人才品牌并匹配相应人才政策，不仅成为城市吸引人才的重要名片，也为城市的可持续发展注入了强劲的人才活力。部分城市人才品牌及其典型举措概览如表 18-1 所示。

表 18-1　部分城市人才品牌及其典型举措概览

序号	城市	人才品牌	典型举措
1	昆明市	春城人才 梦想不远，昆明首选	·设立"春城产业招才榜"，发布高层次急需紧缺人才引进指导目录。 ·开展"春城全国名校行"，与对口高校建立长效机制。 ·成立"春城人才发展院"，打人力资源协同新型平台。 ·搭建"昆磨人才飞地"，设立"磨憨—磨丁展示区"
2	泰安市	泰爱才	·建立专员包保机制，实行"1+3"包保联系制度。 ·推进"博士创业项目常态招引"、企业技术需求"揭榜挂帅"、"金种子"计划等。 ·强化过程管理，放大编制使用效益
3	重庆市	重庆英才	·连续发布"津鹰计划"紧缺人才引才需求目录和区委书记致人才的邀约信，为高层次人才和急需紧缺人才提供绿色通道。 ·举办"重庆英才大会"，已成为重庆与人力资源社会保障部共办、川渝联办的招才引智平台

序号	城市	人才品牌	典型举措
4	天津市	海河英才	·强化技能竞赛引领作用，持续举办"海河工匠"计划、天津市技术能手大赛等。 ·通过加强企业公共实训基地、技能大师工作室等建设，加快高技能人才队伍建设
5	南京市	有"宁"才更好	·颁布"人才强市25条""重点产业人才7策"。 ·在现有紫金山英才基金基础上，新设人才创新双向赋能基金和重点产业人才基金
6	杭州市	杭向未来	·针对创业团队给出创业无偿资助、大赛落地资助、国赛落地资助等7项高频申领支持。 ·主动参与全球人才竞争，与国家外国专家局合作共建全国首个国际人才创业创新园。 ·实施"万朵浪花"杭州大学生实习计划，给予就业见习生活补贴、就业见习指导管理费补贴等相应补助
7	福州市	好年华　聚福州	·加快推进高能级平台建设，如闽都创新实验室等，并建立"团队引进＋项目落地""科学家＋工程师"等工作机制。 ·举办"好年华　聚福州"游学实践活动、"百年烟台·英才荟萃"引才活动等一系列活动，加快青年人才汇聚
8	苏州市	人到苏州必有为	·搭建"金才相遇"投融资圆桌荟、领军人才产品show等多元化的人才创业平台。 ·积极融入全球人才网络，举办国际精英创业周等活动。 ·举办各类人才主题活动，如国庆Citywalk等"人才家庭日"主题活动，增强人才对城市的认同感和归属感
9	厦门市	选择厦门　书写精彩人生	·优化"类海外"人才发展生态，优化外籍人才服务举措，设立全球化产才交流载体。 ·推出"归鹭"国际化人才品牌，签约全球高校联合引才育才精品项目，并发布中英文人才宣传片。 ·成立城市引才联盟、建立驻北京国际化引才工作站、上线"国际化人才招聘专窗"等，通过多元化手段吸引人才
10	太原市	"太"爱人才 "原"等你来	·强化政策供给，推进人才政策"废改立"，编制人才政策"蓝皮书"，建立"1+N"政策体系。 ·紧扣"六地"建设、国家区域中心城市等发展定位，确定了"六共联建"方式和"六大行动"人才举措

二、我国城市人才品牌发展面临的主要短板

（一）城市人才品牌建设"孤岛化"

城市人才品牌建设应具有整体性，不能将人才品牌建设与城市发展割裂，而应紧密围绕城市人才发展需求，充分统筹城市各类发展资源以形成合力。然而，当前部分城市在推进人才品牌建设时，往往过于追求城市人才品牌宣传的"燃点"或表面效果，忽视了城市人才品牌与城市发展的有机联系，使得城市人才品牌建设成为脱离于城市产业发展、文化传承等的"品牌孤岛"。

具体来看，一是城市人才品牌未能充分利用和展现城市的独特资源优势和长期培育的特色产业，而是片面地追求引进高层次人才，忽视了人才与城市自身产业定位和经济实力的匹配性。二是城市人才品牌在建设过程中，未能与城市的历史文化和人文环境有机融合，导致品牌趋于肤浅、僵化和雷同，缺乏深厚的文化底蕴和能够体现城市人文精神的实质性内容。三是城市人才品牌在城市整体高质量发展战略中的地位和作用尚未得到充分的认识和重视，相关人才政策供给和制度安排也有待进一步完善和优化，往往导致资源的错配和低效。四是城市人才品牌持续评估和反馈机制还不够完善。城市人才品牌建设缺乏动态、有效的评估体系，往往无法准确衡量品牌建设的成效，也无法及时调整策略以适应城市发展的变化和人才的需求。

（二）城市人才品牌实施"碎片化"

城市人才品牌的发展是规划、建设、管理的一体化过程，要求各环节紧密相连以形成高效闭环。然而，在实践中，由于缺乏统一、连贯、持续的战略规划及系统化的运营管理方案，城市人才品牌实施"碎片化"的现象屡见不鲜，导致城市各部门、各主体在塑造人才品牌时常常陷入"各自为政"和"单打独斗"的窘境，造成了一系列负面影响。

首先，城市人才品牌实施"碎片化"显著降低了品牌的辨识度，使得人才难以对城市品牌形成明确、深刻的印象，削弱人才对城市品牌的认知度和信任感。其次，城市人才品牌实施"碎片化"导致城市资源的分配不合理和目标偏离。多个部门在城市人才品牌建设上的重复投入，不仅降低了资源的整体利用效率，还可能加剧内耗与冲突。最后，城市人才品牌实施"碎片化"会对城市人才品牌形象的一致性和稳定性造成威胁，进而影响品牌实施过程中附加值的挖掘和体现。当人才面对混杂不清的城市人才品牌信息时，可能会对城市的整体形象产生疑惑或疑虑，进而影响城市的公信力和吸引力。

（三）城市人才品牌传播"单一化"

城市人才品牌传播的核心目标在于有效触及并吸引现实与潜在的人才资源。而对于人才而言，每个个体和特定群体对于城市人才品牌的传播内容、渠道及方式的偏好具有

显著的差异性。因此，积极设计并拓展多元化的城市人才品牌传播路径，不断丰富传播内容，建立人才品牌与人才之间的高效联系和深层次互动，显得尤为重要。然而，许多城市在城市人才品牌传播策略上存在"单一化"问题。

一方面，传播渠道的局限性影响了城市人才品牌信息的覆盖面和渗透率。在高度信息化、数字化的今天，仅依靠有限的传统渠道无法满足人才对信息获取的多样化需求，不但限制城市品牌与潜在受众之间的有效沟通，更严重束缚城市人才品牌的塑造和推广。另一方面，传播内容的单调与肤浅，在一定程度上弱化了城市人才品牌的吸引力。在推广城市人才品牌时，一些城市过度聚焦于物质条件、优惠政策等功能性卖点，忽略了对人才深层次需求的洞察。"网红城市""流量城市"的热潮，导致许多城市盲目跟风，过度依赖在特定社交平台"造势"以追求人才品牌的短期关注度，不仅容易引发审美疲劳，还使得城市人才品牌的辨识度变得更加脆弱。

三、优化我国城市人才品牌的主要路径

（一）多管齐下，提升城市人才品牌的"凝聚力"

塑造城市人才品牌，应立足城市长期可持续发展需要，着力规避"品牌孤岛"风险，运用品牌凝聚城市人才发展资源，形成城市人才品牌的集成效应。一是提高城市人才品牌认知。深化对城市人才品牌重要性的理解和认识，将其视为推动城市高质量发展的关键因素，从战略高度审视和定位人才品牌在城市整体发展规划中的核心角色，确保人才政策与制度设计、城市发展目标契合。二是明确城市人才品牌定位。综合考量城市的资源优势、历史传统、产业基础等多个因素，深入分析，明确其在区域、国家发展中的功能定位及对人才的需求类型，强化其核心功能特征，形成特色鲜明的城市人才品牌形象，提升对目标人才的吸引力。三是丰富城市人才品牌价值。基于城市自身功能优势进行差异化定位，嵌入独特且丰富的附加值，从而提升品牌忠诚度。同时避免盲目模仿和从众心理，为不同背景、关注点和品位的受众提供多元选择空间，打造"适合各类人才"的理想目的地。四是强化城市人才品牌监测。建立完善的城市人才品牌监测与评估体系，实时跟踪城市人才品牌发展动态并及时调整策略。通过优化人才服务体验和加强公共关系管理，积极构建和巩固城市人才品牌的良好声誉。设立创新支持机制，推动与城市品牌相关的研究与项目，促进品牌的差异化发展。

（二）多元协同，提升城市人才品牌的"联动力"

运营城市人才品牌，应强化品牌与城市整体战略间的多元协同与联动，配套互补，加强对品牌建设数据的全过程监管，确保策略高效执行，提升城市人才品牌的综合效能。一是紧抓城市人才品牌目标协同。聚焦内外两个核心受众，对外，要塑造统一且明确的城市形象和品牌故事，吸引外来潜在求职者、企业家和投资者；对内，精准对接市民个体职业规划与城市发展需求，深度挖掘潜在人才资源。二是明确城市人才品牌主体

协同。应进一步深化城市各相关职能部门与企业、教育机构及社会团体之间的合作，完善沟通协调机制，优化人才发展生态，确保在人才引育和人才服务等方面形成合力。三是强化城市人才品牌战略协同。应建立灵活的市场反馈机制，及时把握政策供给与人才需求的动态平衡，确保人才品牌建设与城市整体发展战略在方向上保持高度一致。四是实现城市人才品牌数据协同。应系统收集与分析人才品牌建设效果的相关数据，深入洞察人才市场的变化趋势，为城市人才政策的制定提供动态、量化的科学依据，从而不断优化人才品牌的发展策略。

（三）多维融合，提升城市人才品牌的"传播力"

宣传城市人才品牌，应规避城市功能性优势上的趋同性，在统一的品牌传播框架和指导原则下，注重对附加值的深度挖掘与精准传播，构建高效的城市人才品牌传播体系。一是强化多元的城市体验与人才品牌内涵。深挖城市特色，结合故事化叙事与多元化媒介，强化品牌信息覆盖与渗透。线下，策划特色体验活动，提升受众在场体验感；线上，利用互联网＋技术，开发互动式导览应用等，提升人才的远程关注度。二是塑造鲜明的城市感知与人才品牌故事。深化产学研合作，将人才品牌故事与城市产业、文化基因融合，运用大数据分析与可视化技术，多维度展现城市优势，为人才提供详尽的城市信息与发展前景。三是设计独特的城市标识与人才品牌符号。紧扣城市产业基础和人才定位，与专业机构合作，设计高辨识度的人才品牌标识，并贯穿于各类人才推广活动和重大事件中，以强化品牌的视觉识别度。四是打造有影响力的城市口碑和人才品牌网络。借助城市优势行业社群的号召力，构建全媒体宣传矩阵，拓宽城市人才品牌信息的传播渠道，提升城市人才品牌价值传播的有效性。

海外篇

第十九章 如何重塑空间创新地理 [1]

从位于波士顿市中心的公园街站出发，乘坐具有百年历史的地铁红线，穿过横跨查尔斯河的朗费罗桥，欣赏稍纵即过的两岸美景，是许多到哈佛大学访问交流的学者都有过的体验。而到达目的地哈佛广场站之前，在连接波士顿中心城区与剑桥市的地铁红线线路上，还有一座与另一所世界名校紧密关联的站点——肯德尔广场／麻省理工学院（Kendall/MIT），也同样令人印象深刻。在这里，除了世界名校麻省理工学院外，还聚集着麻省总医院、布罗德研究所、福赛思研究所、科赫研究所等一流科研院所，云集了诺华、辉瑞、谷歌、微软等 2000 多家生物医药、信息技术领域的知名企业和 600 多家行业领先初创公司，被誉为"全球最具创新性的一平方英里"。而从历史文献上看，肯德尔广场的位置最初只是查尔斯河旁的一块盐沼地。自 19 世纪到 20 世纪初的相当长时间里，这个区域主要以生产自行车轮胎、肥皂、乒乓球拍和冰淇淋为主，似乎与科技创新并无直接关联。那么，是什么原因，让一个传统意义上的工业区转变为现代意义上的创新区？肯德尔广场又是如何重塑空间创新地理的呢？我想试着从"基础—动力—绩效"三维角度去简单回应这些问题。

一、从基础维度看，重塑空间创新地理需要"锚定"资源禀赋

空间创新不仅要关注创新什么、怎样创新，更要关注在哪里创新的问题。不同的地理空间，拥有不同的资源禀赋，而如何正确看待、充分利用自身的资源禀赋，形成有竞争力的创新模式则是空间创新的基础所在。2014 年，美国知名智库布鲁金斯学会曾提出"创新区"（Innovation Districts）的概念，并认为依托高校、院所等"锚机构"形成"锚定加"（Anchor Plus）效应是构建创新空间的重要模式之一，肯德尔广场在报告中被作为"锚定加"空间创新模式的典型案例。回顾历史，肯德尔广场之所以能够成为全球最具影响力的创新空间之一，的确与麻省理工学院这一"锚机构"的创新资源"赋能"密不可分。

麻省理工学院成立于 1861 年，以教研结合和技术能力著称。其校训是"Mind and Hand"（手脑合一），与中国文化中的"知行一体"有相通之处，不仅在教学科研过程中强调科学探索与实用性的融合，更注重科学技术成果的转化与应用。1916 年，麻省理工学院迁址至肯德尔广场附近，在之后的一个多世纪，特别是第二次世界大战后的时间里，都深刻地影响地区创新发展进程。例如，20 世纪 60 年代，麻省理工学院陆续接收了区域内的废弃工业厂房，将其改建为科研与工业结合的"科技广场"综合办公楼。20

---

① 由首都科技发展战略研究院课题组完成，执笔人为赵峥。

世纪 80 年代，麻省理工学院通过发挥癌症研究等重点实验室的创新外溢效应，进一步推动区域向全球生命科学和生物制药行业集中地转型。20 世纪 90 年代，麻省理工学院依托雄厚的控制论、人工智能、计算机语言、机器学习技术实力，把握互联网蓬勃发展机遇，使得肯德尔广场成为众多互联网企业的最佳选址地。2000 年以后，麻省理工学院则围绕创新人才和企业对生活和交往功能的强烈需求，致力于开发公共区域和公共服务设施等，打造多功能的城市综合创新区。总的来看，尽管肯德尔广场在重塑创新空间的过程中，也曾遭遇过类似美国国家航空航天局电子研究中心关闭的挫折，但是，得益于"锚定"麻省理工学院这一创新资源禀赋，肯德尔广场得以不断接受高水平创新资源和研究能力的辐射带动，并通过释放创新资源集聚效应，培育和吸引大量全球顶尖的创新企业，仍然得以重塑空间创新地理，实现区域创新发展的凤凰涅槃。

二、从动力维度看，空间创新地理的演变是供需两侧动态博弈的结果

空间创新模式的形成与演变存在供给驱动型和需求拉动型两种主要模式。前者重点是从基础研究到应用开发，再到产业化和市场化、以技术为导向的线性过程，更多强调基础科学、工程技术和研发活动对于空间创新的驱动作用。后者认为科技创新要满足市场需要才能取得重大突破，空间创新活动的方向与速度主要取决于市场潜力和市场增长。传统的线性创新模型认为基础科学的进步自然能够引发特定空间创新产业的发展和创新能力的提升。但实际上这一观点可能并不全面，供给驱动型创新模式固然重要，但需求拉动型创新模式也在空间创新，特别是科技成果产业化转化方面发挥着日益重要的作用。

肯德尔广场的发展，得益于麻省理工学院等一批著名高校和科研院所源源不断的研发成果供给支持，但同样离不开企业和社会创新需求的牵引和拉动，并因为能够不断地感知需求、适应需求、满足需求，实现了科技成果的高效转化应用，激发了区域科研供给潜能，显著地提升了空间整体创新效能。从企业创新需求看，肯德尔广场聚集的众多企业一直担当着科研成果"商业化"的引领者角色，它们拥有敏锐的创新嗅觉并按照市场规则将资本、人才等资源配置到可以形成经济价值的创新活动中，引导着科研机构形成更具针对性的行业问题解决方案。目前麻省理工学院有超过 20% 的研究中心由企业出资创立，类似媒体实验室（Media Lab）等著名科研平台均有明确的企业服务目标。同时，这种企业创新需求驱动的正向效应也被更多院校所重视。例如，同城的哈佛大学，在北奥尔斯顿开发建设新校园项目时，就试图复制目前肯德尔广场的成功模式开发企业研究园区。从社会需求看，波士顿市就是肯德尔广场诸多新技术的积极倡导者和率先使用者。例如，麻省总医院、波士顿儿童医院这些在全美医院评比中名列前茅的临床医院，就对新药品、新仪器、新器械有着巨大需求，不仅是肯德尔广场医药企业的主要科研合作伙伴，也是支撑医药研发与生产的重要客户群体。

三、从绩效维度看，空间创新模式成功的共性因素在于创新生态

空间创新模式并无一定之规，关键在于是否"殊途同归"。无论是供给驱动模式还是需求拉动模式，空间创新最终的目的都是要通过创新提升要素效率，应对不确定性风险，实现空间创新成本的最小化和空间创新效益的最大化。而实现这一目标的路径是多样化的，不同规模、不同类型的区域都有可能结合自身的资源禀赋形成高水平的创新空间。但无论采取何种模式、选择哪种道路，要想取得优异的空间创新绩效，良好的创新生态都必不可缺。

从肯德尔广场的创新实践来看，其在营造创新生态方面同样可圈可点。在物理空间上，肯德尔广场注重构建集生活、工作、娱乐为一体的混合创新区。区域科研办公、零售、餐厅、咖啡馆、电影院等多种业态混合布局，建筑风格、规模和色彩多种多样，随处可见的风雨连廊和地下通道串联着重要的创新节点，营造了开放性和融合性的创新空间。在治理机制上，肯德尔广场通过发展麻省技术领导委员会、马萨诸塞州技术合作办公室等社会组织，推行校区、园区、社区"三区联动"的灵活治理模式，推动高校、企业与政府间的互动，协同推动创新与空间建设。在文化氛围上，肯德尔广场注重通过各种类型的非正式、小规模的研讨，以及专业人员培训、不同群体的聚会和社交活动，将各种不同背景、不同想法的人联系起来，促进高频次的充分交流、创意分享和思维碰撞，并提供了强大的创新人脉和社交网络。这种轻松自由、鼓励突破、跨界合作的创新生态，让肯德尔广场的创新活动更有力度，也更具温度，使其成为创新人才和企业的栖息地。

第二十章 "事作于细"：建设高质量城市数字公共服务平台①

《道德经》曾云："天下大事，必作于细。"作为直接解决市民现实诉求的通道和接口，城市数字公共服务平台建设是关乎城市健康发展、社会民生福祉的"大事"。但要想真正满足和提升城市居民的获得感、幸福感，还需要紧紧扣住"大"的主题，从"细"处做起。波士顿是美国马萨诸塞州首府及最大的城市，也是美国最古老的都市之一。它自 1630 年由迁移美洲的清教徒建立以来，历经近 400 年的发展，已经成为举世瞩目的国际大都市区。同样，和其他历史悠久的城市一样，波士顿也面临着"成长的烦恼"，高度集中的人口、多样复杂的诉求、棘手的"城市病"，也一直困扰着城市的发展。近年来，波士顿效仿美国其他城市，建立了 311 数字公共服务平台，试图通过数智技术的应用，更好地回应市民需要，提升城市竞争力。整体上看，波士顿的数字公共服务平台在创建理念和服务宗旨等方面并无过人之处，但其从城市发展"大"处着眼、在平台运行"细"上着手的做法值得学习与借鉴。

一、细化需求

用户导向是现代城市数字公共服务平台建设和运营的重要方向。而城市居民作为数字公共服务平台的"用户"，个体情况千差万别，笼统地区分生产、生活、生态需求往往并不能精准地满足差异化、个性化的需求。这就要求城市数字公共服务平台通过技术"画像"和历史分析，尽可能地细分居民需求领域，提供类似"定制化"的服务。以波士顿 311 数字公共服务平台为例。其通过大数据分析、居民访谈等，将城市公共服务细分为 12 大类和 96 小类。详细的需求分类，使得城市居民能更便捷、更高效地查找到自身需要的类别及服务信息，极大地提升了居民的体验感。

值得一提的是，在这些分类中，很多小类还设计了关联信息专栏，以帮助居民提升自我服务能力。例如，在动物服务大类里，关联信息就有"保持宠物健康和安全"栏目，里面详细描述了宠物的习性特点、饲养方式等。还在醒目的位置列出"猫可以喝牛奶吗？与普遍的看法相反，给猫牛奶是个坏主意。它们无法消化牛奶，这会导致胃病"这样自问自答的题目。在公用事业服务大类的关联信息专栏中，专门设计了"节省汽油的技巧"一栏，介绍汽车胎压、空气滤芯等对燃料的影响，告诉城市居民对"钱包和环境都有好处"的办法。这些看似不起眼的需求细分，却提供了城市居民可能最需要的解

① 由首都科技发展战略研究院课题组完成，执笔人为赵峥。

决方案，也在一定程度上降低了城市政府的服务成本。此外，需求分得越细，供给越精准。不断深化的用户分类和需求事件统计分析，也在帮助城市政府更深入地了解个体需求，以高效提供更公平、更普惠的公共服务。

二、细化职能

是否能有效、主动地响应居民的需求，是检验城市数字公共服务平台效能的重要标志之一。和许多美国城市一样，波士顿311数字公共服务平台，主要用于市民报告非紧急问题，有拨打电话、在线提交报告等多种渠道，提供"7天24小时"的服务，通过平台数据集成共享，联动"线上线下"，推动城市各部门满足城市居民的服务需要。同时，波士顿311数字公共服务平台在通过细化部门职能增强服务主动性方面的做法同样可圈可点。在平台列出的大类服务中，内含的小类项目一般会包括可联系的部门和组织页面。这些部门和组织页面内容翔实，对自身的工作职能描述得十分清晰，并提供明确的联系方法、服务清单，类似住房选址、社会活动等都有可视化的展示。

以"公园和树木服务"为例，其在关联部门小类里，细致地描述了公园管理部门的职责，具体内容主要包括负责波士顿217个城市公园、65个广场、17个喷泉、75个游戏场、16个历史墓地和大约125 000棵树等。对于具体服务内容也有清晰的表述和详细的标识，居民能够方便地预定公园场地，了解城市公园的现状、规划、建设和维修进度，发现最有人气的游乐场、最新的娱乐活动信息等。这让城市居民不仅能够直观地看到"谁在管这件事""有事应该找谁"，同时还把可能的服务"想到前面"，并"预先感知"。在一些需要跨政府机构提供的服务类别中，平台则详细列出了主要的对接部门和组织，并加强后台资源关联和职责沟通，确保人们需要服务时"不会找错机构"，同时尽可能地通过一次登录、一个出口，满足不同居民的不同需求或同一居民的多个需求。

三、细化流程

于细微之处见真章，这是很多城市数字公共服务平台正在做的事情。但事实上，把城市公共服务做细并不容易。特别是在具体流程上，如果"用力过猛"，甚至可能适得其反。我曾经在一次数字城市课题的调研中，就城市数字公共服务平台的流程问题做过访谈。实践中，很多受访人士认为，部分城市数字公共服务平台会根据反映的问题情况，按照一套完整的流程进行登记和反馈。但实际上，也存在着反复登记、反复确认、反复反馈的问题，看似热情尽责的服务，效果并不十分理想，有的甚至存在"空转"现象，繁琐的程序让人焦头烂额甚至避而远之，而平台工作人员也有很大压力。波士顿311数字公共服务平台其实也存在这种情况，访问期间，很多当地人士对流程问题也颇有微词，但仍然对一些服务内容的详细流程表示了认同。

例如，对于"旧床垫回收服务"这一看似很不起眼的服务，波士顿311数字公共服务平台就对回收的意义、途径和操作流程进行了详细的描述。在平台上，我们可以清晰地了解到实用信息及操作方案。首先，告知回收好处，即大约 75% 的床垫和弹簧组件可以被拆卸和回收，回收的材料用于制造地毯垫层、建筑材料等各种新产品等。其次，明确回收选项。其一是通过网络登记联系相关慈善机构或组织捐赠状态良好的床垫；其二是使用零售运输服务，运来新床垫的同时拉走旧床垫；其三是预约上门取货并明确标注可以取货的区域。最后，对于取货时间、放置方式等有细致的说明。

四、细化渠道

数智技术在城市公共服务方面，不仅能产生"科技向善"的改进力量，也会出现不同形式的"数字鸿沟"。这些"数字鸿沟"不只是存在于区域、城乡之间，也存在于不同的城市人群之间。为了弥合城市公共服务的"数字鸿沟"，或者基于在全球范围内吸引人才资源的需要，很多地方的城市数字公共服务平台都在通过拓展市民参与渠道或提供"全渠道支持"，使来到城市生活、就业、投资、旅游的个人能够通过更好的表达，用自己可行的方式获取公共服务，以增强其服务的覆盖面和可达性。

波士顿 311 数字公共服务平台也在做这方面的工作。例如，2002 年，其就在原有系统基础上，进一步开发了移动应用程序，并通过扩展语言访问和重新设计功能来改善用户体验。与原有的旧版本仅包含英语选项相比，该程序可以使用户能用波士顿居民常用的西班牙语、简体中文、越南语等 11 种语言提交服务请求。而在该程序的升级中，波士顿政府让城市用户深度参与了设计、测试和改进全过程，来自不同社区且代表老年人、移民、残疾人、市政府雇员和波士顿最常用语言的母语人士均对此程序进行了反馈。尽管看似只是语言种类的增加，但其为波士顿这样一个多元化城市的所有居民，拓展了更为详细的沟通渠道，使城市居民更容易获取信息并传达他们的需求，也使得城市政府能够更好地适应多样化的城市社会形态，并利用公众的反馈和意见来不断提升公共服务质量。

第二十一章 大学创新创业系统构建的 "123" [①]

波士顿大都会区拥有哈佛大学、麻省理工学院、塔夫茨大学、波士顿学院等超百所大学，著名学府云集、教育资源丰富，素来享有"美国雅典"之称。这些各具特色的高校学科各有所长，在学校建设与发展的过程中，很多都较早地建立起了自己的创新创业体系。例如，麻省理工学院的科技成果转化、巴布森学院的创业管理教育等，都已经成为全球其他高校创新创业系统构建的重要参考范例。相比而言，创建于1636年的哈佛大学，虽然校史比美国建国历史还久，但在创新创业系统建设方面可以说起步较晚。

2011年，哈佛大学正式成立了哈佛创新实验室（Harvard Innovation Labs），为这所古老的大学在创新的时代注入了新的活力。十几年来，如同一家茁壮成长的创业企业一样，哈佛大学依托创新实验室，在创新创业体系建设领域实现了孵化、加速与实力扩张。根据校方公布的数据，经过哈佛创新实验室培育的企业，已经有6家估值超过10亿美元的独角兽企业，数十位企业创始人入选福布斯"30位30岁以下精英"。而究其原因，哈佛大学之所以能在相对较短的时间内取得如此突破，离不开自身雄厚的学术背景和深厚的研究积淀，也与哈佛创新实验室的建设高度相关。

一、"1"：一个相对稳定的组织系统

无论是普通大学还是研究型大学，教学和科研往往是学校师生最关注的事情。在大学里推进创新创业，有效链接教学与产业、社会，并真正实现教学科研成果走出"围墙"，特别需要相对稳定的创新创业组织系统。哈佛创新实验室本身是一个覆盖成果转化全链条的创新创业生态系统。对于初创企业来说，在这里完全能够用较低的成本，找到将理想转化为现实的三要素——资金、空间、联系同类创业家的机会。同时，这些机会的获取也因为哈佛创新实验室稳定的内部组织而更充满"确定性"。

具体来看，哈佛创新实验室主要由3个实验室构成。第一个是学生创新实验室（Student i-lab），采用会员制，主要为有兴趣积极追求创新和创业的哈佛学生提供办公空间，以及教师导师、法律合作伙伴、风险投资人、行业领导者等资源和分阶段的服务，致力于促进来自哈佛大学所有13所学院的本科生和研究生的创新理念和早期创业想法。第二个是校友加速器（Launch Lab X GEO），主要是一个虚拟加速器，为世界各地符合条件的早期创业企业哈佛校友服务，旨在培养一个真正改变世界的多元化企业家

---

① 由首都科技发展战略研究院课题组完成，执笔人为赵峥。

生态系统。第三个是 Pagliuca 哈佛生命实验室，主要是行业专业创新创业平台，旨在培育新兴的生物技术和生命科学企业。这 3 个核心的实验室共同组成了稳态的哈佛创新实验室群落。其服务对象清晰稳定，即以学生、校友为核心，聚焦学生、校友两大群体创新创业需要，集中学校学科优势资源，持续提升和改进创新创业服务质量。同时，哈佛创新实验室紧密结合波士顿在生物医药等领域的丰富产业资源回应了庞大市场需求，围绕特定产业链和产业环节重点领域，稳定支持专业化的创新创业项目并提供针对性的服务，客观上降低了科技成果转化的成本，提高了大学创新创业的成功率。

二、"2"：商业创新与社会创新"双轮驱动"

"大学之道，在明明德，在亲民，在止于至善。"现代大学作为人才、知识、文化的汇聚地，同样蕴含着广泛的社会价值，承载着服务社会的使命责任。而大学创新创业系统建设的目标和任务，也不仅是进行简单的科技成果商业化或通过创新带动就业，还需要发挥自身人才、教育、学科优势，通过创新创业行为更多地关注和促进社会的发展和进步。综合多项世界大学排名来看，哈佛大学在生命科学与医学等学科中具有显著优势，其同样在艺术与人文、社会科学与管理、自然科学等领域处于领先地位。哈佛创新创业系统也特别注重将商业创新与社会创新相结合，希望学生和校友们能够在实现商业成功的同时，提升广泛的社会影响力。

例如，哈佛创新实验室每年度都会举办一次校长创新挑战赛，其创建初衷之一就是提醒学生和校友在创新的路上不要忘记履行社会责任、追求社会价值，鼓励他们大胆尝试，去研究新颖的解决方案，解决社会发展中面临的突出问题。目前，校长创新挑战赛的奖金为 515 000 美元，分别在健康与生命科学、社会影响等 5 个领域颁发。从最新一届的校长创新挑战赛的结果来看，参赛获奖商业创业项目集中在医疗保健、数字健康、教育技术等方面。而社会影响领域的冠亚军分别由哈佛商学院和肯尼迪学院的学生组成的团队获得，项目主要涉及气候与可持续发展、社会多样性与包容性等。此外，我们也可以看到，校长创新挑战赛的社会影响力项目只是哈佛创新实验室众多社会创新项目中的一个部分。类似的活动和项目开发还有很多。例如，哈佛创新实验室的另一个项目——气候企业家圈（Climate Entrepreneurs Circle）计划，就已经在应对气候变化领域孵化出近 70 家企业。

三、"3"：学习、交往、文化功能融合

创新不易，创业更难！实践中，即使是在各类资源高度集中的世界高水平大学，要想真正形成具有经济和社会价值的创新创业项目，也一样是一个漫长而艰辛的过程。我们能够直观地看到很多成功的创新创业项目，但相对于庞大的基数而言，这些最终取得市场和社会认可的项目还是属于"少数人的胜利"。在这个背景下，大学创新创业系统的构建就需要重新审视其功能，让那些可能注定默默无闻的参与者，能够在这个系统里

汲取营养、有所收获，最终形成"多数人的成功"。就这方面而言，除了传统的创新创业项目孵育服务以外，哈佛创新实验室还有 3 个重要功能。

一是交叉与持续学习。实验室给所有参与者提供了一个可以跨院系、跨学科互动学习的载体。在这里，不用获得相关学院的学分，也能够学习到自己所关心的不同领域的知识和技能。同时，实验室努力将有限的空间塑造为一个学生、专家、导师等协作、联系和成长的平台，不仅追求市场业务的成功，更突出共同学习交流的乐趣。此外，类似校友加速器设计的为期半年的在线学习计划，还为已经离开校园的校友们提供了持续学习的可能性。

二是社会网络连接。卓越的学术声誉和杰出的校友网络是一所大学的宝贵资源。哈佛创新实验室认为"知识是创新的引擎，但连接和协作是燃料"。在这一理念的指引下，实验室分别搭建了哈佛气候与环境校友、哈佛校友企业家、哈佛科技校友、哈佛创始人网络等平台，并链接到遍布世界 70 多个国家和地区的 200 多个哈佛俱乐部和 60 多个共同兴趣小组。日常还会通过举行工作坊、研讨会、创意活动等，制造创造性碰撞的机会，努力让所有参与者"在有趣和轻松的环境中结识其他鼓舞人心的成员"，促进学生、校友、企业家、政府官员等拓展人际关系网、对接资源并建立持久联系。

三是文化塑造和传播。创新创业的过程也是大学文化塑造、丰富和传播的过程。作为美国最古老的大学之一，哈佛大学校训"Veritas"是拉丁文，意为"真理"。几百年来一直强调自己服务真理、追求卓越的校园文化。哈佛创新实验室则继承了学校的文化基因并将其与创新紧密融合。实验室醒目的 Logo，分别提取了 Harvard 和 Innovation 的首字母，配上哈佛标准的深红色打底，组成了一个"Hi"。向我们展示了百年老校建设创新创业系统的开放和活力。同时，长远来看，人生就如同一次次创新创业，无论遇到成功还是挫折，如果始终能够微笑地与世界打个招呼，对大多数普通人来说，可能是比财富更重要的事情吧！

第二十二章 智库开放创新平台建设的 3 个 "一样重要"①

当前，国内许多智库都在积极推进开放创新平台建设，试图通过在更大范围内整合资源、在更广空间内拓展网络，提升自身政策研究能力和决策咨询质量。笔者访学所在的哈佛大学约翰·F. 肯尼迪政府学院（John F. Kennedy School of Government，简称"肯尼迪学院"），既是世界顶尖的公共政策研究教学机构，也是具有全球影响力的知名智库之一。赴美之前，笔者就在想，作为一名国家高端智库的研究人员，短暂的访学交流，可能不能也无法仅仅拘泥于某一具体专业领域深入进去，既然已身临其境，还需要多找机会广泛参与、互动学习，通过相对近距离的观察，看看美国智库在开放创新平台建设、政策咨询研究方面有何可取之处？带着这一问题，访学期间，笔者拜访了肯尼迪学院的部分研究中心并参与了一些特色智库交流活动，并结合"开放""创新""平台"这 3 个关键词，形成了 3 点初步认识。

一、对外开放与对内开放一样重要

我国汉代《盐铁论》中云"多见者博，多闻者智，拒谏者塞，专己者孤"。对智库建设而言，广开言路同样是智库开放创新平台建设的重要举措之一。但事实上，真正做到"开门办智库"并不容易，既需要有"开门"的切实行动，更要有"开门"的心态与胸襟。在笔者看来，肯尼迪学院就很善于通过设计"场景"来支撑其智库开放活动。这从每日发布的活动布告就能够看出来。工作日期间，学院从早九点到晚七点，几乎每天都会有七八场各种类型的交流和研讨活动。而在人员组织方面，笔者初步统计了一下，以 9—10 月为例，近一半以上的活动主角并不是肯尼迪学院甚至哈佛大学的专家学者。在学院教室、会议室、报告厅等地，联合国、世界银行等国际组织负责人、各国现任或前政要、跨国公司高管、知名专家学者轮番登场，不仅担当演讲或评议嘉宾，有的还"喧宾夺主"直接做主持人，"非哈佛""非肯尼迪学院"的色彩非常突出。而推动这一系列实践的理念则来自其成立以来就坚持的办院宗旨，即全球的开放交流与合作，能够为研究人员带来更加贴近真实世界的经验和观点，并更好地传播成果和提升公共政策影响力。

相对于对外开放，智库的内部开放往往在实践中更容易被忽视。在国内调研时，部分地方智库机构的专家反映，说很多地方智库机构一讲开放就是找"外来的和尚"，但

---

① 由首都科技发展战略研究院课题组完成，执笔人为赵峰。

自己所在机构部门之间，甚至部门内部都经常"躲在小楼成一统"，除了上级机构组织安排的课题或项目外"老死不相往来"。这也使得智库研究组织容易出现"灯下黑"的现象，不仅影响研究资源整合效能，还容易导致一些部门和专家"把领域当作领地，把专业当作专利"，形成相对封闭的"信息孤岛"。在这方面，肯尼迪学院很重视对外开放与对内开放的一致性。肯尼迪学院与哈佛商学院、法学院、神学院、医学院等共同开设学位课程，联合开展了关于组织行为、政府领导力、医疗改革等一系列研究项目，院内各中心的合作也非常频繁，通过共同"办活动"和"出成果"，推动智库思想交流、信息交互和人员交往。无论是院长还是研究行政人员，在报告和发言中都很突出"community"的观念，强调共同性和归属性。在共同的"community"里，肯尼迪学院是哈佛大学的组成部分，院内各中心亦是学院的一分子，对内开放是提升学院凝聚力和行动力的内在要求，也成为增强学院内部人与人之间联系沟通的重要纽带。

二、创新结果和创新过程一样重要

智库作为从事公共政策研究和决策咨询的"智囊团"，"以不息为体，以日新为道"，通过思想和理论创新，不断形成能够解决新问题的新思路和新办法，影响决策、传播知识、引导公众，既是应有之义，同时只有如此方能"名副其实"。肯尼迪学院成立于1936年，其前身是哈佛大学公共管理研究生院，后因纪念遇刺身亡的校友约翰·F.肯尼迪总统而更名为现名。创立之初，学院就因其与政府的紧密联系而具有浓厚的智库色彩，其使命也明确为改善公共政策和领导力，应对政府面临的各类挑战。目前，学院已经成为美国重要的公共政策教学机构、政府人员培训基地和智库研究机构，围绕保护国际安全与自由、加强民主、促进社会正义和人权、提高经济福祉、提高可持续性、优化公共领导和管理6个方面，承担了大量的政府和社会研究课题，形成了一批有创造性的研究成果和政策建议，对美国乃至世界经济社会发展和宏观决策产生了巨大的影响。例如，约瑟夫·奈的《软实力：世界政治中的成功之道》、格雷厄姆·艾利森的《注定一战：中美能避免修昔底德陷阱吗？》等著作在国内智库研究界几乎无人不晓，而像"软实力""修昔底德陷阱"等至今仍然是各类咨询报告、学术论文、媒体报端频频引用和解释的高频热词。

不过，与以上大家熟知的智库创新成果的知名度相比，访学交流期间，令笔者感触最深的还是这些创新成果产出的过程。笔者曾经参加一个关于人工智能快速发展对经济社会影响的讨论会。在不到一个半小时的时间里，到场的3位嘉宾各执一词，有讲正面影响的，有谈负面作用的，还有"有备而来"，提前设计好小程序请现场参会人员直接扫码投票表达观点的，唇枪舌剑，十分热闹。场内听众也不时抛出一些我们通常认为"下不来台"的问题，会场气氛"火药味"十足，而且直到会议结束，笔者也没有听到明确的会议总结。对此笔者颇感奇怪，就请教主办方的一位教授，问他"这样的讨论是否成功""最后怎么没有会议结论"。他当时的回答很简单，"有人真正参与讨论了就算成功。至于会议成果，每个人在讨论中有所启发会更重要，也许听众里的某个学生未来就会有成果"。这样类似的讨论、交流很多，比之更为激烈的观点和政策辩论也并不鲜见。笔者时常在想，经济学上讲，创新的收益最高，学习的成本最低。智库拥有具备显示度的创新成果固然重要，但长期的学习互动过程同样不能忽略。特别是很多这样的过程短期看似并无直接效果，并不能迅速形成智库"产能"，但如果能够形成智库创新的"土壤"，营造良好的智库创新生态，孕育智库创新的"种子"，长久来看，对提升智库的"投入—产出"效率大有裨益。

三、正式平台和非正式平台一样重要

"中心多"是肯尼迪学院的一大特色，而各有所长、互相支撑的各类中心、委员会等内部机构也是肯尼迪学院的重要智库平台。贝尔弗科学与国际事务中心、国际理事会卡尔人权中心、咨询委员会、全球发展理事会国际发展中心、公共领导力中心、马尔科姆·维纳社会政策中心、肖伦斯坦媒体、政治和公共政策中心、陶布曼州和地方政府中心等都声名远扬。这些正式的公共政策研究平台，不仅是智库重要成果的策源地、智库人才的培养基地，还是新兴研究平台的孵化器和加速器。如笔者所访问的阿什民主治理与创新研究中心，20 世纪 80 年代就一直开展创新与民主治理之间联系的研究，已经成为哈佛大学研究、参与美国和世界各地民主与民主治理的首要平台。同时该中心还与彭博慈善基金会合作，创建了彭博哈佛城市领导力计划，自 2017 年起已与全球 465 个城市的 2271 位市长和 524 位高级城市官员开展合作，后续组建成立的彭博城市中心，在推进世界各地城市的领导力和管理教育方面成效显著。

值得注意的是，一些非正式的平台在推动智库开放创新的过程中同样引人瞩目。比如，肯尼迪学院图书馆组织的"编程 + 比萨"（Programming + Pizza）项目，主要是用于培养计算研究技能的协作空间，通常在下午 5—7 点举行，其宣传目标明确注明是一起学习（也吃比萨），并配合"数据破冰船"活动，成功解决研究中编程问题的人还会赢得一个小奖品。还有一个叫"数据甜甜圈"（Data + Donuts）的学习和讨论小组，也是肯尼迪学院图书馆主办的，该小组从海报设计到活动组织，都在"喧宾夺主"地强调美味的甜甜圈和咖啡，实际上主要是在轻松愉快的气氛下，讨论大数据技术在学术和政策研究中的应用问题。类似众多形式多样、机制灵活的各类研究小组，作为智库研究的非正式联合体，更加突出小型化、分散化、去中心化的色彩，形成了智库研究的"微"平台，为不同领域、不同背景、不同经历的智库研究人员提供了互动平台，也为各类"奇思妙想"的现实解决方案提供了输出渠道。这些非正式平台的差异化特点和功能，与正式的中心互补互惠，共同组成了兼容严肃与活泼、秩序与活力的智库开放创新的"大"平台。

第二十三章　产业园区如何为城市创新品牌注入活力？——以瑞士巴塞尔生命科学产业园为例①

城市品牌学者凯文·凯勒提出，对城市而言，富有个性和积极意义的城市品牌和产品品牌一样重要，能够让市民和外界更好地产生积极联想并形成独特且有价值的精神财富。

城市创新品牌是城市综合竞争力的体现，对于提升城市地位、推动经济发展、促进社会进步具有重要意义。随着科技的不断进步，城市之间的竞争愈加激烈，城市创新品牌的建设和发展将越来越受到重视。

创新是城市发展的第一动力。在激烈的科技和产业竞争中，无数优秀的城市已经或正在证明，良好的城市创新品牌能够推动城市经济从传统产业向高科技、高附加值产业转型，促进经济结构的优化升级；提高城市的国际知名度，吸引外来投资、企业和人才，促进城市经济和社会的多元化发展；有助于形成一种鼓励创新、容忍失败的文化氛围，激发市民和企业的创新潜能；通过引入新技术和新理念，能够解决城市发展中的各种问题，如交通拥堵、环境污染、资源短缺等，提高城市居民的生活质量；同时也是城市对外展示自身特色和实力的窗口，有助于塑造积极的国际形象，增强城市在全球的影响力；城市创新品牌通常与可持续发展目标相结合，推动城市在环境保护、节能减排、社会责任等方面取得实质性进展。

著名市场营销学者菲利普·科特勒曾指出，塑造城市品牌，关键在于整合、策划、运用城市各方面资源，从而吸纳更多社会资源，促使城市的良性发展。产业园区是特定产业在地理空间上的聚集区，是现代城市吸引、集聚人才、资本、产业、技术等资源的关键载体，是推动产业集群发展、空间高效利用、科技创新外溢的重要平台。从世界各国发展的经验来看，推动城市创新品牌建设，都需要产业园区在资源整合、技术创新、产业升级、国际合作和政策支持等方面发挥关键作用，即产业园区作为创新资源的集中地，聚集大量研发机构、高科技企业和创新人才，成为城市创新活动的核心区域。作为技术进步的推动者，产业园区通过与高校、研究机构合作，加速科技成果的转化和新技术的商业化应用。作为产业升级的引领者，产业园区引入和培育新兴产业，推动城市产业结构的优化和升级。作为国际合作的平台，产业园区成为城市与国际市场、资本和技术交流的桥梁，促进国际合作和知识共享。作为政策创新的试验场，产业园区成为政府

---

① 由首都科技发展战略研究院课题组完成，执笔人为陈瑾。

进行体制机制创新和改革的试验场。产业园区集成功能的发挥和释放，促进了城市创新品牌的建设和形象强化，展示了城市创新的独特性和差异性，也有效地提升了城市创新品牌的辨识度。

我们把目光投向世界领先的生命科学园区——瑞士巴塞尔大区（Basel Area），一起探索生命科学园区为城市创新品牌的塑造注入源源不断的动力和创新活力的答案。

巴塞尔大区位于瑞士西北部，是一个享誉全球的生命科学和创新领域的重要基地。该区域以巴塞尔为核心，拥有超过 700 家生命科学相关企业，以及超过 3 万名生命科学领域的专业人才，聚焦生物技术、医疗技术、数字健康与数字科技等领域，是瑞士重要的生命科学基地及化工医药工业中心，也是全球生命科学和精密制造的中心之一。

近年来，巴塞尔大区通过培育创新生态体系、汇聚和塑造专业人才、深化国际合作、精心塑造园区形象，以及提升生态环境与生活质量，积极巩固品牌基石、激发品牌活力、构建品牌网络、营造品牌环境、塑造品牌形象，成功地推动了其城市创新品牌的建设，成为全球生命科学产业的领军者。

一、巩固品牌基石——培育与完善创新生态体系

巴塞尔大区创新生态体系的培育是城市创新品牌建设的基石。

一是学术机构的引领。巴塞尔大区的高等教育机构，如巴塞尔大学（瑞士历史最悠久的大学）的生物中心、苏黎世联邦理工学院的生物系统科学与工程系及弗雷德里希·米歇尔研究所都坐落于此，为生命科学领域提供了先进的研究平台和人才培养的摇篮，确保了创新思维和专业人才的持续涌现。二是企业集群的协同效应。该地区聚集了包括诺华（Novartis）、罗氏（Roche）等在内的多家世界知名制药公司，这些企业的集聚不仅促进了知识共享和技术创新，也提升了巴塞尔在全球生命科学产业中的竞争力。三是政府的政策与资金支持。瑞士国家科学基金会（SNSF）等机构，为生命科学的基础和应用研究提供了充足的资金支持。鼓励创新激励政策的实施，通过税收优惠、知识产权保护等政策，鼓励企业和研究机构增加研发投入，推动产业创新。瑞士政府通过Base Launch 等计划，为生命科学产业的繁荣提供了坚实的政策支撑和资金支持。Base Launch 计划在 2017 年启动时，就获得了瑞士政府高达 1 亿瑞士法郎的资金承诺。四是风险投资的催化作用。2019 年瑞士生物技术领域的风险投资额达到了 34 亿瑞士法郎，巴塞尔大区成熟的风险投资环境为新兴企业和研发项目注入了活力，加速了创新成果向商业应用的转化。五是科研成果的商业化桥梁。瑞士联邦技术与创新委员会（CTI）在巴塞尔大区成功转化了多项科研成果。例如，CTI 支持的项目在 2019 年为瑞士经济贡献了超过 10 亿瑞士法郎的增加值，这一数据体现了 CTI 在科研成果商业化方面的重要作用。

二、激发品牌活力——集聚专业多元的人才资源

巴塞尔大区专业多元的人才资源是城市创新品牌的活力源泉。首先是全球人才吸引战略。巴塞尔大区的国际化氛围吸引了超过 3 万名生命科学领域的专业人才，构建了一个多元化的人才网络。其次是教育与专业培训。与顶尖学术机构的紧密合作，为生命科学产业量身定制了教育和培训项目，确保了人才的专业性和创新潜力。再次是人才激励与留存机制。通过提供竞争力的薪酬体系、职业发展路径和优质的生活条件，巴塞尔大区成功地吸引并留住了高端人才。最后是跨学科交流与合作。鼓励来自不同学科的人才进行深入交流与合作，激发了跨学科的创新火花，拓展了研究的广度和深度。

三、构建品牌网络——深化开放性合作

巴塞尔大区的开放性与国际合作是城市创新品牌建设的关键因素。一方面拓展国际合作网络，通过参与国际会议、展览和项目合作，巴塞尔大区建立了广泛的国际合作网络，提升了其全球的品牌影响力；另一方面积极参与多边合作，与欧盟等国际组织的合作为巴塞尔大区带来了资金、技术和市场机遇，巩固了其在全球生命科学产业的领导地位。例如，巴塞尔大区积极参与欧盟的研究框架计划，2014—2020 年，瑞士企业和大学在欧盟的第七研究框架计划内获得了 1.724 亿瑞士法郎的资助，这一数据体现了巴塞尔大区在多边合作方面的积极参与和成果。同时吸引国际企业的投资，巴塞尔大区成功吸引了多家国际企业在此设立研发中心，全世界前三大制药公司中有两家都将其全球总部设在巴塞尔——罗氏（Roche）和诺华（Novartis），许多其他国际公司也在这里设立核心业务部门，如美国的雅培 (Abbott)、拜耳（Bayer）和伯乐（Bio-Rad）。这不仅引入了先进的技术和管理知识，也增强了其国际竞争力。

四、营造品牌环境——持续提升生态与生活质量

巴塞尔大区的生态环境和生活质量是其城市创新品牌建设的重要组成部分。在对于绿色发展的重视方面，巴塞尔大区注重环境保护和可持续发展，提供了优质的生态环境，吸引了对生活质量有高要求的人才和企业。在对于丰富文化生活的追求方面，通过博物馆、剧院和节日等文化活动和设施，巴塞尔大区提升了其文化吸引力，增强了城市创新品牌的软实力。在对于生活质量的保障方面，通过提供优质的教育、医疗和交通服务，巴塞尔大区确保了居民和工作者的生活质量，提升了城市的吸引力。

五、塑造品牌形象——注重形象传播与市场拓展

巴塞尔大区在品牌塑造和市场拓展方面的策略如下：①清晰的品牌定位。巴塞尔大

区明确了自己作为全球生命科学创新中心的形象，凸显了其在生物技术、医疗技术和数字健康等领域的先锋地位。②有效的市场推广。通过参与国际大会、发布白皮书和展示成功案例等手段，巴塞尔大区提升了其在全球的知名度。例如，每年在此举办的巴塞尔生命科学周吸引了全球数千名专业人士参与，不仅提升了巴塞尔的国际知名度，也加强了其作为生命科学中心的地位。③媒体关系的积极构建。与国际媒体建立良好的合作关系，通过新闻报道和专题报道，传播巴塞尔大区的创新故事和成就。④公共关系的精心维护。通过与政府、学术界和产业界的紧密合作，塑造了巴塞尔大区开放、合作和创新的品牌形象。

在科技革命和产业变革的大潮中，中国的高科技产业园区承载着推动科技创新和产业升级的重要使命。巴塞尔生命科学产业园为我们提供了宝贵的经验：创新是引领发展的第一动力，合作是实现共赢的关键途径。我们应以科技创新为核心，以开放合作为桥梁，以人才集聚为支撑，以生态环境和生活质量为保障，以品牌形象为引领，不断探索和实践、汇聚一批创新的、可持续发展的国际园区品牌，努力打造具有国际竞争力的产业高地。

附　录

附录 1　指标解释及数据来源

1. 居民中大专以上学历人口比重

居民中大专以上学历人口比重是指该市拥有大专以上学历人数在 6 岁以上居民中所占的比重。

$$居民中大专以上学历人口比重 = \frac{本专科学历人数 + 研究生学历人数}{6 岁以上居民数} \times 100\%。$$

资料来源：《第七次全国人口普查公报》。

2. 万名从业人口中科学技术人员数

从业人员期末人数指报告期末最后一日 24 时在各级国家机关、党政机关、社会团体及企业、事业单位工作，并取得工资或其他形式劳动报酬的人员数。

年平均从业人员数指本年度从业人员期末人数与上一年度从业人员期末人数的平均值。

科学技术人员指调查单位内部从事科学研究、技术服务和地质勘查三类活动的人员，包括直接参加上述三类活动的人员，以及这三类活动的管理人员和直接服务人员。

$$万名从业人口中科学技术人员数 = \frac{科学技术人员数}{年平均从业人员数} \times 10\,000。$$

资料来源：国家统计局《中国城市统计年鉴》、全国年度统计公报。

3. 地方财政科技投入占地方财政支出比重

地方财政科学技术支出指地方财政预算内安排的用于科学技术方面的支出，包括科学技术管理事务、基础研究、应用研究、技术研究与开发、科技条件与服务、社会科学、科学技术普及、科技交流与合作等。

地方公共财政支出包括一般公共服务、国防、公共安全、教育、科学技术、文化体育与传媒、社会保障就业、医疗卫生、环境保护、城乡社区事务、农林水事务、交通运输等方面的支出。

$$地方财政科技投入占地方财政支出比重 = \frac{地方财政科学技术支出}{地方公共财政支出} \times 100\%。$$

资料来源：国家统计局《中国城市统计年鉴》。

4. R&D 投入强度

R&D 经费投入指在科学技术领域为增加知识总量（包括人类文化和社会知识的总量），以及运用这些知识去创造新应用进行的系统、创造性活动的经费支出，包括基础研究、应用研究、试验发展三类活动。

$$R\&D\ 投入强度 = \frac{R\&D\ 经费投入}{地区生产总值} \times 100\%。$$

资料来源：国家统计局《中国城市统计年鉴》。

5. 每万人吸引外商投资额

当年实际使用外商投资金额是指批准的合同外资金额的实际执行数，外国投资者根据批准外商投资企业的合同（章程）的规定实际缴付的资额和企业投资总额内外国投资者以自己的境外自有资金实际直接向企业提供的贷款。

$$每万人吸引外商投资额 = \frac{全市当年实际使用外商投资金额}{常住人口} \times 10\,000。$$

资料来源：国家统计局《中国城市统计年鉴》。

6. 平均融资披露金额

平均融资披露金额是指单个城市年度公开披露融资金额的最低估值。
资料来源：企查查"企查查数据库"。

7. 人均教育经费

人均教育经费是城市财政支出中的教育经费与常住人口之比。

$$人均教育经费 = \frac{财政支出中的教育经费}{常住人口}。$$

资料来源：国家统计局《中国城市统计年鉴》。

8. 互联网宽带接入用户数

互联网宽带接入用户数指的是城市当年累积的宽带开通户数。
资料来源：国家统计局《中国城市统计年鉴》。

9. 孵化器数量

孵化器是一种新型的社会经济组织，职能主要是通过提供研发、生产、经营的场地，通信、网络与办公等方面的共享设施，系统的培训与咨询，政策、融资、法律和市场推广等方面的支持，降低创业企业的创业风险和创业成本，提高企业的成活率和成功率。众创空间是通过市场化机制、专业化服务和资本化途径构建的低成本、便利化、全要素、开放式的新型创业公共服务平台的统称。

资料来源：企查查"企查查数据库"。

10. 众创空间数量

众创空间是顺应网络时代创新创业特点和需求，通过市场化机制、专业化服务和资本化途径构建的低成本、便利化、全要素、开放式的新型创业服务平台的统称。

资料来源：企查查"企查查数据库"。

11. 创业板上市和科创板企业数

创业板，又称二板市场，专为暂时无法在主板上市的创业型企业、中小企业和高科技企业提供融资途径和成长空间的证券交易市场。中国创业板的市场代码以 300 开头。科创板，由国家主席习近平于 2018 年 11 月 5 日在首届中国国际进口博览会开幕式上宣布设立，是独立于现有主板市场的新设板块，并在该板块内进行注册制试点。

资料来源：同花顺 iFinD。

12. A 股上市企业数

A 股，即人民币普通股票，是由中国境内注册公司发行，在境内上市，以人民币标明面值，供境内机构、组织或个人以人民币认购和交易的普通股股票。

资料来源：同花顺 iFinD。

13. 每万人专利申请量

专利申请量是国内外知识产权行政部门受理申请专利件数。

$$每万人专利申请量 = \frac{专利申请量}{常住人口} \times 10\,000。$$

资料来源：国家统计局《中国城市统计年鉴》。

14. 每万人发明专利授权量

专利授权量是指经国内外知识产权行政部门授权且在有效期内的发明专利件数。

$$每万人发明专利授权量 = \frac{发明专利授权量}{常住人口} \times 10\,000。$$

资料来源：企查查"企查查数据库"及国家统计局《中国城市统计年鉴》。

15. 地均 GDP

地区生产总值指按市场价格计算的一个地区所有常住单位在一定时期内生产活动的最终成果。

行政区域土地面积指辖区内的全部陆地面积和水域面积。其包括耕地、荒山、荒地、山林、草原、滩涂、道路和建筑物占地等陆地面积，以及河流、湖泊、水库等水域面积。数据来自自然资源部。

$$地均 GDP = \frac{地区生产总值}{行政区域土地面积}。$$

资料来源：国家统计局《中国城市统计年鉴》。

16. 城镇居民人均可支配收入

城镇居民人均可支配收入是指反映居民家庭全部现金收入能用于安排家庭日常生活的那部分收入。它是家庭总收入扣除缴纳的所得税、个人缴纳的社会保障费及调查户的记账补贴后的收入。

资料来源：国家统计局《中国城市统计年鉴》。

17. PM2.5 年均浓度

PM2.5 是指大气中直径小于或等于 2.5 微米的颗粒物，也称为可入肺颗粒物，PM2.5 年均浓度指全年的 PM2.5 的平均浓度值。

资料来源：国家统计局《中国城市统计年鉴》。

18. 万元地区生产总值能耗

万元地区生产总值能耗是指一定时期内该地区每万元地区生产总值所消耗的能源量，本报告以全社会用电量代表能耗，全社会用电量及地区生产总值均为市辖区数据。

$$万元地区生产总值能耗 = \frac{全社会用电量}{地区生产总值}。$$

资料来源：国家统计局《中国城市统计年鉴》。

19. 国家技术转移示范机构数

技术转移机构是指为实现和加速技术转移过程提供各类服务的机构，包括技术经纪、技术集成与经营和技术投融资服务机构等，但单纯提供信息、法律、咨询、金融等服务的除外。国家技术转移示范机构是指为推进全国技术转移一体化建设，根据《国家技术转移促进行动实施方案》《国家技术转移示范机构管理办法》，在经国务院有关部门，各省、自治区、直辖市、计划单列市科技厅（委、局）推荐和专家评议后，由科技部确定并实行动态管理的技术转移示范机构。

资料来源：科技部《2022 全国技术市场统计年度报告》。

20. 中国大学 ESI 高被引论文数

基本科学指标数据库 ESI（Essential Science Indicators）是目前国际上衡量科学研究绩效、跟踪科学发展趋势的基本分析评价工具，ESI 共分 22 个学科领域，高被引论文是根据 ESI 统计被引频次排在相应学科领域前 1% 的论文，即在同年度同学科领域中被引频次排名位于全球前 1% 的论文，是衡量科研成果影响力的重要指标之一。

资料来源：科睿唯安"基本科学指标数据库（ESI）"。

21. 科技创新型企业规模

科技创新型企业是指利用科学技术创新产品或提供服务的企业，其拥有高投入、高风险、高回报等特点。本研究中科技创新型企业规模数量统计口径采用的是高新技术企业与专精特新企业规模数量的合集。

资料来源：企查查"企查查数据库"。

附录2 评价方法

课题组选择用多级综合方法，将各项反映城市科技创新发展基本特征的指标转化为综合反映城市科技创新发展水平的总指数，具体包括以下几个步骤。

（一）原始数据的标准化

城市科技创新发展指数属于多指标综合评价，为消除评价中计量单位差异和指标值在数量级上的差别，保证各个具有不同量纲的指标能够进行有效合成，在采集指标的原始数据以后，需要先对指标原始值分别进行无量纲化处理，以解决指标的可综合性问题。本报告中采用直线型无量纲化方法，这一类型的方法有多种，包括标准化法、指数法、阈值法等，此处采用阈值法。在21个三级指标中，有18个指标与城市科技创新发展呈正相关性，即正向指标，有3个指标为逆向指标。正向指标与逆向指标分别采取不同的无量纲化处理方法，具体而言：

如果指标是正向指标，即指标值越大，越有利于城市科技创新发展，计算公式为

$$X_i = \frac{x_i - x_{\min}}{x_{\max} - x_{\min}}。 \tag{1}$$

若指标属于逆向指标，即指标值越大，越不利于城市科技创新发展，计算公式为

$$X_i = \frac{x_{\max} - x_i}{x_{\max} - x_{\min}}。 \tag{2}$$

式中，X_i 为转换后的值，$x_{\max}$ 为样本最大值，$x_{\min}$ 为样本最小值，x_i 为指标原始值。所有指标经过无量纲化处理后，指标值均分布在 [0，1] 区间，1 为最高水平。

（二）加权综合

对经过无量纲化处理的各项指标进行加权合成，即得到上一级指标的综合得分。指标合成的关键在于指标权重的确定。由于在研究设计指标体系时已假定三级指标同等重要，因此，本研究采用三级指标等权重方法，二级指标的权重为各自包含三级指标个数在对应一级指标包含三级指标的总个数中所占比重，一级指标的权重为各自包含的三级指标权重之和，加权综合后最终得出城市科技创新发展指数。

（三）指标分析

根据指标体系，城市科技创新发展指数囊括总指数和各分项指数。具体地，城市科技创新发展指数为总指数，下设创新资源、创新环境、创新服务和创新绩效等一级分项

指数，以及创新人才、研发经费、政策环境、信息环境、创业服务、金融服务、科技产出、经济发展、绿色发展、辐射引领等 10 个二级分项指数，城市的总指数及各级分项指数排名不同，分别反映各城市科技创新发展的总体水平和结构状况。

后 记

党的二十届三中全会报告中多次提到创新，提出必须深入实施科教兴国战略、人才强国战略、创新驱动发展战略，统筹推进教育科技人才体制机制一体改革，健全新型举国体制，提升国家创新体系整体效能。城市是国家创新活动的主体区域与集聚地，提高城市创新能力是完善国家创新体系、实施创新驱动发展战略、建设创新型国家的重要方面。城市创新可为区域经济发展带来新的增长动力，随着城市化进程的加快，以及人口的大规模流动，不同城市创新发展呈现新特征、新态势、新格局。《中国城市科技创新发展报告》自 2017 年开始研究并每年发布，报告编制的初衷是希望通过思想和观点的碰撞，持续探索并总结城市迈向创新驱动发展过程中的经验和不足，进而为城市科技创新提供决策参考。经过多年的坚持，报告获得了社会各界的广泛关注，并荣获光明日报智库研究成果一等奖等荣誉。

为了更好地探索和研究城市创新这一重要议题，《中国城市科技创新发展报告（2023—2024）》汇聚了更加庞大的专家力量，不仅依据"中国城市科技创新发展指数指标体系"，对 288 个地级及以上城市的科技创新水平进行评估，全貌展示中国城市科技创新总体态势和特征，同时还通过专题形式，进一步丰富了城市创新理论，补充了不同城市的创新实践与案例。

本报告是由首都科技发展战略研究院、中国社会科学院城市与竞争力研究中心和北京师范大学创新发展研究院联合支持的重要成果，得到了全国各地多个专题研究小组的大力支持。

感谢来自科技部、国务院发展研究中心、国家统计局、中国科学技术发展战略研究院、中国科学技术指标研究会、国家信息中心、中国社会科学院城市与竞争力研究中心、中央社会主义学院、京津冀国家技术创新中心、北京化工大学、北京市科学技术委员会、北京市科学技术研究院、北京市经济信息中心、北京市农村经济研究中心、国家能源集团、深圳市南山区、珠海市民营经济发展研究院、企查查科技股份有限公司、科学技术文献出版社等机构专家的指导和帮助！

《中国城市科技创新发展报告》是一个开放性平台，我们希望通过本报告为中国城市创新驱动发展献言献策。此外，本报告数据众多，体量庞大，难免有不足和不妥之处，敬请各位不吝赐教、批评指正。

创新不可能一蹴而就，需要久久为功，付出长期艰苦努力，我们欢迎关注城市创新的有识之士共同参与，以科技创新助力城市高质量发展。